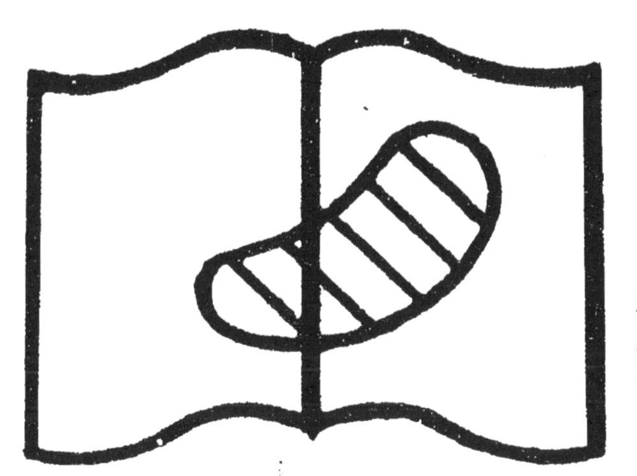

Couvertures supérieure et inférieure
en couleur

COUVERTURES SUPERIEURE ET INFERIEURE D'IMPRIMEUR

LES OUVRIERS

LES

OUVRIERS

ÉPISODE

DE LA RÉVOLUTION DE FÉVRIER

1848

PAR A. DEVOILLE

PARIS

BLÉRIOT FRÈRES, LIBRAIRES-ÉDITEURS

55, QUAI DES GRANDS-AUGUSTINS, 55

1881

LES OUVRIERS

I

LE DÉPART.

Le 20 septembre 1846, quelques habitants du village de Sombrey avaient les yeux fixés sur le chemin qui conduit à la grande route; un intérêt particulier semblait s'attacher pour eux à une scène très simple qui se passait en cet endroit. Trois personnes, une vieille femme et deux jeunes gens, s'en allaient pour ne plus revenir.

Au sein d'un petit village, de tels événements ont de l'importance; dans les pays surtout où la foi chrétienne a gardé son empire, où le commerce n'a point encore amené son tumulte, tous les hommes sont un peu frères. Quand quelqu'un s'en va pour un lointain voyage, il se produit un ébranlement qui ressemble à de l'affection; là, tout départ laisse un vide.

Ces deux jeunes gens étaient cousins germains; cette vieille femme était leur tante.

Privés de leurs parents, ces pauvres villageois avaient connu le malheur sous des formes à peu près semblables. L'un, le moins âgé, Claude Renoux, orphelin dès le berceau, avait longtemps mendié; l'autre, Pierre Rousseau, n'était point né au village, mais il y habitait dès son enfance, et n'avait ni parents, ni fortune. La vieille femme, qui ne posséda jamais rien en propre que son industrieuse charité, avait néanmoins eu soin des deux orphelins, et était parvenue à leur adoucir l'amertume de l'existence. Quand je dis qu'elle ne possédait rien, je ne parle pas de quelques faibles secours venus de loin et de main inconnue, parce qu'ils avaient été rares et avaient promptement cessé. Mais le terme était arrivé où sa bonne volonté ne pouvait plus suffire : elle devenait vieille, sa vue baissait, l'ouvrage ne donnait plus, une gêne extrême régnait dans Sombrey ; il avait fallu aviser à chercher ailleurs des moyens d'existence.

Trois semaines auparavant on avait reçu de Paris une lettre adressée à la vieille femme, et ainsi conçue :

« Chère Marguerite, envoie-les moi tous les deux. Il y a assez de temps qu'ils te pèsent sur les bras, il est bon que je les prenne à mon tour... Ce n'est pas que j'aie de la fortune, tu sens bien, mais je suis à l'aise. Nous allons assez bien en ce moment-ci ; quoique le commerce languisse, en général, j'ai des commandes considérables et il me faut des ouvriers. Je serais enchanté que tu pusses venir avec les jeunes gens. Je t'envoie trois louis par la poste ; ils serviront à leur voyage, à votre voyage, si tu te décides à les accompagner. Que te dirai-je ? ce sera pour toi un monde tout nouveau. Mais il faudrait laisser au pays tes vieilles idées, ton vieux bon Dieu.... Ici tout prend une autre forme... Enfin, arrange cela comme il te conviendra. A tout le moins, envoie-moi les deux jeunes gens pendant que j'ai du travail à leur offrir : peut-être plus tard il ne serait plus temps.

« Tout à toi. Ton frère,

« ANTONY MADRÉ. »

Ces lignes remuèrent le cœur et la tête de la vieille Marguerite. C'était la cinquième fois que son beau-frère, le maître fondeur, lui écrivait de Paris, et c'était toujours sur le même ton et avec le même fonds d'idées.

Seulement cette fois, il fallait enfin céder à ses demandes réitérées ; la misère avait triomphé de tous les obstacles.

Marguerite se fit lire deux ou trois fois par Pierre Rousseau la lettre de Paris, et à chaque fois un nouveau trouble agitait son cœur, et ce trouble se fondait en un torrent de larmes. Partir ! que c'est aisé à écrire, mais difficile à exécuter ! Pourtant il le faut. Pierre Rousseau est décidé. Il voit tout un horizon doré se lever ; on dit tant de choses merveilleuses de ce Paris ! il est si facile d'y vivre, et même d'y faire fortune ! Claude Renoux, au contraire, hésite ; ses goûts le rattachent au pays. Cédant néanmoins à l'entraînement de son cousin, il éprouve quelque envie d'aller aussi tenter les aventures. La misère commence à lui être à charge ; il accueillerait avec complaisance l'espoir d'un meilleur avenir.

— J'ai toujours craint ce moment-ci, leur disait Marguerite avec un profond soupir. Je ne vous ai pas dit, mes enfants, combien de fois j'ai passé la nuit sans dormir.

— Nous l'avons bien su, mère, — c'était ainsi que les deux orphelins appelaient leur généreuse bienfaitrice. — Est-ce que nous ne vous avons pas vue cent fois, l'été aux dernières lueurs du jour, l'hiver à la clarté de votre pauvre lampe, presser du pied votre rouet, pour hâter l'ouvrage et nous fournir un morceau de pain, le lendemain, à notre réveil ?

— Je ne vous ai pas raconté combien de fois, en pressant mon rouet, je me creusais la cervelle à chercher des idées.

— Nous le voyions, bien, mère, aux rides qui sillonnaient votre front, aux larmes qui vous mouillaient les joues. Vous aviez peine à suffire aux besoins de deux pauvres enfants comme nous, munis d'un bon appétit et encore hors d'état de travailler. C'est pourquoi, puisque nous le pouvons, il est temps de nous y mettre , Dieu merci ! le courage ne nous manque pas, et nous ferons notre possible afin de vous rendre la pareille.

— Oui, c'est ce moment que j'ai toujours le plus redouté.

— Et pourquoi, mère ? Si nous devions nous quitter, à la bonne heure ; mais vous venez avec nous, nous ne nous séparerons donc pas. La route est longue, c'est vrai; mais quand vous serez fatiguée, nous vous porterons. Au lieu de redouter ce moment, vous devriez le saluer avec joie.

— Vous comprenez bien mal le cœur d'une mère, car je suis votre mère, depuis que les autres vous ont délaissés.

— Nous croyons le bien comprendre, au contraire. Ne devez-vous pas tressaillir de joie en songeant que vos enfants vont être à même de gagner leur vie, et de rendre à leur mère tous les soins qu'ils en ont reçus ? Oh ! que nous serons joyeux de pouvoir vous offrir nos premiers gains ! Et les deux jeunes gens embrassèrent leur bonne tante.

— Merci bien ! mes enfants, leur dit-elle le cœur ému. Si je m'en vais, c'est à cause de vous, parce que vraiment je mourrais en votre absence, de regret, d'ennui et de peur surtout.

— Et de quoi, mère, auriez-vous peur ? nous vivrons plus aisément là qu'ici. Voyez les lettres de notre oncle Antony.

— J'ai peur pour vous de cette grande ville où l'on dit que la jeunesse se perd si aisément. Je suis vieille; j'ai mis tous mes soins à vous élever dans la foi. Il me serait douloureux de penser en mourant que vos pauvres âmes peuvent être exposées à leur ruine éternelle. Je croirais avoir perdu mon temps et ma peine.

— Mais qui donc nous oblige à nous jeter dans la fournaise, comme vous dites quelquefois ? Nous serons probes, religieux, rangés ; ceux-là seuls périssent qui aiment le danger, et nous, nous voulons toujours le haïr.

— Toujours ! Je voudrais pouvoir le croire. Mais, mes amis, que l'occasion est séduisante ! Dieu fera-t-il pour vous un miracle ?

C'était en ces termes, ou à peu près, que la bonne Marguerite conversait avec ses neveux, depuis la réception de la lettre ; elle ne pouvait se réconcilier avec la crainte des périls qu'allait courir dans la grande ville, la foi de ses deux pupilles.

— Oui, oui, vous avez beau dire, les maux temporels sont passagers; les soucis terrestres sont les moindres. Mon Dieu ! faut-il donc tant pour mourir ? Nous sommes pauvres : eh bien ! quoi ? Nos jours ont-ils plus de vingt-quatre heures ? notre vie en sera-t-elle plus longue ? En aboutira-t-elle moins à la mort, à l'éternité ? Que la route soit un peu plus douce ou un peu plus dure, bordée de fleurs ou d'épines, qu'importe ? puisqu'elle mène au terme? Mes enfants, croyez-moi, restons ici.

— Non, non, bonne mère, il nous faut partir. Le ciel est grand, et Dieu est partout. Voyez notre oncle Antony....

— Ah ! votre oncle Antony ! que veut-il dire quand il me recommande de laisser ici mon *vieux bon Dieu et mes vieilles idées ?* Ces mots-là me font de la peine. Je soupçonne bien des misères là-dessous. La dernière fois que je le vis, il était déjà si différent de ce qu'il fut autrefois ! Plus d'églises, plus de prières.

— A la bonne heure, chère mère, mais il a fait fortune. Eh bien ! qui nous empêchera de ne l'imiter qu'en cela ? Nous ne voyons pas de nécessité à le suivre dans la mauvaise voie où il a pu entrer en matière de religion. Nous croyons à votre Dieu ; nous le garderons, nous, toujours, parce qu'il fut le Dieu de notre berceau, parce qu'il nous semble clair que nous ne sommes ici-bas qu'en passage, et que le plus sûr est de se mettre bien avec lui et avec sa concience.

— C'est cela, mes enfants ; je suis enchantée de vous entendre. Puissiez-vous garder toujours ces sentiments !

— Nous les garderons mieux encore, si vous venez avec nous ; car vous serez là pour nous les rappeler, dans le cas où nous serions tentés de les oublier.

Là-dessus, Marguerite hochait la tête, partagée qu'elle était entre deux affections puissantes, qui luttaient en elle. D'un côté, elle ne pouvait se décider à abandonner ses chers enfants aux dangers des aventures ; de l'autre, elle tenait si fortement au sol qui l'avait vu naître, à sa chaumière, à sa pauvreté même, qu'elle ne se croyait pas capable d'une si dure séparation.

A la fin cependant, ses pupilles triomphèrent. Marguerite se laissa arracher le *oui* décisif. Il fut convenu qu'on partirait pour Paris. Cette nouvelle fit sensation. La vertueuse Marguerite tenait une trop grande place dans l'estime et dans l'affection des gens de Sombrey, pour que personne restât indifférent à la grave résolution qu'elle venait de prendre. Ce fut de tous côtés un concert de condoléances, d'objections, de témoignages de sympathie, tel que le cœur de la pauvre femme en était brisé. Cependant les exhortations des jeunes gens la soutenaient ; leur vue, l'espoir de leur être utile, l'encourageaient ; elle avait cette force factice de la circonstance, qui s'évanouit presque toujours l'instant d'après et laisse tomber l'âme de haut.

C'est à ce moment que nous plaçons le début de cette histoire. Les femmes de Sombrey ont accompagné Marguerite Bonjour, en l'accablant de leurs bénédictions et de leurs vœux. Elle a confié, jusqu'à nouvel ordre, sa chaumière et son chétif mobilier à une pauvre femme, et elle prend, avec ses deux neveux, le chemin de Paris.

Les deux jeunes gens sont diversement affectés, suivant la différence de leurs caractères. Pierre, ardent, impétueux, doué d'une grande vigueur physique et morale, prend gaiement son parti ; il plonge, avec une sorte d'ivresse, dans l'avenir qui s'ouvre devant lui. Claude, plus timide, plus faible, est partagé entre le vague plaisir de voir un monde nouveau et la sympathique tristesse que la douleur de sa tante éveille en lui.

C'était en septembre, par un de ces beaux soirs où le calme de la nature invite à la réflexion. On ne songeait pas à faire plus de deux lieues ce jour-là. Marguerite Bonjour avait une amie chez qui elle comptait faire halte pour la nuit suivante. Mais combien son âme souffrait, en quittant le lieu natal ! Au-dessus du coteau de vignes qui borde le village, elle se retourne pour voir encore une fois son cher pays, les lieux bénis qu'elle ne doit plus revoir. De là ses yeux se reportent tristement sur tous les alentours, sur le clocher du village, sur ces forêts jaunies, sur la chaumière où elle a, pendant soixante ans, servi Dieu et son prochain, avec un zèle que rien ne pouvait ralentir. Les bras lui tombèrent de lassitude. Elle joignit ses mains, laissa couler ses larmes, et dit à ses neveux :

— Regardez bien, mes enfants, vous ne verrez rien de mieux que cela. Les grandes choses que vous nous promettez ne valent pas ce que nous quittons : il n'y a pas de palais si beaux que ces chaumières. C'est là que nous sommes nés : nous devrions y mourir.

— Vous vous riez de nous, bonne tante, dit Pierre Rousseau ; Paris, c'est bien autre chose que ce tas de fumier où vous voudriez nous faire végéter. Ma foi, y retourne qui voudra : pour moi, je veux essayer des aventures.

— Votre tristesse se dissipera, mère, reprenait Claude ; il n'y a que le premier pas qui coûte. A mesure qu'on s'éloigne de l'objet de ses affections, le regret diminue. Prenez courage : dans un jour ou deux, vos idées auront pris un autre tour, et vous vous féliciterez d'avoir eu assez de force pour briser vos liens. Dieu ne vous défend pas de sortir d'une condition misérable ; c'est pour nous aussi qu'il a fait le soleil, le grand air et tous les biens de la vie. Qui nous empêche d'en prendre notre part ?

— Hé ! mon ami, le premier bien, c'est la paix du cœur

et le calme de l'existence. Croyez-vous qu'en possédant davantage, l'homme soit plus heureux ? Vous savez bien que nous sommes tous condamnés à manger notre pain à la sueur de notre front. C'est partout que la terre produit des ronces. Ah ! croyez moi, renonçons à de brillantes et trompeuses espérances, et retournons vivre et mourir au pays.

En parlant ainsi, elle promenait ses yeux sur l'horizon qui s'offrait à ses regards. Les deux jeunes gens entraînés par son exemple, et appuyés sur leurs bâtons, se laissaient prendre aux charmes de ce spectacle, et peut-être sentaient-ils des regrets et une vague douleur amortir un moment leurs riantes espérances.

— Et puis, reprit-elle, vous n'emmenez pas tout avec vous. Toi, Pierre, surtout, n'as-tu pas quelques remords de manquer ainsi à ta parole ? Regarde bien cette maison blanche (elle indiquait du doigt une ferme lointaine), peux-tu t'en éloigner le cœur joyeux. Tu sais bien ce que tu avais promis.

— Oui, tante, je le sais et je ne l'oublierai pas, et c'est parce que je ne l'oublie pas que je m'en vais. Pourquoi unir mon sort au sien, quand je n'ai que la misère à lui offrir ? Ce serait un couple malheureux de plus. Quand j'aurai acquis un peu de fortune, je viendrai la revoir, et je serai fier de lui dire : Voici ce que j'ai gagné pour vous !

Le robuste jeune homme essuyait une larme du revers de sa main.

— Et toi, Claude ? reprit Marguerite ; il n'y pas plus d'une semaine que tu semblais si décidé à...

— Ne m'en parlez pas ! interrompit Claude ; je ne pourrais que vous répéter ce que Pierre vous a dit. Oui, j'étais décidé à travailler... pour l'obtenir. Mais son père me dédaigne : il sait que je suis pauvre. Laissez-moi gagner quelque argent et puis revenir au pays...

— Mon Dieu ! dit alors la pauvre femme, faut-il donc

que toute existence soit ainsi en détresse ! Pourquoi, Seigneur, avez-vous condamné l'homme à un sort si misérable ? Mais non, ne nous plaignons pas : Dieu est bien bon, au contraire, d'avoir voulu que nos souffrances se convertissent en mérites, et que nous acquierrions une récompense pour ce qui devrait n'être que de l'expiation de nos fautes. Résignons-nous.

— Résignons-nous ! répéta Claude Renoux ; mère, la porte du paradis est par là comme par ici. Venez. A quoi sert d'entretenir ses regrets ? Partons, puisqu'il faut partir. Vous nous avez si bien appris à faire de nécessité vertu !

— C'est que c'est si beau, si doux le lieu de notre naissance ! J'ai beau faire, mes enfants, je sens que je ne pourrai vivre loin d'ici. En m'entraînant avec vous, vous m'arrachez la vie. Par pitié, laissez-moi retourner.

— Non, bonne mère, vous ne vous en retournerez pas. Ce serait mal à vous de nous quitter, puisque vous êtes chargée de nous guider. Plus les dangers sont grands par là, plus nous avons besoin de votre assistance. Songez que vous répondrez de nous devant Dieu.

Et ils l'entraînèrent.

On peut déjà entrevoir la différence du caractère des deux principaux personnages de cette histoire. Pierre avait vingt et un ans. C'était un robuste paysan, qui, dans sa forme épaisse et ramassée, présentait le type de la force musculaire, telles que la developpent les travaux et l'air sain des campagnes. Sa figure hâlée offrait un air de dureté au premier abord ; son œil vif et mobile annonçait une inquiétude de caractère qui lui était propre ; tout l'ensemble de ses traits accusait une âme fortement trempée et chez qui l'exécution touchait de près à la pensée.

Tel était Pierre Rousseau. Laissé orphelin dès le bas âge, il était heureusement tombé aux mains de Marguerite, et il avait fallu toute la douceur et toute la fermeté de celle-ci pour contenir une nature ardente, qui semblait n'attendre que l'occasion pour se montrer. Et ce n'était pas la moindre gloire de cette pauvre paysanne, d'avoir su imposer un frein à ce caractère turbulent, d'avoir conservé de l'ascendant sur lui, au point que, dans l'âge de l'effervescence, ce jeune homme eût encore pour sa vieille tante le respect et la docilité d'un enfant.

Claude Renoux était d'une trempe moins ferme. Plus grand que son cousin, pâle, maigre, il était doué d'une âme plus timide, et avait subi plus tôt et plus profondément l'influence de la tante Marguerite. Tandis que Pierre Rousseau, fils d'un ouvrier, disait-on, goûta d'abord l'aisance, et ne fut réduit qu'après la mort de ses parents aux misères de l'indigence, Claude Renoux, pauvre dès le berceau, dut un jour aller tendre la main de porte en porte. Combien cette nécessité coûta à la pauvre femme ! Et lui, qui était déjà en âge de sentir, en avait gardé un fonds de timidité, cette sorte de faiblesse de caractère, qui est comme le résultat d'une dépression subie dans le premier âge. Il semblait né pour être pauvre ; ce n'était que par intervalles, par éclairs, pour ainsi dire, qu'il éprouvait le besoin de changer de position. Tous les deux avaient la foi, grâce aux paroles et surtout aux exemples de la bonne tante ; mais si le principe chrétien modérait puissamment l'âme fougueuse de Pierre Rousseau, il n'éteignait pas l'inquiète mobilité de ses désirs ; tandis que chez Claude Renoux il y avait cette influence calme et forte qui tue, amortit toute l'impétuosité naturelle, fait repousser comme une pensée mauvaise toute suggestion ambitieuse, et impose comme un joug doux et paisible la pauvreté et ses suites. Sans les vives instances de l'oncle Antony et l'exemple entraînant du cousin Pierre, jamais Renoux, n'eût songé à autre chose qu'à être un pauvre manœuvre de campagne.

La tante les suivait donc, en baissant la tête. Et déjà on avait perdu de vue le coteau de vignes, la grande forêt, tout l'horizon de Sombrey. Déjà l'œil découvrait au loin le bourg où l'on devait passer la nuit. Les cœurs des deux jeunes gens palpitaient d'espérance, de cette joie vague que produit l'attente du bonheur. C'est à peine si les deux paysans avaient jamais franchi les limites de la contrée natale. Pierre seul avait pu voir du pays ; mais il était si jeune ! Que le monde leur semblait grand ! que Paris surtout, là-bas, au fond de l'horizon leur semblait merveilleux !

Ils allaient entrer dans la bourgade, terme de leur première journée, quand ils rencontrèrent un groupe de leurs connaissances. C'étaient des paysans qui venaient de la foire. L'œil de Pierre Rousseau avait entrevu une figure à laquelle il ne pouvait rester indifférent. Il maudit tout bas le hasard qui lui ménageait cette funeste rencontre. Son cœur battit : sa résolution s'ébranla. Quant à Marguerite, ce fut une exclamation de joie et de tristesse tout ensemble, quand elle eut reconnu dans la troupe Jean Mélilot et sa fille Thérèse, la promise de son neveu Pierre.

— Ah ! mon Dieu, dit-elle à demi-voix, si vous vouliez que ceci fût un obstacle, pour empêcher ce garçon-là de s'en aller si loin, je vous en bénirais toute ma vie !

II

RENCONTRE.

Tout le monde poussa un cri de surprise douloureuse, en voyant Marguerite dans l'attitude d'une voyageuse au long cours.

— Jésus ! mon Dieu ! s'écria une femme, en se jetant au cou de sa vieille amie; j'avais toujours cru que c'était un conte ; mais il paraît bien qu'on ne nous trompait pas.

— Mon Dieu, non ! Toinette, me voilà en route... pour toujours !

— A votre âge ! cria une autre voix; quelle folie !

— Ces deux garnements-là m'entraînent avec eux. Si je laissais partir cette plus chère partie de moi-même, que ferais-je de l'autre moitié ?

— A soixante ans, mère Bonjour ! disait une troisième, c'est bien tard pour commencer un si long voyage.

— Mon Dieu ! ajoutait une jeune fille, faut-il donc tant pour vivre ? Vous vous en étiez tirée jusqu'à présent, Marguerite ; il en eût été de même jusqu'au bout. Est-ce qu'il n'y a pas encore des honnêtes gens de par le monde ?

— Ah ! s'écriait la tante, émue de ces questions et de ces marques d'intérêt, je ne me suis jamais défiée de Dieu ni des honnêtes gens. Mais que voulez-vous que je fasse de ces grands garcons-là ? Le goût du monde commence à leur venir ; il sont las de notre pain noir ; les aventures les tentent. Croyez bien que c'est malgré moi que je m'en vas.

Dans ce moment, le facteur rural passait. Il tira de son gros portefeuille en cuir une lettre à l'adresse de Marguerite Bonjour, et la lui remit en disant :

— Il paraît que j'arrive juste à l'heure. Un peu plus tard, je ne vous aurais pas trouvée.

— C'est encore de ce malheureux frère, dit Marguerite en jugeant d'après la forme de la lettre, car elle ne savait pas lire. C'est lui qui a tourné la tête de mes enfants. Je lui en garde une rancune dont il aura bien de la peine à me guérir. Lisez cela, chers enfants, un de vous. C'est peut-être un mot décisif.

Les regards de la tante cherchaient Pierre Rousseau ; ils ne rencontrèrent que Claude Renoux : c'était aussi bon, tous les deux savaient lire. Marguerite Bonjour s'était dit, il y avait longtemps : J'ai toujours regretté de ne savoir lire ni écrire; je ne veux pas que mes enfants aient un jour ces regrets ; dussé-je vendre mon dernier cotillon, ils iront à l'école.

Claude Renoux lut la lettre.

Pendant ce temps-là, Pierre Rousseau et Thérèse Mélilot s'étaient retirés un peu à l'écart.

— Voilà donc ce que valent les serments, Pierre, dit la jeune fille la première ; on ne peut donc se fier à personne au monde !

— Mes serments ! je ne les ai pas oubliés. Vous les oublierez plus tôt que moi.

— N'ajoutez pas l'injure à l'infidélité, Pierre. Dites, est-ce moi qui m'en vais ?

— Non, Thérèse, c'est moi. Je vous ai dit pourquoi la nécessité m'y oblige. Une occasion se présente, une de ces occasions qui ne viennent qu'une fois dans la vie, et que vous me reprocheriez à jamais d'avoir manquée.

— Moi ! qu'aurais-je à vous reprocher ? Ah ! si j'ai un reproche à vous faire !... mais non, nous nous voyons pour la dernière fois !

— Que Dieu détourne cet affreux présage ! S'il en est ainsi, ce ne sera pas ma faute.

— Ce sera la mienne peut-être, reprit la jeune fille, avec un ton de légère amertume ; je reste, et vous, vous partez !

— Je pars, oui, c'est vrai, mais pour revenir. Je pars, mais pour vous. Vous le savez, Thérèse, je n'aime que vous au monde. Je vous ai engagé ma foi, et je tiens à ma parole plus qu'à ma vie. Mais je suis pauvre, il me serait dur de n'avoir rien à vous offrir. Et quand vous me le pardonneriez, Thérèse, moi je ne me le pardonnerais pas. Quand je vous verrais aux prises avec la misère, je me dirais : C'est toi qui en es cause, c'est toi qui l'a mise là. Ce remords empoisonnerait toute ma vie !

— Ah ! Pierre, quand on est deux, et qu'on s'aime !

— Mais que de fois la misère vient aigrir les caractères ! Je ne sais, Thérèse, si vous auriez le courage de voir vos enfants se débattre avec la misère : moi je n'en aurais pas la force.

Thérèse poussa un profond soupir.

— Je m'en vais, oui, je m'en vais, reprit le jeune homme, parce que je suis las de manger du pain noir. Je vous aime, Thérèse, je vous aime plus que tout au monde ; eh bien ! je préfère renoncer au bonheur de vous avoir, plutôt que de vous livrer à l'indigence.

Les larmes de Thérèse baignaient son visage.

— Pourtant, Pierre, nous aurions travaillé ; nous aurions arraché à la terre, à force de labeurs et de soins, notre strict nécessaire, et ce nécessaire c'est bien peu, vous le savez : mes goûts sont simples, les vôtres aussi. Je n'aime ni la parure ni la dépense ; Pierre, vous ne courez pas les cabarets, vous êtes fort, vous aimez le travail ; moi, je ne recule pas non plus devant la besogne ; que nous fallait-il de plus ?

Ces paroles de la jeune fille, et plus encore ses larmes, impressionnèrent vivement Pierre Rousseau. Il baissait les yeux et semblait en proie à une vive anxiété.

— Non, non, dit-il enfin, comme un homme qui prend un parti contre lui-même, je ne puis me décider à manquer une si belle occasion. Trois francs par jour ! puis bientôt cinq, et même six ! puis contre-maître aux appointements de trois mille francs par an, et plus ! Comprenez, Thérèse, quel dommage ce serait de ne pas profiter d'une si bonne rencontre. Je vais là ! je travaille trois, quatre ans au plus..., et je reviens avec une bourse bien garnie : nous achetons une terre, nous nous marions... et nous voilà heureux.

— Trois ans ! quatre ans ! reprit Thérèse en secouant mélancoliquement la tête ; c'est un siècle ; qu'adviendra-t-il de nous d'ici à quatre ans ?

— Ce n'est qu'un jour ! le temps passe si vite !

— Ah ! Pierre, vous n'aimez donc guère ? dit Thérèse.

— Ne répétez pas cela, Thérèse, puisque je vous dis que je vous aime plus que moi-même. Ce temps qui vous semble si long, et qui me semblait aussi une éternité, l'espérance l'abrégera. Je me consolerai dans la pensée de revenir riche pour vous ; vous y penserez aussi souvent vous-même. Quand la douleur et l'ennui nous envahiront plus fort, nous nous figurerons par avance notre petit ménage, nos joies à venir, notre bien-être, notre petite famille et cela séchera nos larmes. Si ce n'étaient ces riantes pensées, jamais je n'aurais le courage de partir.

— Rêves que tout cela ! cher ami ! pourquoi chercher le bonheur si loin, quand on l'a près de soi ? n'est-ce pas folie de lâcher ce qu'on tient, pour courir après ce que l'on n'aura peut-être jamais ? Mon père avait consenti à notre alliance ; il nous laissait quelques pièces de terre, sa maison de Sombrey ; ma jeune sœur venait avec nous, nous étions heureux.

— J'y ai songé plus d'une fois, ma bonne Thérèse, croyez-moi, j'ai pesé tout ce que vous me dites-là, et je n'aurais jamais eu d'autre pensée, si j'en avais cru mes premières impressions, Mais j'ai reconnu que j'étais le jouet d'une illusion. Non, Thérèse, nous n'aurions pas été heureux. Je n'ai rien que mon cœur et ma bonne volonté à vous offrir. Si l'amour mesurait la félicité à ceux que l'on aime, nul n'eût été plus heureux que vous sur la terre ; mais non : je vous aurais apporté le dénuement, la misère ! Et vous !... sans doute, votre père se serait dessaisi de quelques arpents de terre en notre faveur; nous les aurions cultivés avec joie, avec ardeur; mais la terre ne rend pas à l'homme selon ses désirs, pas même selon ses besoins. A peine aurions-nous pu satisfaire à nos premières nécessités... Et puis, si Dieu avait béni notre union, et que quelques enfants fussent venus augmenter la somme de nos joies, mais aussi de nos besoins, dites-moi, qui aurait pourvu à leur existence ? qui leur eût procuré les choses nécessaires à la vie ? Ah ! Thérèse, le cœur me fend rien qu'à la pensée du dénûment de ces pauvres petits êtres ; j'ai vu de trop près la misère pour ne pas reculer d'effroi devant la pensée de l'infliger aux autres. C'est assez d'être malheureux, sans faire des malheureux après soi. Croyez-moi, Thérèse, vous n'y avez pas songé. Vous êtes tranquille chez votre père ; vous n'avez jamais connu le dénûment ; ne demandez pas d'en faire l'expérience. Pendant que vous êtes heureuse, tenez-y...

— Heureuse ! eh ! comment le serais-je loin de vous ? Pierre, pouvez-vous dire que je suis heureuse ?

— Mais vous le deviendrez, Thérèse, et c'est pour cela que je m'en vais. Qu'est-ce que trois ou quatre ans, à l'âge où nous sommes ? Ce n'est pas acheter le bonheur trop cher, que de le payer par quelques années d'attente ou plutôt d'espoir. Oui, vous serez heureuse un jour ; un jour, l'abondance et la paix s'asseoiront à notre foyer ; vous verrez alors que mes espérances n'étaient point des rêves.

En cherchant à communiquer ses sentiments, on s'impressionne de ceux des autres. En s'efforçant d'inspirer du courage à Thérèse, Pierre Rousseau perdait le sien. Le silence de son amie, son incrédulité, ses larmes ébranlaient une résolution tout à l'heure si ferme. Il ne voyait plus que dans un lointain douteux ce qu'il semblait tout à l'heure toucher du doigt.

— Quatre ans ! reprit-elle, l'éternité. Dans quatre ans, lancé au milieu d'un monde nouveau, vous ne vous souviendrez plus de moi. D'autres viendront prendre ma place dans vos affections. De belles jeunes filles, bien parées, séduisantes, vous feront tourner la tête, et vous ne vous souviendrez plus qu'avec pitié de la pauvre villageoise qui vous plut un instant. Je crois à la sincérité de votre affection ; mais avez-vous bien étudié le cœur humain ?

Les observations de Thérèse avaient-elles rencontré juste ? Elles avaient augmenté le trouble de Pierre, et rempli son âme de mélancolie. Il hésitait. Il lui semblait que c'était à lui à concevoir les craintes que Thérèse cherchait à lui inspirer. La retrouverai-je ? se disait-il ; je sais bien que je n'en aimerai pas d'autre, puisque c'est pour elle que je m'en vais ; mais elle, qui me voit partir avec tant de regrets, m'aimera-t-elle toujours ? Lassée d'attendre, découragée par mon absence, ne donnera-t-elle point son cœur à un autre ?

Il fut interrompu dans cet intime entretien par l'appel réitéré de son nom. La troupe curieuse avait déjà écouté deux ou trois fois la lecture de la lettre d'Antony, en avait commenté tous les termes, quand enfin on jugea à propos d'en faire part à celui qu'elle concernait principalement.

— Trève un moment à vos confidences, cria Marguerite; Pierre, il est bon que tu me donnes ton avis sur cette nouvelle missive de ton oncle. Écoute un peu ce qu'il m'écrit. Lis, Claude.

Claude commença :

« Je ne sais plus, ma sœur, que dire et que penser de ton silence à mon égard. Voilà trois semaines que je t'ai écrit, et que j'attends une réponse définitive : veux-tu ou ne veux-tu pas m'envoyer ces deux enfants ? Dans le premier cas, ne les garde pas plus de quarante-huit heures après le reçu de cette lettre ; c'est le dernier terme que je puisse te donner. Dans le second cas, fais-moi écrire sans retard, pour que je me pourvoie ailleurs. J'ai besoin d'ouvriers : on m'en demande pour des travaux importants à Rouen : tes neveux m'arriveraient fort à propos.... Mais, si tu préfères les garder près de toi, si, au lieu de les voir s'enrichir, devenir d'habiles ouvriers, et, plus tard, sans doute, des maîtres de maison, tu aimes mieux les voir languir dans la misère, tourner autour d'un fumier, et réciter des patenôtres comme deux vieilles femmes, soit ! je ne m'y oppose pas ; mais, au moins, fais-le-moi savoir. J'ai besoin d'une prompte décision. Je ne suis point de ceux qui attendent, bouche béante, que la Providence leur envoie de quoi manger et boire. Le travail, à mes yeux, est le seul moyen honnête de vivre.... Vois si tu veux faire de tes neveux des paresseux ou des ouvriers...., Je puis dès à présent leur offrir quatre francs par jour ; dans peu, s'ils ont quelque capacité et quelque goût à la besogne, ils pourront en gagner six. Enfin, — et c'est de Pierre surtout que je parle, — je ne désespère pas de me les associer, et de leur laisser mes affaires. C'est une partie où l'on gagne de l'argent, quand cela va bien. Je n'ai aucune raison de me plaindre pour le moment ; cependant, bien des gens maudissent tout bas le gouvernement que nous avons fait, et je m'étonne fort si on le laisse mourir de sa belle mort...

« Quant à toi, accompagne tes neveux, si cela te fait plaisir. Je ne te promets pas grands agréments. Chez moi, on travaille. Ma femme elle-même et ma fille gagnent leur journée comme le premier venu. Garde-toi de croire qu'on a ici le loisir d'égréner des chapelets à la journée. Notre religion, à nous, c'est de travailler sans relâche, et de vivre en honnêtes gens. C'est comme cela que nous espérons aller au ciel, si ciel il y a...

« J'ai cru devoir te parler ainsi, pour éviter les reproches que tu pourrais m'adresser un jour. Je ne veux tromper personne ; si tu viens, il faut que ce soit en connaissance de cause.

« Mais une dernière et prompte décision. Adieu.

« Ton frère, Antony MADRÉ. »

— Antony ! dit Marguerite, après avoir entendu cette lettre ; ce nom-là sonne mal à mes oreilles. Jadis, il s'appelait Antoine. Pourquoi avoir défiguré le nom qu'il a reçu au baptême ? Que mon frère est changé ! qu'il ne parlait guère comme cela quand il partit de Sombrey ! Il paraît que si on gagne du côté de la fortune à aller à Paris, on y perd tout du côté de la foi.

— C'est un singulier langage, au fait, dit un des hommes qui étaient là. Je me souviens d'avoir connu Antoine : il ne raisonnait pas de la sorte.

— Oui, ajoutait un autre, mais il a su faire fortune. Et nous, nous restons cloués comme des imbéciles, où le hasard nous a placés.

— Et ce n'est pas ce que nous faisons de plus mal, Joseph !

On relut la lettre, on en étudia chaque phrase, et chacun avait déjà donné son avis, quand Pierre et Thérèse se rapprochèrent. La missive d'Antony fut encore répétée à haute et intelligible voix par Pierre lui-même, et le ton du jeune homme, qui s'enflait à mesure qu'il avançait dans sa lecture, laissait assez percer les sentiments qui l'agitaient. A la fin, il jeta un coup d'œil furtif, mais triomphant, sur Thérèse, et dit en s'adressant à tous :

— Vous avouerez que nous serions bien sots de ne pas profiter d'une offre pareille. Lequel de vous refuserait de gagner cinq et six francs par jour.

— Six francs ! dit une voix, c'est un beau salaire, mais qui sait à quel prix on l'obtient ? si c'est par un travail qui ruine la santé ! J'ai connu un jeune homme qui ne gagnait pas moins de six ou sept francs par jour dans un laboratoire de chimie, mais il mourut au bout de six mois, empoisonné par les substances qu'il respirait sans cesse.

— C'est égal ! six francs, c'est joli. Qu'on me les donne à moi, et je quitte mon état.

— Je n'en demande que la moitié.

— Je me contenterais du tiers.

— Six francs ! Et qui est-ce qui gagne six francs par jour ? Le plus riche de Sombrey ne les a pas.

— Et il travaille plus que Pierre ne travaillera !...

C'est ainsi que les avis s'ouvraient de tous côtés.

— Quant à moi, dit Marguerite, avec une émotion qu'elle ne pouvait dissimuler, je crois qu'il ne me faut pas aller plus loin. Que ferais-je là-bas ? Sa femme et sa fille sont jeunes encore, elles peuvent travailler; mais moi, à quoi serais-je bonne ? Le mieux est de retourner chez moi, et de mourir où j'ai vécu.

— Oui, oui, Marguerite, dirent toutes les femmes à la fois, et soyez sûre qu'on ne vous abandonnera pas. Ce n'est pas à votre âge qu'on change de patrie.

— Quant à vous, mes enfants, reprit Marguerite, voyez ce que vous avez à faire. Ces offres sont séduisantes, il est vrai ; mais je vous répète ce que je vous ai dit tant de fois : j'aime mieux vous voir pauvres et bons chrétiens, que riches et privés de foi. C'est un gros jeu que celui que vous jouez. Après cela, je ne vous retiendrai pas : vous êtes libres et assez grands pour vous conduire. Tant que mon travail a pu vous suffire, tant que la Providence m'a aidée de ces petites sommes d'argent qui me tombaient du Ciel, j'ai été trop heureuse de vous garder avec moi. Aujourd'hui que je suis vieille, que mes yeux ne peuvent plus s'appliquer sans se troubler, je sens combien je suis impuissante à vous aider à vivre. Pourtant si vous vouliez m'en croire, nous ne nous quitterions plus. Vous resteriez pour me fermer les yeux, ce qui ne peut guère tarder, et Dieu prendrait soin de vous.

La tristesse de Marguerite avait gagné tout le monde. Le soleil baissait ; quelques personnes témoignaient le désir de s'en aller, soit que cette scène les attendrît trop, soit que le temps les pressât. En attendant, Pierre et Thérèse avaient fait de nouveau quelques pas à l'écart.

III

SERMENTS.

— Je vous laisse juge, Thérèse, dit Pierre Rousseau ; je vous prie de vous mettre à ma place et de dire ce que vous feriez.

La jeune fille ne répondit d'abord pas ; mais la rougeur qui enflammait ses joues indiquait son trouble.

— Oui, je vous fais juge de mon sort ; je vous demande une décision, et vous promets de la suivre. Parlez. Me permettez-vous de partir ? m'ordonnez-vous de rester ?

— Que voulez-vous que je vous dise ? répondit-elle enfin avec un long soupir ; nous ne sommes pas dans la même position pour juger. Cet avenir qui s'ouvre devant vous se peint à vos yeux d'une couleur riante : vous y voyez mille sujets de distraction, et moi, je ne vois... que du trouble....

— Que voulez-vous dire, Thérèse ? Est-ce que vous doutez de mon affection ?

— Je n'en doute pas ; mais je veux dire que mille choses là-bas vous consoleront de mon absence et que rien ne me consolera de la vôtre.

— Vous aurez, comme moi, le travail, les souvenirs, l'espérance. Ne serait-ce point à moi à vous dire : Vous avez de la fortune, et moi je n'ai rien ; un jour, bientôt, demandée par quelque riche laboureur, vous prendrez en pitié ce pauvre mendiant que vous aviez la folie d'aimer....

Deux larmes jaillirent si subitement des yeux de Thérèse, que Pierre s'aperçut qu'elle était vivement blessée. Elle se détourna pour pleurer, et peut-être allait-elle s'éloigner, quand il lui dit :

— Non, nous ne pouvons dire cela, ni l'un ni l'autre. Vous ne m'oublierez pas plus que je ne vous oublierai. La pensée qui vous fait désirer que je reste est celle-là même qui me pousse à partir. Nous tendons au même but par deux chemins. C'est à vous que je vais, Thérèse, en m'éloignant de vous. Je cours demander à la Providence et à mon travail le moyen de vous rendre heureuse. Le Ciel m'est témoin que c'est là le but unique de ce triste et long voyage ; Dieu m'est témoin que si j'avais quelque bien en ma possession, si peu que ce fût, je ne serais pas même tenté par l'espoir de le décupler, et que jamais je ne quitterais Sombrey. Mais, plus votre amour est généreux, en m'acceptant dans ma pauvreté, plus le mien a le désir de vous offrir quelque chose, et de vous dédommager du sacrifice...

— Que voulez-vous dire avec votre sacrifice ? Le sacrifice, pour moi, c'est de vous perdre de vue, c'est de vous sentir absent..., c'est de me dire, pendant de longues années : Reviendra-t-il ? le reverrai-je jamais ?

— De longues années ! dit Pierre en secouant la tête ; qui vous dit que je pars pour de longues années ? Il ne tiendra qu'à nous de les abréger.

— Il ne tenait qu'à vous de les éviter. Votre voyage pouvait se borner ici. On vous parle d'être ouvrier d'abord, puis maître de maison. C'est ce mot là qui vous a fait sourire : j'ai vu votre front s'épanouir, votre œil étinceler, quand vous en étiez là de la lettre de votre oncle. Il s'agit pour vous d'un avenir, d'un long avenir, et....

— Oui, interrompit vivement Pierre, pourquoi vous cacherais-je un secret que vous lisez dans mon cœur ? Je rêve pour vous une perspective plus riante, une existence bien différente de celle que vous avez menée jusqu'ici. Et quand vous quitteriez un jour votre condition obscure, votre étroit horizon, ces champs stériles ? quand vous diriez adieu à la vie de la campagne, à ces occupations, à ces travaux pénibles, pour y substituer les charmes du séjour des villes ! quand vous seriez un jour une dame, une belle dame, une grande dame, m'en voudriez-vous ? Bien d'autres le sont, qui ne vous valent pas, Thérèse. Oui, voilà mon rêve.

La chaleur avec laquelle Pierre parlait témoignait de l'ardeur de ses vœux et de la puissance de sa conviction. Et quelle femme ne se fût laissé prendre à cette révélation inattendue ? Laquelle n'eût au moins été ébranlée, éblouie, par ce coup de baguette qui faisait tout à coup une si large ouverture dans les profondeurs de l'avenir ? L'amour se fut un moment devant l'amour-propre, ou plutôt l'amour-propre et l'amour se confondirent en un seul sentiment joyeux, indéfini, mais trouble encore, et qui ne pouvait ni accueillir ni rejeter entièrement ces lointaines et subites espérances. L'horizon de Thérèse avait changé; elle regardait timidement ce but nouveau qu'on lui montrait, mais elle n'avait ni le temps ni le calme nécessaires pour en bien mesurer la portée.

Ils en étaient là, quand un mouvement général annonça que les gens de Sombrey se disposaient à partir. Chacun dit à Marguerite un mot d'adieu et s'éloigna. Pierre Rousseau et Thérèse, en faisant instinctivement quelques pas, se trouvèrent au pied d'une croix, et s'y arrêtèrent.

— Voilà mes raisons, Thérèse, dit le jeune homme : les avez-vous pesées? consentez-vous à mon départ ?

— Je consens à tout, Pierre, excepté à me voir oubliée de vous.

Le cœur de Pierre sembla s'alléger. Son œil s'alluma, sa bouche s'épanouit.

— Eh bien ! dit-il en montrant la croix, regardez l'image du Dieu qui est mort pour nous. Il lit au fond des cœurs, et personne ne peut se flatter de lui échapper. Thérèse, je jure devant lui que vous êtes et serez à jamais l'unique objet de mes affections ; je vous jure fidélité ; je proteste que si nous ne sommes pas unis un jour, la faute n'en sera point à moi. Je m'en vais, mais c'est pour vous : je jure que vous êtes le but unique de ma démarche, que je ne songe qu'à vous rendre heureuse, et que dès le moment que vous me jugerez assez riche pour nous sauver de la gêne, je m'empresserai de revenir à vous. Thérèse, ma chère Thérèse, m'avez-vous entendu ?

— Oui, Pierre, répondit la jeune paysanne en joignant les mains et en fixant sur la croix ses yeux noyés de larmes. Puisse le Seigneur exaucer nos vœux et bénir notre amour ! Allez, je ne m'y oppose plus. Et moi à mon tour, je jure de vous attendre..., de prier pour que le Seigneur vous ramène bientôt, tel que vous étiez, tel que vous voilà... et plus rien ne manquera alors à mon bonheur.

— Un riche, reprit Pierre, laisserait à sa fiancée un cadeau magnifique, un précieux souvenir. Moi, je suis pauvre, vous le savez. Cet anneau — il tira un anneau de son doigt — me vient de ma mère : il vaut peu de chose, mais j'y tiens, et je vous le laisse. Gardez-le comme un souvenir de mon attachement, comme un gage de ma promesse. Et si jamais je venais à oublier les serments que je vous ai faits, que ce témoin s'élève contre moi, qu'il m'accuse, qu'il soit ma condamnation devant Dieu et devant les hommes...

Thérèse, étouffée de sanglots, accepta l'anneau sans répondre. Elle avait le cœur brisé de tristesse. Mais sa main se porta machinalement à son cou, elle en détacha le petit crucifix d'or qu'elle y portait, et le donna à Pierre, qui le reçut d'une main tremblante.

— C'est bien! dit Marguerite, qui, avec Claude et le père de Thérèse, venaient de se rapprocher d'eux ; puissiez-vous, mes enfants, ne jamais oublier vos serments! Mais je ne sais si je puis espérer que tu résisteras aux occasions, Pierre. Promettre et tenir sont deux, dit le proverbe. On est toujours fort, quand on est loin du danger. Il est des choses dont on ne peut pas se rendre compte, mais, quoi que je fasse, Paris me semble devoir vous dévorer tous deux. Tu me dis que c'est une crainte puérile de ma part; je ne demande pas mieux que de te croire ; cependant, il ne suffit pas que tu me le dises, il faut aussi que tu le prouves par ta conduite.

— Vous le verrez vous-même, mère, et que puis-je vous dire de plus? Je m'engage à continuer de vous prendre pour guide.

— Merci, mon garçon! mais ce dernier serment est à peu près inutile. Je reste ici.

— Comment vous restez?

— Oui, mes enfants, toute réflexion faite, je vous laisse

aller sous la garde de Dieu. Que voulez-vous que j'aille faire dans Paris ? J'ai réfléchi, ma résolution est arrêtée : je passerai à Sombrey le reste de mes jours et j'y mourrai.

— Et c'est raison à vous, Marguerite, dit Jean Mélilot ; à soixante ans, il est trop tard pour aller tenter les aventures. Je crois que vous n'achèveriez pas le chemin.

— C'est bien possible : on ne peut pas transplanter l'arbre à tous les âges. J'avais promis à ces pauvres enfants de les accompagner, et c'était pour eux, pour eux seuls, que je hasardais un si long voyage. Mais cette lettre m'ouvre les yeux. On parle de les envoyer à Rouen, puis ailleurs peut-être ; comment ferais-je pour les suivre ? Il vaut bien mieux que je reste ; mes vœux les suivront d'ici, je prierai pour eux, je réciterai de ces *patenôtres* dont on a l'air de se moquer là-bas, mais qui seront bien reçues au Ciel. Allez, mes enfants, et que le Seigneur vous protège !

— Ah ! mère ! dirent les deux jeunes gens à la fois, en embrassant tendrement leur tante.

— Allez, et soyez sages. Moi, je resterai au pays ; je sens que l'âge m'appesantit et que mes forces me trahiraient. Je vous garderai celles que le Ciel vous destine ; nous causerons de vous, nous attendrons de vos nouvelles... Toi, Pierre, surtout, n'oublie pas les serments que tu as faits... Je resterai près de Thérèse, à qui je servirai de mère, puisqu'elle a aussi perdu la sienne...

Thérèse se jeta au cou de la vieille Marguerite. Les deux neveux semblaient n'être pas encore revenus de leur douloureuse surprise. Pierre surtout, raide, immobile, ne savait s'il était le jouet d'un rêve. Il y eut un moment de pénible silence.

— Finissons, dit Marguerite, le soleil va se coucher, et nous n'avons plus que le temps de regagner chacun nos gîtes. Adieu, enfants, adieu ! Bon voyage !

Elle embrassa tour à tour ses deux neveux, qui se laissèrent faire, comme s'ils eussent été privés du sentiment de l'existence.

La douce voix de Thérèse tira Pierre de sa torpeur :

— Adieu, Pierre ! adieu !

Pierre tendit ses deux bras, regarda à travers ses larmes, et voulut formuler un mot qui ne put sortir...

Un moment après, ils s'acheminaient tous deux vers Paris.

IV

TRISTESSE.

Ils tournaient le coin d'un bois, et ne s'étaient pas encore dit un mot, quand une voix vint les tirer de leur distraction. C'était celle du curé de Sombrey.

— On ne m'avait donc pas trompé, dit-il dès qu'il reconnut ses deux paroissiens ; voilà Pierre et Claude en route pour Paris, sans doute ?

— Pour Paris, monsieur le Curé.

— Grand bien Dieu vous fasse, mes bons amis ! Vous avez donc pris votre parti, et la tante Marguerite s'est enfin décidée...

— A nous laisser partir, mais non à nous accompagner. Elle avait déjà fait une lieue dans l'intention de nous suivre ; puis tout à coup elle s'est ravisée. Elle reste à Sombrey.

— Cela ne doit surprendre personne. Il est déjà tard, mais vous êtes jeunes et nous n'allons pas loin : asseyons-nous un moment : nous nous voyons peut-être pour la dernière fois.

Ils s'assirent sous un chêne au bord du chemin. Le curé les regarda tous les deux attentivement, et dit :

— C'est mon usage, quand je quitte les personnes que j'aime, de les regarder longtemps, de graver leur portrait dans ma mémoire, et de me dire : Tu ne les verras peut-être plus qu'en souvenir.

— Est-ce que vous serez aussi prophète sinistre à notre égard, monsieur le Curé? dit Pierre Rousseau.

— Non, mon ami : mais l'existence est incertaine. Vous voilà sain et robuste, Pierre ; un de ces jours nous pouvons apprendre que vous n'êtes plus de ce monde, et alors je serais bien aise de vous avoir gravé dans ma tête, comme vous l'êtes déjà dans mon cœur, pour me souvenir plus efficacement de vous.

— Il arrivera ce que Dieu voudra. Mais nous pouvons répondre que nos vues sont pures, et, comme vous nous le disiez il n'y a pas longtemps, ce sont des efforts que Dieu demande de l'homme, et non des succès.

— Sans doute. Mais parce que le navire part sous un ciel pur, s'ensuit-il qu'il n'aura pas la tempête? Pierre, vous ne connaissez pas la mer sur laquelle vous vous engagez ! Si vous la connaissiez, peut-être reculeriez-vous d'effroi.

— Je ne reculerais pas, monsieur le Curé. Mon sort est trop triste, j'ai vu l'indigence de trop près, pour ne pas accepter tout, excepté l'indigence.

— Et moi, Pierre, j'ai vu de trop près l'éternité et ses suites, poor ne pas tout souffrir, plutôt que d'exposer mon âme à périr à jamais.

— Si je savais que je dusse nécessairement périr.

— Non, vous ne périrez pas nécessairement : vous emportez avec vous votre liberté : vous avez de plus une provision de foi, de bons principes ; peu d'hommes offrent plus de garanties que vous, peut-être... ; mais, mes amis, le navire part muni d'une excellente mâture, d'un équipage courageux, de provisions abondantes... et il périt !

Pierre et Claude écoutaient pensifs.

— On m'avait trompé, du reste, reprit le curé, car

je croyais que Jean Mélilot avait enfin donné son consentement.

— Il l'avait donné en effet. Je viens de la... quitter, cette pauvre Thérèse, et mon cœur en est encore déchiré.

— Et vous m'aviez laissé entendre que c'était là le terme de vos vœux. Vous désiriez donc quelque chose de plus ?

— Non, non, monsieur le Curé, je ne demande que Thérèse, mais Thérèse heureuse, et non en proie à la misère. Je n'ai rien, elle a peu de chose, et je n'ai pu supporter la pensée que, dès le lendemain de ses noces, cette généreuse enfant en serait à se débattre avec la pauvreté. C'est pour elle que je m'en vais. Je le lui ai dit, et elle y consent.

— Que le Ciel vous bénisse, encore une fois ! Mais que ne peut dans la tête d'un homme un petit grain d'ambition ?

— Celle-là ne vous semble-t-elle pas légitime, monsieur le Curé?

— Si je l'envisage en elle-même et par rapport au temps, rien de plus innocent. Si je la considère sous un autre point de vue, elle me fait trembler.

— Quoi donc ! le Ciel nous défendrait de faire effort pour sortir de notre position ? Sommes-nous condamnés à tourner fatalement dans le cercle de misère où le hasard nous a fait naître ?

— A Dieu ne plaise que je soutienne cette doctrine : elle a contre elle la raison et la foi. Mais ce que la foi et la raison nous disent aussi, c'est que quand deux intérêts sont en présence, et que l'un est infiniment au-dessus de l'autre, c'est à celui-là qu'il faut s'attacher. Or, l'ambition qui vous fait agir est bonne en elle-même, mais la sphère où elle vous jette est souverainement dangereuse. Ce n'est donc pas le motif que je réprouve en vous, mais c'est le moyen que je condamne, c'est le séjour que je redoute. Vous vous précipitez, tête baissée, dans un monde où les plus forts périssent. Vous affrontez des périls dont il m'est impossible de vous donner une juste idée. Vous vous jetez dans une fournaise où, sur mille, un seul échappe à peine. Et vous voulez que je ne vous plaigne pas, que je ne tremble pas ?

— Mais la misère, monsieur le Curé, la misère ! Ah ! vous ne la connaissez pas.

— Et vous, Pierre, vous ne savez pas ce que c'est que d'être pendant quelques années le jouet de ses rêves, et de se réveiller aux lueurs de l'éternité.

— Je crois, monsieur le curé, et je veux croire toujours. Ma foi ne s'ébranlera pas.

— Vous croyez, Pierre, mais il est fort à craindre que vous ne croyiez bientôt plus. Puissé-je être un mauvais prophète !

— Si j'avais eu de quoi vivre, je n'aurais jamais songé à quitter mon pays. Le peu que je devais attendre, on me dit que mon père l'a mangé.

— Et, pourtant vous ne seriez pas mort de faim ! La vie eût été pénible pour vous, je l'admets ; vous eussiez gagné votre pain à la sueur de votre front, mais, au moins, vous auriez eu, pour vous consoler, la foi à une récompense immortelle.

— Sans doute, monsieur le Curé. J'ai la foi ; la croyance chrétienne est le fonds et la base de mon être ; grâce à mon éducation, j'admets toutes les vérités que tant d'autres, dit-on, rejettent ; j'espère ne prendre des doctrines et des événements de ce monde que ce qui s'accommodera avec cette conscience sévère que la religion m'a faite, et, tout en m'arrachant aux misères de la vie présente, j'entends ne rien perdre des biens de la vie future.

— Puisse-t-il en être ainsi ! Mais, Pierre, vous connaissez mal le cœur humain. Si vous réfléchissiez un peu sur l'exemple de votre glorieux patron, peut-être auriez-vous moins de confiance en vous. Lui aussi avait foi à ses forces, il avait fait mille serments : la voix d'une servante le fit

2.

tomber ! Vous ne savez pas combien l'homme subit les circonstances, jusqu'à quel point il en est victime. Puissiez-vous, n'être pas un nouvel exemple de ces chutes humiliantes, dont l'œil du chrétien est sans cesse affligé. Je ne vous citerai point des noms que vous connaissez, des hommes qui présentaient, comme vous, toutes les garanties, et qui nous sont revenus pervers de cœur et d'esprit de ce tourbillon où vous allez vous jeter avec une sécurité que votre inexpérience peut seule expliquer.

— J'ai confiance, monsieur le Curé, et Dieu, qui connaît le fond de mon cœur et qui ne refuse, vous nous l'avez dit, son secours à aucun de ceux qui l'invoquent, Dieu, ne permettra pas que je sois aussi malheureux que ceux dont vous parlez.

— En tout cas, Pierre, il vous aura prévenus ; vous ne pourrez ni l'un ni l'autre arguer d'ignorance. Vous saviez le péril auquel vous vous exposiez. La classe ouvrière, si estimable et si digne d'intérêt, est en ce moment travaillée d'un malaise intérieur qui éclatera tôt ou tard en orage. Elle est gangrenée de l'esprit d'impiété, descendu de la bourgeoisie jusqu'à elle, ce qui permet à peine d'espérer qu'un homme puisse sortir sain du milieu de ces ateliers populeux, où tous les vices semblent en fusion. Je vous souhaite meilleure chance qu'à tant d'autres... Adieu !

Ils se levèrent tous les trois. Pierre et Claude étaient tristes. Le curé les embrassa avec affection, et leur dit encore quelques mots d'amitié. Mais l'un d'eux ne put s'empêcher de lui dire :

— Monsieur le curé, votre parole nous a toujours fait du bien : aujourd'hui elle nous abat. Pourquoi avez-vous augmenté cette tristesse qui affectait déjà notre cœur ?

— Mes amis, leur répondit le prêtre, il y a une tristesse qui vaut mieux que la joie. A l'entrée de la nouvelle carrière où vous vous lancez, beaucoup de personnes vous ont flattés de l'espérance des biens que vous allez gagner : un prêtre devait vous dire les dangers auxquels vous vous exposez. Sans condamner les désirs d'une légitime ambition, j'aurais aimé à vous voir rester dans votre condition obscure : il me semble que vous y eussiez plus aisément atteint le but pour lequel Dieu vous a mis au monde. Je ne vous dissimule pas que je vous vois partir avec regret... Allez pourtant, puisque le courant vous entraîne.

« Adieu, Claude ! adieu, Pierre !... »

V

L'HOTEL DES TROIS-PIGEONS.

— Croquemitaine était un grand homme. On ne sait au juste ni où il est né, ni où il est mort ; on ignore même s'il est mort ou s'il est né. Quoi qu'il en soit, je le tiens pour un vénérable personnage, surtout s'il ressemble au portrait que j'en ai vu, quand j'étais petit. J'ai eu longtemps peur de lui, mais, ma foi, je ne lui en garde pas rancune. Puisse-t-il être toujours la terreur des petits enfants ! c'est lui qui les rend sages. Croquemitaine fut un grand législateur. Il avait une hotte pour les petits enfants, et un enfer pour les vieilles femmes. Mais combien de gens restent vieilles femmes toute leur vie ! Holà ! vous qui buvez là-bas, n'êtes-vous pas encore un léal et féal sujet du seigneur Croquemitaine ?

Ce discours, qui provoqua un éclat de rire de la part de deux autres étrangers, était tenu dans l'auberge des *Trois-Pigeons*, et s'adressait à un voyageur qui venait de s'asseoir à une petite table avec son compagnon. Bien que l'apostrophe fût empreinte d'un ton de raillerie, il ne paraissait cependant pas que l'intention de son auteur allât plus loin que le désir de provoquer le rire de ses compagnons.

Les deux convives de l'autre table semblèrent ne pas entendre, ou ne prêter aucune attention à ce qu'on venait de dire. Ils étaient trop pressés par la faim pour perdre le temps en vains discours. Cependant leur empressement n'avait pas été tel que le plus âgé n'eût d'abord prononcé le *Benedicite* sur le modeste dîner qui leur était servi. Et c'était sans doute ce signe religieux qui avait provoqué les phrases étranges qui commencent ce chapitre.

Le silence succéda à ce début de l'étranger, silence pendant lequel on n'entendit que le bruit des fourchettes, et quelques mots chuchotés très bas par le panégyriste de Croquemitaine. Toute autre oreille que celle de celui à qui il s'adressait aurait à peine entendu autre chose que ces mots : *Serrurier... huit heures... rue d'Enfer...* ce qui ne pouvait évidemment amener aucune induction raisonnable sur quel sujet que ce fût.

— Après avoir dit le *Benedicite,* il est juste de dire les *Grâces*, cria de nouveau l'inconnu aux deux jeunes gens qui, cette fois, furent forcés d'entendre, ou de paraître avoir entendu.

L'un d'eux sembla pourtant insensible à cette double apostrophe, à tout le moins inconvenante ; son air honnête cachait ou la timidité ou l'insouciance. Il continua à manger sans rien dire. L'autre, dont la figure expressive dénotait ou plus d'intelligence ou plus d'irascibilité, eut peine à se contenir pour répondre d'un ton de voix modéré:

— Est-ce que chacun, Monsieur, n'est pas libre de suivre sa religion ?

— Si, morbleu, répondit l'inconnu, et la preuve, c'est que depuis vingt ans je suis la mienne, sans que personne m'en ait jamais demandé compte. Vous êtes de la religion de M. Croquemitaine, à ce qu'il paraît, jeune homme ?

— Qu'entendez-vous par ces paroles? dit Pierre avec amertume, car c'est de Pierre Rousseau qu'il s'agit.

— Ne vous fâchez pas trop : Croquemitaine, comme j'ai déjà eu l'honneur de vous le dire, fut un grand législateur, qui inventa la croix de par Dieu et l'eau bénite. C'est de lui que toutes les grand'mamans tiennent leur *Credo* et leurs lunettes. Il charge les pécheurs dans une hotte, comme du linge sale, et les jette dans la fournaise éternelle. Tous les mille ans, il descend dans ladite fournaise, flaire la chair cuite, prend conseil de Béelzebuh, et vient chercher sur la terre une nouvelle cargaison. Sa religion est belle et bonne ; si vous en êtes, je vous en félicite.

Le rouge de la colère montait à la tête de Pierre Rousseau, et il allait riposter, quand un étranger entra, prit place à une troisième table, et, après avoir dit quelques mots tout bas à l'hôte, but silencieusement un verre de vin ; puis, comme s'il n'eût attendu qu'à être assis pour se livrer au sommeil, sa tête s'appesantit et tomba sur sa poitrine.

— Allons-nous-en, dit le plus jeune compagnon à Pierre Rousseau ; ces gens-là ont l'air d'impies.

— Non, répondit Pierre, je ne m'en irai pas ; je ne veux pas laisser outrager ma religion impunément. Tout homme est soldat pour défendre sa foi.

— Que veux-tu défendre ? ces hommes sont peut-être instruits et capables de raisonner ; nous, nous ne sommes que des ignorants. Il me semble qu'un défenseur maladroit fait plus de tort que de bien à la cause qu'il défend.

— Dis ce que tu voudras, il n'aura pas le dernier mot. Et si, par hasard, ce coquin de mécréant me met à bout par le raisonnement, eh bien ! je l'attendrai hors d'ici, et j'argumenterai du poing. Laisse-moi faire.

— Vous m'avez l'air d'un misérable railleur, reprit-il très haut, et d'un ton de colère contenue ; je doute que votre science égale votre audace. En tout cas, vous êtes un grossier personnage ; car, si vous aviez ombre de politesse, vous sauriez qu'on doit laisser chacun libre de suivre sa religion.

— C'est précisément mon opinion, jeune homme, et c'est pour vous aider à suivre la vôtre que je me suis permis de vous rappeler votre devoir, de peur que vous ne l'oubliez. J'ai voulu vous épargner ce soir, quand vous ferez votre examen de conscience, le remords d'avoir manqué à un devoir important.

— Vous êtes un mauvais plaisant, vous dis-je, et je vois bien qu'il n'y a pas moyen d'argumenter avec vous.

— Au contraire, j'ai un plaisir extrême à raisonner avec des gens de sens et d'esprit. J'ai eu l'avantage d'étudier un peu dans mon temps, et je ne suis pas fâché de faire voir mes connaissances. Et vous, Monsieur, vous êtes aussi un homme de lettres ?

— Je ne suis qu'un pauvre ouvrier, mais je ne vous crains pas. Si vous avez de l'esprit et de la science, vous devriez les montrer, en respectant ce qu'il y a de respectable, et en laissant aux autres la liberté que vous revendiquez pour vous-même.

La parole fut coupée à Pierre, par l'arrivée, ou plutôt l'irruption, d'une douzaine de jeunes gens à moitié ivres, qui paraissaient être des remplaçants militaires. Le gros homme qui sommeillait s'éveilla au bruit qu'ils firent, jeta sur eux un regard terne et se rendormit. Cette foule bruyante s'assit néanmoins à sa table, demanda verres et bouteilles, et fit un grand tumulte. Claude Renoux crut faire sagement de profiter de l'occasion pour entraîner Pierre Rousseau hors de là. Mais celui-ci résistait :

— Je ne suis point un lâche, disait-il, et bien que je ne sois qu'un ignorant, je me crois bon pour riposter à ce mauvais plaisant... J'ai la tête pleine d'une foule d'idées sur la religion, et je voudrais bien savoir ce qu'il aurait de solide à y opposer... Pour la première fois que je me trouve en face d'un ennemi, n'y aurait-il pas couardise à lâcher pied ?... Notre tante Marguerite nous arrangerait joliment, si elle savait que nous n'osons pas défendre notre Dieu... Je tiens à disputer avec cet homme, moi, et je voudrais que notre curé fût témoin de la discussion, pour lui prouver combien ses craintes sont peu fondées.

Tel était l'élan de zèle dont Pierre était dévoré, qu'il était prêt à braver le monde entier pour soutenir son Maître. Claude Renoux se rappela involontairement l'exemple de saint Pierre, dont le curé leur avait parlé dans son dernier entretien. Mais quand ils relevèrent l'un et l'autre les yeux pour chercher l'insolent étranger, il avait disparu. Ce qui les força à quitter aussi le champ de bataille.

Quel ne fut par leur étonnement, quand ils virent l'hôtesse refuser leur modeste écot, sous prétexte qu'il était payé.

— Payé ! dit Pierre ; et par qui, s'il vous plaît ?

— Cela vous importe peu, Monsieur, on m'a défendu de vous le dire ; mais c'est payé.

— Allons ! je souhaite de trouver souvent des auberges de ce genre-ci. Seulement, j'aimerais à y rencontrer meilleure compagnie...

— Comment cela ? Monsieur, dit la femme, à demi-courroucée ; quelle mauvaise compagnie avez-vous rencontrée ici ?

— Ah ! je parle de cette moustache noire, qui a eu l'air de m'insulter parce que je n'ai pas abjuré ma foi. S'il entend, lui, vivre comme un chien, c'est son affaire ; mais qu'il laisse au moins les autres libres...

— M. Duvert, répondit l'hôtesse, est un fort honnête homme...

— Je vous dis que c'est impossible, cria Pierre avec emportement ; quand je dis quelque chose, je sais ce que je dis, et je veux qu'on me croie. J'affirme que ce doit être un malhonnête homme ; car on ne peut être honnête homme et renier Jésus-Christ, m'entendez-vous ?

— Miséricorde ! renier Jésus-Christ ? dit une servante, d'une voix glapissante ; M. Duvert renier Jésus-Christ ! Mais, Madame, vous souvenez-vous de la belle morale qu'il faisait l'année dernière au garçon de la poste, à l'occasion d'un petit mot de légèreté qu'il avait dit ? Je veux être la dernière des filles de Bethléem, si M. Duvert n'est pas un parfait chrétien.

— En tous cas, reprit l'hôtesse, il a payé pour ces Messieurs, et cela leur ôte un peu le droit de médire de lui.

— Payé pour nous ? dit Pierre, au comble de l'étonnement ! c'est un conte que vous nous dites-là, madame l'hôtesse.

— Mais non, je vous assure ; et, pour preuve, c'est qu'il m'a dit, en me payant : Voilà deux pauvres ouvriers qui vont faire leur tour de France, et ils ont sans doute le gousset mal garni. Dites-leur que Croquemitaine a payé leur dîner.

A ce nom de Croquemitaine, Pierre fit un soubresaut. Il se livrait en lui un combat entre l'antipathie que lui avait inspirée l'étranger, et la reconnaissance à laquelle sa générosité lui donnait droit.

— J'aimerais autant qu'il eût gardé son argent, dit-il avec un reste d'humeur ; la forme, ici, gâte le fond.

— Ah ! prenez toujours, jeune homme, répliqua l'hôtesse avec un air de compassion, et croyez qu'on ne rencontre pas souvent sur sa route des hommes comme M. Duvert.

— Vous avez raison, dit Claude Renoux ; je voudrais voir ce Monsieur, pour lui exprimer ma reconnaissance. Nous sommes très pauvres, et c'est à peine si nous pourrons arriver à notre terme.

— A la bonne heure ! dit Pierre, le front toujours ridé ; moi aussi, je voudrais retrouver ce M. Duvert puisque c'est ainsi que vous l'appelez ; mais je le prierais en grâce de ne plus rire de ma foi ; car je n'entends pas raillerie sur ce point.

VI

SOUS UN CHÊNE.

Le monde est une étrange chose, dit Pierre à son cousin, dès qu'ils furent en route, et je commence à croire que nous y serons souvent ébahis. Qui se serait imaginé que ce mauvais goguenard était homme à payer pour nous? Je t'assure que j'étais prêt à faire le coup de poing avec lui.

— Il faut commencer par modérer ton zèle. Avant de se prendre aux cheveux avec le premier venu, il est bon de mesurer ses forces. Si tu te mets ainsi à chercher noise à tout bout de champ, tu n'iras pas loin.

— Eh bien ! comme Dieu voudra. Je ne demande pas de vivre. L'essentiel pour moi est de travailler et sans cesse et partout à la gloire de Dieu et à mon salut. Je veux me sauver, et il n'y pas d'obstacle qui puisse me faire reculer.

— A la bonne heure ! mais je crois qu'un zèle intempestif est fort peu agréable à Dieu. Quand on est comme toi et comme moi, un ignorant, il faut se contenter de faire son devoir, sans s'ingénier à donner des leçons à tout le monde.

— Comment ! et tu l'aurais laissé dire ses bêtises sur le compte de la religion ?

— J'aurais pris tranquillement mon repas, en abandonnant à Dieu le soin de sa gloire, et en lui demandant pardon tout bas de blasphèmes auxquels je n'aurais pu m'opposer.

— Moi, je pense tout autrement. Et, dans l'atelier où

nous allons entrer, je prétends me faire respecter dès le commencement. Il importe, ce me semble, de se montrer tout d'abord tel qu'on veut être toujours. Voilà ce que j'ai avisé dans ma sagesse : tout en arrivant, je dirai que je suis catholique, que je laisse chacun libre de suivre sa religion, mais que j'entends suivre la mienne, et que le premier qui s'avisera de me contrarier saura à qui il a affaire...

Bien que ce fût au mois de septembre, la chaleur était encore forte. Vers les trois ou quatre heures de l'après-midi, les deux voyageurs, accablés de lassitude, furent obligés de se reposer sous un arbre. Ils y trouvèrent un homme étendu tout de son long, goûtant le frais et le spectacle d'un beau soir d'automne. Nos compagnons reconnurent M. Duvert.

— Ah! c'est vous! dirent-ils tous les deux à la fois, mais avec des sentiments un peu différents dans leur origine.

— Comme vous voyez.

— Et qui faites-vous là, monsieur Duvert ?

— Rien. J'allais m'endormir sous les ailes du Seigneur, en face de cette belle nature que j'admirerais certainement, si je n'avais pas si sommeil. Mais quand l'âme est ainsi appesantie par le corps, elle est peu propre à s'élever aux contemplations religieuses.

Le ton de cet homme était si indifférent, son air si candide, que Pierre et Claude se regardèrent avec un étonnement qui voulait dire : Qu'est-ce que ceci ?

— Nous avons à vous remercier, dit Claude, de la bonté que vous avez eue de payer notre dîner.

— Ah !

— N'ayant pas l'honneur d'être connus de vous, nous en avons été d'autant plus surpris et d'autant plus reconnaissants.

— Ah !

Ces *Ah !* jetés avec un ton d'ineffable bonhomie, étaient

d'une nature si indécise qu'on pouvait les attribuer, sans invraisemblance, aux affections les plus opposées. Et au fait, tandis que Claude Renoux n'y voyait qu'un signe de modestie naïve, Pierre Rousseau les trouvait entachés d'une mordante ironie.

— Vous êtes bien heureux, reprit Claude, de pouvoir faire le bien, plus heureux encore de le vouloir ! Vous avez sans doute de la fortune, Monsieur ?

— Moi ? pas l'ombre. Toute ma fortune consiste dans l'espérance que j'ai mise au Seigneur, et dans ma charité pour mes frères. Voilà mes deux trésors : il est vrai qu'ils sont inépuisables.

— Alors, si vous n'avez rien, dit Pierre Rousseau, qui avait absolument envie d'émoustiller son homme, il est assez extraordinaire que vous puissiez faire des largesses.

— Vous me pendriez pour un décime, jeune homme, et j'espère cependant faire encore l'aumône demain. Et, si je ne le puis pas, ce ne sera pas ma faute, mais celle du soleil, ou plutôt de la lune.

La pensée qui se présenta subitement à l'esprit des deux cousins, c'est que cet homme était fou. Ils le regardèrent un moment sans rien dire, cherchant dans ses traits une preuve à l'appui de leur opinion. Mais, ce fut en vain. Un regard fixe et d'une admirable pureté, une physionomie calme et légèrement méditative, des traits d'une régularité parfaite, et même une sorte de beauté mâle et austère éclairaient cette figure de cinquante ans, à laquelle la pensée semblait avoir largement imprimé son cachet.

— Je ne vous dissimulerai point, reprit à son tour Pierre Rousseau, dont l'intention était tout à la fois de vider sa vieille querelle et de pénétrer un peu plus avant dans la nature de cet homme, je ne vous cacherai point, monsieur Duvert, que j'ai été scandalisé du ton de raillerie avec lequel vous avez accueilli un acte d'honnête et légitime religion, est-ce que vous êtes disposé à discuter un peu sur le catholicisme ? y avez-vous foi, oui ou non ?

— Vous confondez la gousse avec le légume, jeune homme répondit froidement M. Duvert; je regretterais de me sentir pressé de vous faire une nouvelle aumône, tandis que je n'ai rien dans ma bourse. — J'ai la vue un peu basse, au moins pour les choses de ce monde : dites-moi, ne voyez-vous rien venir là-bas?

— Je vois deux points noirs.

— Prêtez-moi vos yeux pour un moment: ces deux points marchent-ils?

— Ils marchent! dirent à la fois les deux cousins.

— Merci, jeunes gens? et que Dieu vous le rende. Je compte peu sur le soleil, peu sur la vieille génération, peu sur le passé, point sur le présent, mais beaucoup sur l'avenir. Quand on a, comme moi, bu au torrent fangeux des misères humaines, on est bien aise d'un peu se rafraîchir à la source vive de l'espérance. Jeunes gens, je vous souhaite bon voyage.

— Si cependant vous aviez eu intention d'aller plus loin, dit Pierre, qui renonçait avec peine au désir d'argumenter, nous nous serions fait un devoir de vous accompagner; et si notre faible assistance eût pu vous être agréable, nous nous serions empressés de...

— Ah ça! interrompit M. Duvert, ces deux points ont-ils augmenté?

— Tout naturellement, comme deux hommes qui marchent, et qui, nécessairement, apparaissent plus gros à mesure qu'ils approchent...

— Bien. Il me serait doux de dormir, alors. Le sommeil est une cloison qui sépare la vie en compartiments; il ôte la vue des vieilles idées, des soucis de la veille; il cache les peines du lendemain. Ah! jeunes gens, la douce chose que le sommeil! Si vous voulez être heureux, tâchez de dormir toute votre vie.

— Dormir! dit Pierre, qui grillait d'envie d'avoir un adversaire quelconque; et justement l'Evangile nous ordonne de veiller sans cesse! Avez-vous lu l'Evangile, monsieur Duvert?

L'étranger jeta un regard d'affectueuse compassion sur celui qui l'interrogeait et dit :

— Je vous le répète, jeune homme vous prenez la gousse pour le légume. Le livre dont vous parlez est encore fermé et scellé pour bien des gens. Je souhaite qu'un jour la lumière se fasse pour vous. Vous êtes trop jeune et trop robuste pour qu'il n'y ait pas lieu d'espérer que vos yeux verront cette lumière dont je parle, briller et éblouir les regards les plus obstinés.

— Vous nous jetez là des énigmes à poignées, dit Pierre Rousseau un peu impatienté; que veulent dire ces phrases en *rébus?* Si vous aviez voulu parler raison, j'aurais tâché de vous tenir tête, mais...

— Je ne dispuste pas, mon ami, répliqua l'inconnu, je ne dispute jamais. A quoi bon disputer? La vérité, comme la lumière, brille d'elle-même; malheur à ceux qui ne la voient pas! Quant à l'erreur, elle vit de dispute. Vous avez la foi, dites-vous? J'en doute, moi. La dispute fonde et accrédite toutes les erreurs; l'erreur a pris racine le jour où la dispute naquit. C'est ce que je répète souvent à nos hommes : agissons, mes amis, agissons, mais ne disputons pas; l'avenir est à nous.

— De quels hommes, de quel avenir parlez-vous, homme à problèmes? s'écria Pierre Rousseau, qui sentait à merveille qu'il y avait de l'étoffe chez son original interlocuteur, et qui enrageait de ne pouvoir le saisir par aucun bout.

— Je parle d'hommes comme nous et d'un avenir dont vous serez, répondit M. Duvert.

— Comment! un avenir dont je serai?

— Je parle d'un ciel nouveau et d'une terre nouvelle, ajouta le mystérieux étranger. Vous êtes ouvriers, jeunes gens? ne m'avez-vous pas dit que vous étiez ouvriers?

— Oui, Monsieur, nous nous destinons du moins à l'être. Nous nous rendons à Paris dans l'intention de...

— Alors, vous serez de ce corps privilégié que j'appelle

les pionniers de l'avenir. Frappez ferme et juste : sapez, ne craignez rien ; aplanissez, aplanissez les montagnes... vous verrez ce qui se cache derrière : c'est un immense horizon, et chaque pelletée de terre qu'on enlève aux sommités exhausse un peu les plaines. Nivelez : mais avant de niveler, il faut abattre; je vous souhaite main ferme pour tenir la sape, et un œil juste pour diriger le cordeau. Jeunes gens, l'avenir est à vous!

— Nous en avons bon besoin, répliqua Pierre, qui ne pouvait se décider à lâcher prise, malgré les énigmes qu'on lui jetait à la face, et qui finissait par éprouver une espèce de sympathie pour ce rêveur inconnu; oui, nous avons bon besoin que l'avenir nous dédommage un peu des rigueurs du passé; car nous sommes pauvres et malheureux: l'indigence nous a accueillis au berceau, et depuis vingt ans nous nous débattons avec elle.

L'inconnu se leva alors sur son séant, et promenant un œil souriant d'enthousiasme sur les deux voyageurs :

— Soyez bénis, ô soldats de l'humanité! dit-il avec feu; soyez bénis, sentinelles avancées de l'avenir! votre heure approche; le banquet se prépare, et votre place y est marquée. Ne vous plaignez pas trop d'avoir fait votre noviciat dur et long; un soir calme fait oublier l'orage du matin, et le repos est plus doux quand les membres sont fatigués.

— Voilà des mots qui me vont au cœur, reprit Rousseau, à qui l'enthousiasme de M. Duvert semblait se communiquer; est-ce que vous avez été pauvre aussi ? on le dirait, tant vous savez bien consoler ceux qui le sont.

— Pauvre! non, je vous ai dit que je suis riche. Rien ne m'a jamais manqué, et celui-là seul peut se dire riche qui ne manque jamais de rien. Après cela, je suis comme l'oiseau, qui ne sème pas, mais qui récolte. Quand j'ai je donne: c'est mon système ; quand je n'ai plus,.. — Hé! vous, qui vous a fait des semelles de plomb, arriverez-vous donc, enfin?

Ces derniers mots s'adressaient aux deux compagnons que M. Duvert avait paru attendre avec une calme impatience, et que les cousins reconnurent pour ses convives des *Trois-Pigeons*. Mais l'apostrophe sur Croquemitaine avait si bien absorbé dans ce moment la pensée de Pierre et de Claude, qu'ils n'avaient d'abord vu que M. Duvert, et que maintenant, pour la première fois, ils faisaient attention à ces deux physionomies, assez remarquables, quoique très différentes entre elles. L'un était d'une taille courte et ramassée; sa figure sauvage était ombragée d'énormes favoris ; un œil de loup se mouvait sous ses prunelles ardentes ; sa face aplatie et son front crépu indiquaient l'étroitesse de l'esprit jointe aux instincts brutaux; ses mains velues eussent pu, par leur peau épaisse et leurs formes osseuses, passer pour le symbole de la force. L'autre, long, maigre, sec avait deux gros yeux blancs, veinés de rouge, qui lui sortaient de la tête ; ses vêtements pendillaient le long de son grand corps ; les articulations surtout se dessinaient comme des nœuds d'arbre; on voyait ses os et ses muscles courir, s'allonger sous sa peau jaune et tannée ; et à part cette enveloppe de parchemin on l'eût pris pour un squelette ambulant.

— Il y a des rencontres heureuses dans la vie, Saint-Suaire, dit M. Duvert en s'adressant à ce dernier, et l'homme de bonne volonté ne va jamais loin sans faire des recrues. Le régiment se grossit, pendant que le légume dépouille sa gousse. Il fait bon prendre l'oiseau dans son nid, et l'homme au début de sa carrière. Le vieux métal se fond mal, et l'arbre tortu ne se réforme jamais. Je crois que ces deux enfants de la nature pourront donner leur coup de pioche dans les profondeurs de l'avenir.

Le squelette ouvrit deux lèvres faites comme les deux côtés d'une blague, et laissa voir quatre dents fort raisonnablement espacées, mais larges et jaunes comme de l'ambre.

— Bonboyau, reprit M. Duvert en s'adressant à l'autre, vos scrupules tomberont, quand vous verrez l'armée sur pied. Tous les champions ne seront pas de votre force, mais vous aurez quelque orgueil à en diriger une compagnie. Je vous recommande ce jeune ouvrier pour un de vos sergents. Il est bon de vous dire qu'il a lu l'Évangile.

— Si je l'ai lu, ce n'est que par chapitres détachés, et en français, répondit Pierre Rousseau, toujours désireux d'entamer une discussion ; mais, en tout cas, j'en connais la doctrine, et j'en ai l'esprit, et c'est, je crois, tout ce qui est nécessaire.

— Vous entendez, Bonboyau, et cela doit vous donner espoir. — L'esprit de l'Évangile, jeune ami, est encore un mystère pour vous. Ce livre sublime est aussi peu compris qu'il est simple ; les pharisiens et les scribes avaient intérêt à en obscurcir le texte, ils n'ont pas manqué de le faire ; mais leurs menteuses paraphrases et leurs interprétations criminelles tomberont un jour, comme les vapeurs marécageuses de la nuit s'affaissent devant le soleil. — Jeune homme, vous êtes ouvrier ?

— Oui, encore une fois, ouvrier fondeur au service de maître Antony Madré, mon oncle, demeurant rue...

Le mystérieux personnage tressaillit et reprit en interrompant :

— Saint-Suaire, voilà un soleil d'automme qui jette la vigueur dans l'âme et la faiblesse dans les membres. Grondez-moi, si vous le voulez ; mais laissez-moi dormir......

Les deux compagnons de M. Duvert avaient simultanément fixé, l'un son regard de loup, l'autre ses yeux de faïence veinée, sur un point éloigné de la route, où un tourbillon de poussière semblait annoncer une troupe en marche. M. Duvert, lui, s'était laissé retomber mollement sur le gazon, et paraissait vouloir dormir. Pierre Rousseau, qu'un invincible attrait liait à cette espèce de visionnaire comprenant qu'il ne pourrait l'arracher à son apathie obstinée à l'endroit de Croquemitaine ou de tout autre sujet à sa portée, se résolut enfin à céder à l'impatience de Claude Renoux, et à se remettre en route. Mais ce lui fut encore un besoin d'exprimer sa pensée à M. Duvert.

— Eh bien ! adieu, monsieur Duvert.... Un moment j'ai espéré que vous vous dirigiez aussi sur Paris, et que nous ferions route ensemble.

— Je vais, en effet, à Paris, jeune homme, mais par haltes et par détours. J'imite les Hébreux, qui mirent quarante ans à faire un voyage de six semaines. Du reste, je quitte les grandes routes. Il fut un temps où elles étaient mes voies favorites : alors les grands seigneurs et les oisifs les fréquentaient. Aujourd'hui qu'il n'y a plus de châteaux, les vicinaux ont repris faveur. La bourgeoisie fréquente les vicinaux, elle les pave, elle les perce, elle les entretient, elle les fait à sa ressemblance et à son image. C'est là que je la suis, c'est là que je l'attends. Quant à Paris, il est le terme de mon voyage. Je vais jeter mon grain de salpêtre dans le foyer. Je vous félicite, jeune homme, de ce que l'étoile vous y amène pour le bon moment. Vous laissez un vieux monde derrière vous. Ne retournez pas la tête : regardez en avant ! toujours en avant ! L'espérance est le soleil de l'avenir; réchauffez-vous à ses doux rayons. Nous nous reverrons.

— Où ? et quand ? monsieur Duvert, dit le jeune ouvrier, que le ton chaleureux de l'étranger pénétrait d'une volupté indéfinissable. Vous me parlez d'espérance ; mais, dites-moi, est-il vrai qu'on peut aisément faire fortune à Paris ?

— Aisément. Du reste, je ne comprends presque plus ce mot : *faire fortune*. Les vieilles idées sont singulièrement en baisse. Pour mon compte, je n'ai qu'un désir : travailler au bonheur de mes frères, et je refuse mon estime à quiconque porte au cœur l'égoïsme.... Dites-moi à votre tour : n'y a-t-il personne au monde que vous aimiez plus que vous-même, pour qui vous soyez prêt à sacrifier tout ce que vous avez, tout ce que vous pouvez ?...

— Oh ! si, si, cent fois si, s'écria vivement Pierre Rousseau, devant qui l'image de Thérèse venait d'apparaître avec le charme mélancolique dont elle était revêtue au moment de leur séparation ; oh ! pardonnez-moi, monsieur Duvert, j'ai laissé par là..., à vingt lieux d'ici, un ange sous forme d'une femme, une...

— Bon ! bon ! interrompit l'étranger ; vous êtes de la bonne espèce, et il n'y a pas de témérité à vous annoncer que vous réussirez. L'égoïsme stérilise, la charité féconde; allez, jeune homme, et que Dieu vous bénisse ! Votre nom, s'il vous plaît ? Je vous reverrai, je veux vous revoir : votre nom ?

— Pierre Rousseau, de Sombrey, âgé de 21 ans, ouvrier fondeur...

— Saint-Suaire.... — ne vous scandalisez pas de ce nom, Rousseau, je l'ai donné à ce meilleur de mes amis, un peu à cause de sa ressemblance avec l'*homme de douleurs*, et aussi et surtout à cause de la tendre compassion que ses souffrances m'inspirent. — Saint-Suaire, prends ton crayon, et écris ce nom que je désire retenir.

— Ne prenez pas cette peine, monsieur Saint-Suaire, dit Pierre Rousseau ; tenez, voici une adresse de lettre qui vous fera le même effet.

— Bien, c'est cela. Ne dût-elle être pour moi qu'un souvenir, elle me serait chère encore. Mais peut-être aura-t-elle une plus grande portée, et j'aime à croire qu'elle ne vous sera point inutile. Adieu, jeunes gens, nous tirons de ce côté-ci. Adieu.

— Adieu, monsieur Duvert ! Au revoir !

VII

QUID PRODEST ?

Cet incident laissa dans l'âme des deux cousins des impressions aussi diverses que leurs caractères. Pierre Rousseau, stimulé par le langage extraordinaire de cet homme, y trouvait un fonds merveilleux d'espérance et de grandes pensées ; il semblait qu'on venait de faire pour lui une trouée dans l'avenir ; en entendant une langue si neuve, il supposait que des choses non moins neuves devaient se cacher derrière le rideau qui avait jusque-là borné sa vue. Il lui tardait donc d'arriver, de voir enfin de ses yeux cet horizon qu'on lui promettait. Claude Renoux, au contraire, était triste : son cœur commençait à se reporter en arrière ; ses rêves se défleurissaient ; il pense à sa tante Marguerite qui filait, à cette heure, triste et soucieuse, près du foyer ; il revoyait les lieux, les objets qu'il avait quittés, et hésitait s'il pousserait plus loin son voyage.

— A quoi songes-tu donc, Claude ? dit Pierre qui avait besoin de laisser déborder la joie qui le remplissait, et pourquoi te laisses-tu aller au découragement ?

— Je trouve que nous sommes fous d'aller si loin et à travers tant de périls, chercher les deux bouts de planche qui doivent former notre cercueil.

— N'as-tu pas entendu ce M. Duvert ?

— Non. Il a battu mes oreilles de mots sonores auxquels je n'ai rien compris.

— Il t'a dit qu'on faisait aisément fortune à Paris.

— Mais cela a été noyé dans tants d'autres mots bizarres, que je ne sais, ni toi non plus, ce qu'il a voulu dire.

— Moi, j'ai compris qu'il se préparait quelque chose de nouveau, une révolution sans doute, qui relèvera les pauvres gens comme nous, et, ma foi, ce ne sera pas un mal.

— A tout cela, je n'entends rien. Je songe que, pour un pauvre garçon comme moi, le meilleur, le plus sûr, était de rester à Sombrey, d'y trainer, comme le disait notre curé, une existence obscure, et d'y attendre en paix la mort et le monde meilleur promis aux pauvres.

— Moi, je me sens tressaillir d'espérance. Il a raison, cet homme que je ne comprends pas, mais que je désire revoir, il faut se défendre de n'aimer que soi au monde. Nous avons là des êtres chéris, auxquels nous devons penser, Claude. Défie-toi de ce lâche amour du repos, qui recule devant le sacrifice et ne cache au fond qu'un égoïste amour de soi. Travaillons, pendant que nous sommes jeunes, travaillons pour les autres, si ce n'est pour nous.

— Qu'il est à craindre, au contraire, que ce zèle pour le bien d'autrui ne soit qu'un amour-propre déguisé. Pareils à ces malades dont M. le curé nous parlait un jour en chaire, lesquels voudraient être guéris pour travailler à la gloire de Dieu, et croient chercher la volonté divine dans la santé, tandis qu'ils ne désirent que la santé dans la volonté divine, nous aussi, nous nous persuadons que nous n'avons en vue que la félicité d'autrui, tandis qu'au fond, ce sont nos aises, notre bien-être que nous cherchons. Rendre heureuse notre bonne tante, procurer le bonheur à celle à qui tu as donné la foi : mon cher ami, il y avait pour tout cela un moyen bien simple : c'était de faire ce qu'elles demandaient, c'était de rester chez nous.

— Rester ! pour trainer le boulet au pied ! pour souffrir et les voir souffrir !

— Qu'importe ! si ces souffrances sont adoucies ! si elles se changent en joies ! si elles sont allégées par l'espérance d'une vie meilleure ! Qu'est-ce qu'une existence humaine, tant longue qu'elle puisse être ?

Pierre Rousseau devint pensif.

— Nos idées, nos horizons ont beau changer, continua Claude, les vérités restent les mêmes. Ah ! si, en détournant la tête, on détruisait ce qu'on ne veut pas voir ! Tous les raisonnements du monde effaceront-ils ces simples mots de l'Évangile : *Cherchez d'abord le royaume de Dieu et sa justice, et le reste vous sera donné par surcroît* ; et ces autres, bien plus précis, bien plus expressifs, et qui résonnent à mes oreilles, jour et nuit : *Que sert à l'homme de gagner le monde entier s'il vient à perdre son âme ?*

Ton homme n'a pas parlé de cela.

VIII

REGRETS.

Marguerite, en rentrant à son foyer, fut serrée au cœur d'une immense tristesse. Elle regarda, toute tremblante, le crucifix de chêne suspendu à la tête de son lit, et elle crut l'entendre lui dire : Qu'en as-tu fait?

— Qu'en ai-je fait ? se répéta-t-elle, en tombant sur sa chaise rustique ; oui, qu'en ai-je fait, de ces pauvres enfants, qui me furent confiés dès leur berceau, et dont je devais rendre compte ? Je n'ose répondre. Je les ai abandonnés aux hasards de la vie, tandis que je devais les accompagner, et ne les quitter que quand Dieu aurait redemandé, ou leurs âmes ou la mienne. Qu'importaient les difficultés de la route, les sacrifices de tous genres ? Je l'avais promis : ils ne devaient pas me quitter, c'étaient leurs mains qui devaient me fermer les yeux, me déposer dans la tombe, et c'est alors que j'aurais paru avec confiance devant mon Juge, puisque j'aurais pu lui dire : Je vous les rends comme je les ai reçus, bons, vertueux et sages... Mais, au lieu de cela, je n'aurai que des reproches à me faire, et l'indignation de Dieu à attendre. Tant que je les ai eus là, près de moi, il me semblait que j'étais la plus heureuse femme du monde ; rien ne me coûtait, mon travail nous suffisait, ils avaient au moins le nécessaire, les pauvres enfants, et, quand ils me serraient les mains ou qu'ils m'embrassaient de tout leur cœur, en me disant des mots de tendresse, toutes mes peines étaient oubliées, et je me sentais reverdir comme aux plus beaux jours de ma jeunesse... Maintenant, que vais-je devenir !!

C'était là le thème, et l'aliment de toutes les pensées de la bonne Marguerite. Quoi qu'elle fît pour éviter ces souvenirs, toujours ils revenaient se mêler à tout. Le jour, la nuit, à la maison, à l'église, elle cherchait ses neveux, elle les redemandait ; leurs noms venaient vingt fois par jour se poser sur ses lèvres ; leurs ombres passaient devant ses yeux, et elle frissonnait ; puis, s'apercevant qu'elle était le jouet d'une illusion, elle les suivait en imagination, dans l'espoir de se dédommager, par leur présence idéale, de leur absence réelle ; puis, ne pouvant les saisir, ou ne les saisissant que sous des images sombres, elle se repliait sur elle-même, et retombait dans sa tristesse.

Thérèse, de son côté, sentait seulement la blessure que ce départ lui avait laissée. La première fois qu'elle avait ouï parler du projet de Pierre, elle était loin de s'attendre à une exécution aussi prompte ; car on ne lui avait fait entrevoir que vaguement le coup qui la menaçait et elle était convaincue que sa parole, que ses larmes, que la crainte de lui déplaire, suffiraient à retenir Pierre Rousseau à Sombrey. — Il m'aime trop, songeait-elle, pour me quitter ainsi, pour s'accommoder d'une si longue absence. C'est bon à rêver de loin ; mais de près, quand il faudra partir, je suis bien sûre que son cœur s'amollira, et que ses résolutions s'en iront en fumée... — Sa surprise fut extrême, quand elle vit que c'était un parti pris, quand elle se fut convaincue que son amour ni ses larmes n'avaient le don de retenir son fiancé. La scène d'adieu lui avait révélé subitement ce qu'elle jugeait impossible : à savoir que Pierre Rousseau pût envisager de sang-froid un séjour de plusieurs années loin d'elle. Cette expérience lui fut un coup de poignard au cœur. D'un autre côté, quand elle pensait, — et cette conviction devait être pour elle plus profonde que pour toute autre, — que son fiancé n'agissait qu'en vue de son bonheur ; qu'elle restait la pensée de son âme, le terme de ses efforts, le but de ses sacrifices, elle se consolait, elle trouvait une sorte de soulagement à ses maux dans ce sentiment, toujours flatteur pour une femme, que celui dont elle est aimée ne croit pouvoir trop faire pour elle, et se dévoue, pour la mériter, aux plus grands sacrifices.

Pourtant, que de sollicitudes lui restent ! que de soucis, que de doutes pénibles ! Reviendra-t-il ? Restera-t-il fidèle ? Le changement de position, l'air des grandes villes, le tumulte des ateliers, les occasions, le trouveront-ils inébranlable ? Un cœur d'homme, c'est si mobile ! Il y a, dit-on, tant de périls au milieu du monde ! Mais le souvenir des serments qu'on lui a faits, la vue du gage qu'on lui a laissé, et, plus que tout cela, la connaissance qu'elle croit avoir du caractère de Pierre, tout tend à relever son courage. Bien plus, quelquefois elle se félicite du parti qu'il a pris ; elle se figure aussi par avance tout ce que l'avenir peut leur préparer de bonheur, et, en songeant que c'est à lui qu'elle le devra, sa jouissance en est décuplée. Ce petit ménage, cette douce aisance, cet entourage de paix et de félicité, elle se les peint avec des couleurs si vives, qu'un transport de joie la ravit... Pauvre nature humaine, l'illusion est donc toujours ton premier besoin !

C'est de ces sujets, tour à tour tristes ou gais, que Thérèse vient parfois s'entretenir avec la vieille Marguerite. Elle la trouve ordinairement baignée de larmes et dans un état voisin du désespoir. C'est elle qui la soutient, qui ranime son courage. Ils ont promis d'écrire; on compte les jours, les heures ; on voudrait hâter le cours du temps. Si Thérèse n'envisage guère la question que sous un point de vue temporel, Marguerite, au contraire, se préoccupe surtout du sort éternel de ses chers pupilles. Elle ne peut se familiariser avec la pensée des dangers que courent ces pauvres âmes dont elle doit répondre devant Dieu. Thérèse cherche à la rassurer sur ce point, en rappelant leur foi vive, leur fermeté de caractère, leur conduite irréprochable, — c'est de Pierre surtout qu'elle parle, — et quand elle est parvenue à faire rentrer un peu d'espoir dans le cœur de sa mère adoptive, elle se sent elle-même prise d'un frisson de tristesse, et retombe dans toutes les angoisses d'un amour qui doute...

Tous les jours, elles épiaient l'arrivée du facteur; à chaque instant, leurs yeux se reportaient vers le couchant, comme si elles eussent dû découvrir de loin ces figures chéries...

IX

MÉPRISE.

Pierre et Claude n'étaient plus qu'à deux journées de Paris, quand un brigadier de gendarmerie vint à eux, bride abattue, un soir, au moment où ils allaient atteindre leur gîte :

— Quels sont vos noms? Avez-vous des passeports?

— Des passeports? non, monsieur le gendarme, nous n'en avons point. Une idée nous était venue d'en prendre, mais le maire de notre village nous a dit que cela n'était point nécessaire, qu'en un temps de paix comme celui-ci, on pouvait voyager sans être inquiété; il nous a affirmé qu'il était allé lui-même jusqu'à Paris vendre des bœufs, et que nulle part on ne lui a demandé d'où il était ni où il allait.

— Vos noms?

— Moi? Pierre-François Rousseau, de Sombrey, dépar...

— Reconnaissez-vous cette adresse?

— Oui, cent fois oui, s'écria Pierre en reconnaissant l'adresse qu'il avait laissée à M. Duvert l'avant-veille; c'est véritablement là mon nom. Ceci formait l'enveloppe d'une lettre que mon oncle Antony Madré m'a écrite, il y a une douzaine de jours.

— Et vous? votre nom?

— Claude-Joseph Renoux, de Sombrey.

— Votre état?

— Mon état? Hélas! mon Dieu, je n'en sais rien. Nous allons à Paris dans l'intention d'entrer chez notre oncle, en qualité d'ouvriers fondeurs en cuivre...

— Mais, enfin, qu'avez-vous fait jusqu'ici?

— Rien. J'ai mendié à peu près toute ma vie.

— Vous allez me suivre.

— Où donc, monsieur le gendarme? Nous sommes fatigués, harassés. Nous n'avons encore fait qu'un mauvais repas aujourd'hui, par économie, car nous sommes pauvres, et nous mourons presque de faim. Si vous aviez la bonté de...

— Suivez-moi.

— Mais... que nous veut-on? Que nous reprochez-vous? Nous ne sommes point des malfaiteurs.

— Suivez-moi.

Il fallut que les deux pauvres voyageurs rebroussassent chemin, en avant du brigadier. Les passants, les habitants des villages, les regardaient avec une curiosité mêlée de pitié. Un bruit avait couru naguère d'un complot contre la sûreté de l'État ; on ne pouvait faire moins que de voir ici deux conspirateurs. Enfin, après deux heures d'une marche pénible, Pierre et Claude furent enfermés dans une maison d'arrêt, en attendant qu'ils subissent un interrogatoire.

— Voilà que Dieu commence à nous punir, dit Claude le premier, les yeux voilés de larmes ; nous n'avons pas écouté les conseils de ceux qui nous aimaient ! Mon Dieu, que nous sommes malheureux !

— Quel mal avons-nous fait? répondit Pierre; et pourquoi sommes-nous si injustement arrêtés? On ne nous accuse pas... ce doit être une méprise.

— Si les hommes se méprennent, Dieu ne se méprend pas. Ah ! que nous eussions mieux fait de rester où la Providence nous avait fait naître !... Il arrive souvent que dans ce monde-ci on porte la peine de ses fautes.

— Ne nous décourageons pas, ceci n'est qu'une épreuve. Je ne crois pas que nous devions en conclure que Dieu a vu de mauvais œil notre démarche; il permet quelquefois que ses enfants soient affligés, mais il ne souffre pas que la tentation dépasse leurs forces.

— Qu'allions-nous chercher là aussi ? La pauvreté n'est pas dure à ceux qui peuvent la supporter ; on s'y habitue, on s'en fait une amie... Si la pauvreté n'était pas une chose bonne, notre Dieu ne l'eût pas embrassée. C'est aux pauvres qu'il promet ses récompenses. Oh ! je m'en retournerai, moi ; j'en ai déjà assez des aventures ; je veux vivre dans mon petit coin, gagner mon pain à la sueur de mon front, et mourir paisible...

— Claude, ne me décourage pas. Je vois bien comme toi que notre voyage s'annonce sous de mauvais auspices; mais quelque chose me dit d'espérer. Sans doute, la pauvreté est bonne, honorable peut-être... Si j'eusse dû rester seul au monde, je n'aurais point cherché à m'affranchir de son joug! mais *elle!...* mais cette pauvre vieille tante, à qui nous avons promis d'adoucir le reste de son existence!... Je te le jure, si ce n'étaient ces deux êtres chéris, jamais je n'aurais dépassé le territoire de Sombrey. Mais le désir de les voir heureuses me déciderait aux plus grands sacrifices...

— Et, crois-tu, que nous ne prenions pas le chemin opposé à notre but? Si elles nous savaient ici, quelles ne seraient pas leurs angoisses! Elles en mouraient de douleur.

— Sans doute, mais nous sortirons; demain, tout à l'heure, nous serons libres.

— Qu'en sais-tu? Pourquoi nous emprisonnent-ils, si c'est pour nous relâcher? On dit qu'il n'est pas rare de voir des innocents punis pour des coupables... Je pense toujours à ton M. Duvert.

— C'est étrange, vraiment, que l'adresse que je lui ai donnée avant-hier se trouve entre les mains de la police. Pourtant, cet homme m'inspire de la confiance. Il a payé pour nous quand nous ne lui demandions rien; il espère de l'avenir, et moi aussi... Il désire nous revoir, et moi je le désire plus que lui... Cette adresse que je lui ai donnée, comment est-elle parvenue aux mains d'un gendarme? Peut-être l'aura-t-il laissée tomber dans un endroit ou quelque méfait aura été commis... Je n'y compreuds rien : ma tête s'y perd.

— La mienne aussi. O mon Dieu! pardonnez-moi d'avoir contrevenu à votre volonté sainte... Pauvre et ignorante créature, je devais rester où votre main m'avait placé, content du morceau de pain que vous me procuriez chaque jour... Vous n'abandonnez personne : c'est l'homme qui vous abandonne... Mon Dieu! je sens que ce monde où l'on m'attire n'est pas fait pour moi; je vous promets de retourner au lieu d'où je n'aurais jamais dû sortir...

Ne me punissez pas, car je me repens amèrement de ma faute.

Ils attendirent longtemps, mais en vain, que quelque être humain vint ouvrir la porte de leur prison. Depuis dix heures du matin, ils n'avaient rien pris, s'efforçant de faire durer la modique somme qui devait fournir à leur voyage. Mais la faim qui les tourmentait tout à l'heure avait bien vite cédé à d'autres impressions ; ils se jetèrent à terre tous les deux, mornes, abattus, et se cachant mutuellement leurs larmes. Que de fois ils regrettèrent leur pain bis et leur chaumière ! que de fois, dans cette nuit amère, ils se souvinrent des avertissements du prêtre ! Et Pierre, combien de fois aussi son imagination revit Thérèse, se rappela ses sinistres pressentiments et se troubla !...

La nuit se passa ainsi, froide, sombre, silencieuse. Et Claude se disait à lui-même : Quand j'étais mendiant, j'ai couché bien des fois dans les greniers à foin, sous les auvents, et même à la belle étoile..., jamais je n'ai passé une si mauvaise nuit ! Ah ! la pauvreté ! on la calomnie : elle n'est pas si triste qu'on le dit, quand on a la foi pour la rendre méritoire, et l'espérance pour se consoler...

X

LE LENDEMAIN.

Le lendemain, au lever du jour, une femme se présenta pour leur demander s'ils voulaient manger quelque chose.

— Nous voulons d'abord sortir.

— Mon office est de nourrir les prisonniers, et non de les mettre en liberté.

— Savez-vous pourquoi nous sommes ici ?

— Ce serait à moi de vous le demander. La police ne me met pas dans ses secrets.

— Que fait-on des prisonniers qu'on dépose ici ?

— Je n'en sais rien. Ils y demeurent plus ou moins ; on les emmène le plus souvent devant le procureur ; quelquefois on les met en liberté.

— Et où est-il, le procureur ?

— Dans la ville voisine, à cinq lieues d'ici.

Les deux pauvres jeunes gens ne revenaient pas de leur étonnement. Ils payèrent pour avoir un peu de soupe, et ne purent venir à bout de la manger.

— Je n'ai jamais rien trouvé de si mauvais, répétait Claude avec une tristesse résignée. Le pain dur que je mendiais avait plus de goût à ma bouche.

La différence des caractères des deux cousins se retraçait ici. Pendant que Claude inclinait humblement la tête sous ce qui lui semblait une punition de Dieu, Pierre s'irritait de ce qu'il appelait une affreuse injustice des hommes. Rendus à leur solitude, ils retombèrent chacun dans ses pensées habituelles.

Midi vint. Quelle ne fut pas leur surprise alors, de voir entrer Saint-Suaire, amené par le même brigadier, et probablement pour la même cause.

— Tiens ! c'est vous, monsieur Saint-Suaire, s'écria Pierre Rousseau ; et par quel hasard nous rencontrons-nous ici ?

— Comment avez-vous dit ? vous connaissez monsieur ? demanda le gendarme.

Pierre Rousseau sentit rapidement qu'il allait tout compromettre.

— Oui et non, balbutia-t-il. J'ai vu Monsieur une fois... et c'est tout. Je ne sais pas même son nom ; je vous proteste que je ne lui sais pas d'autre nom que le sobriquet que je viens de vous dire...

— Quel sobriquet? comment avez-vous dit?

— Ma foi, Monsieur... Saint-Suaire, je crois. Je ne pense pas que ce soit son vrai nom.

— Ni moi non plus, dit le gendarme; mais cela s'éclaircira.

Le brigadier sortit.

— C'est une chose étrange que ce bas monde, monsieur Saint-Suaire, dit Pierre à voix basse, comme s'il eût encore craint d'être entendu; donnez-moi donc un peu la clé de tous ces mystères, s'il vous plaît. Je voudrais bien savoir ce que nous avons fait, vous et moi, pour être mis en prison.

Le grand squelette ne répondit pas.

— Mon curé a raison, la vie entière est une énigme. Me voici en prison, sans savoir en vertu de qui ni de quoi, sans qu'on articule le moindre mot d'accusation contre moi. Encore une fois, monsieur Saint-Suaire, vous devriez me dire pourquoi vous êtes ici : cela m'expliquerait peut-être pourquoi j'y suis moi-même.

Le grand homme maigre ouvrit ses deux lèvres de parchemin, et laissa voir ses quatre dents jaunes. Il paraît que son intention était de rire, Pierre le présuma; mais il n'obtint pas de réponse. Rousseau finit par se dire : Cet homme est fou.

La porte s'ouvrit de nouveau, et la surprise de Pierre fut au comble quand il vit entrer M. Duvert. Cette fois, averti par sa première imprudence, il ne dit rien, il ne fit même aucun signe. Mais à peine le gendarme eut-il les talons tournés, que le jeune campagnard s'approcha du nouveau venu et lui dit :

— Nous ne pensions pas sitôt nous revoir, monsieur Duvert, et surtout en pareil lieu.

— Vous, c'est possible, jeune homme : quant à moi, j'en étais sûr. Il n'y a d'imprévu que pour l'ignorant; celui qui a un peu d'expérience voit toujours les effets dans leurs causes.

— Alors, vous savez pourquoi nous sommes ici ?

— Comment, si je le sais ? C'est parce que nous sommes pauvres.

— Pas possible ! Et quel crime y a-t-il à cela ?

— Quel crime ? Le plus grand de tous les crimes, le seul impardonnable, le seul réel, le seul vrai dans le siècle où nous sommes. C'est une tache qui ne s'efface pas.

— Mais pourtant je ne mendiais pas, monsieur Duvert ; je sais que la mendicité est un délit dans certains pays.

— Il y a de la ressource chez vous, jeune homme, dit M. Duvert en reprenant son ton prophétique ; mais, vraiment, vous êtes bien neuf ; votre éducation est tout à faire. La vie est pour vous un livre nouveau, dont vous ne savez pas la première lettre. Vous gagneriez à avoir un bon maître... L'avenir vous attend, ne l'oubliez pas : tournez vos yeux de ce côté-là. L'avenir est à vous.

— Quel avenir ? dit Pierre ébahi ; je le vois bien borné, surtout si je reste confiné dans une prison. Comment sortirons-nous d'ici ?

— Je ne sais, dit M. Duvert, d'un air insouciant ; peut-être pour le bagne, peut-être pour l'échafaud. Je ne donnerais pas deux liards pour choisir.

— Pour l'échafaud ! dit Pierre, en reculant d'un pas.

— Je n'ose vous le promettre ; mais s'il plait au gendarme, au juge ou à moi, cela peut arriver. Est-ce que vous n'aimeriez pas ?...

— Ah ! monsieur Duvert, l'échafaud !

— Parbleu ! cela vous fait peur, cela vous étonne, du moins ? J'admire vraiment comme vous êtes novice ! Eh ! mais, mon bon ami, cela se rencontre à chaque pas ; il y a au bagne une quantité d'hommes qui valent mieux que ceux qui les y envoient. J'ai connu, j'ai vu, j'ai... Saint-Suaire, tu as une pipe ; fais-moi le plaisir de me la passer.

Le grand désossé tira une pipe et une blague, qu'il tendit silencieusement à son compagnon. M. Duvert emplit la pipe, battit le briquet et alla s'asseoir sur le lit de camp; puis, posant une de ses jambes sur l'autre, il se mit à fumer le plus philosophiquement du monde.

— L'échafaud ! le bagne ! murmurait Pierre, tremblant de terreur ; pour un homme qui n'a point fait de mal, voilà qui serait drôle !

— Drôle, en effet; mais, le monde est plein de ces drôleries-là. Il faudra bien vous y habituer. Vous me faites l'effet de ce rat du bon Lafontaine :

> Sitôt qu'il fut hors de sa case,
> Que le monde, dit-il, est grand et spacieux !
> Voici les Apennins, et voilà le Caucase...

Mon ami, un tour de France ne vous fera point de mal.

— Ma foi, vous conviendrez que le début n'est pas encourageant; nous aurions mieux fait de rester dans notre chaumière.

— Vous pouvez le croire, moi je ne le crois pas. J'aime qu'un ouvrier ne recule pas devant la besogne.

— Jamais, Dieu soit loué ! je n'ai reculé devant la besogne. J'ai le bras nerveux, de la bonne volonté, de la constance ; je ne demande qu'à travailler.

— A ce prix, l'ouvrage ne peut vous manquer.

— Mais que diable voulez-vous donc que je fasse ? dit Pierre impatienté, me voici enfermé en prison, sans savoir pourquoi, et peut-être n'en sortirai-je que pour aller au bagne, me dites-vous.

— Possible. Vous êtes jeune, inexpérimenté : le bagne vous servira d'école. Rien n'avance l'éducation comme quelques années de bagne. A toute personne qui me sera chère, je souhaiterai toujours cette bonne aubaine ; c'est là que l'homme se fait.

— Voilà une étrange doctrine, et je suppose que vous voulez un peu vous railler de moi.

— Non, jeune homme ; croyez à ma franchise. La connaissance qui nous manque le plus, et dont le défaut fait tous nos maux, c'est la connaissance de la société au milieu de laquelle nous vivons. L'éducation bornée qui se puise dans la famille n'est qu'un amas de préjugés qu'on n'aperçoit pas, qu'on ne dépouille guère. On reprend bêtement la routine de ses pères; on croit ce qu'ils ont cru, on fait ce qu'ils ont fait; on subit de vieilles lois, de vieilles tyrannies; on pense à peine, on vit dans la souffrance, on meurt dans la misère, pour laisser après soi d'autres malheureux, à qui on laisse les mêmes préjugés, le même lot de niaiseries et de douleurs. Saint-Suaire, ton tabac ne vaut pas le diable : où as-tu pris ce détestable poison? Passe-moi ta blague...

L'automate obéit, mais toujours sans rien dire. M. Duvert vida et remplit sa pipe avec cet air d'insouciance qui semblait le caractériser. Pierre, les yeux baissés, réfléchissait sur ce qu'il venait d'entendre ; la flèche trouvait le joint ; un fond d'aigreur se remuait déjà dans l'âme du candide campagnard.

— Il y a quelque chose de vrai dans ce que vous dites, monsieur Duvert. Je commence à voir que tout n'est pas pour le mieux dans ce monde-ci.

— Distinguons, jeune homme. Pour le riche heureux et oisif, cela ne va pas trop mal; pour le travailleur pauvre et malheureux, c'est autre chose. La médaille a deux côtés. Je vous souhaite... ou plutôt je ne vous souhaite rien que quelques années de bagne.

— Vous vous moquez de moi toujours, monsieur Duvert.

— Non, certes! Vous dépouillerez là vos langes; les préjugés, qui vous ont jusqu'à présent offusqué les yeux, tomberaient d'eux-mêmes ; les sornettes dont on infatua votre enfance, ces respects puérils, ces abaissements grotesques, ces égards pour le haut rang, cette docilité timide à des lois injustes, tout ce fatras de bassesse et de servilisme, dont se compose votre foi politique et sociale, tout cela s'évanouirait. Vous verriez combien sont ridicules et cruellement dérisoires ces distinctions d'orgueil qui séparent les hommes, ces barrières que la propriété établit entre les fils d'une même mère ; vous apprendriez qu'un homme vaut un homme ; que nul n'a plus de dignité native, plus de liberté, plus de noblesse, plus de besoins qu'un autre ; vous sauriez que la violence seule et les mauvais instincts ont jeté les cadets loin des aînés, soulevé un plateau au détriment de l'autre ; que, nés couverts de la même peau, les hommes ont droit aux mêmes vêtements ; que la nature n'est marâtre pour personne ; que le génie même et l'habileté, étant les effets du hasard, ne peuvent constituer un vrai mérite, puisqu'il n'est pas donné à l'idiot de sortir du cercle étroit où la nature l'a emprisonné ; vous sauriez enfin...— Saint-Suaire, mon ami, ta pipe me brûle la bouche aujourd'hui. Quant à ton tabac, tâche de le mieux choisir une autre fois ; je te déclare que je n'en fume plus, si tu ne trouves pas mieux.

Il ne faut que peu de mots et une circonstance funeste pour troubler une tête. Aigri par sa position actuelle et par l'injustice trop vraie dont il se sent victime, Pierre Rousseau lâche les rênes à son imagination, et vogue à pleines voiles sur cette mer d'amertume, où d'imprudentes révélations viennent de le lancer. Claude Renoux, à l'écart, pleure sur sa chaumière ; il n'entend pas les discours excentriques de l'inconnu ; il songe à la sottise qu'il a faite de ne pas rester au foyer ; il demande pardon à Dieu d'avoir osé tenter quelque chose au-dessus de sa condition, et se promet de reprendre la route de sa patrie, dès qu'il sera libre, s'il doit jamais le redevenir.

— Et au bout de tout cela, monsieur Duvert, reprit Pierre Rousseau, quand j'aurai bien appris au bagne cette science dont vous me parlez, et qui est si importante, que serai-je, que deviendrai-je?

— Un ouvrier de l'humanité ! Il se peut que vous ne compreniez pas aujourd'hui la valeur de ce mot ; le temps vous l'apprendra. La société est en travail ; tous n'ont pas l'oreille assez fine pour entendre le bruit souterrain ; l'habitant paisible du Labour n'entend pas toujours les râles du volcan, et là, comme ailleurs, l'enfant dort dans son berceau. Une heure viendra où l'éruption se fera, et les plus aveugles, je l'espère, y verront clair. Pierre, tenez-vous prêt...

— Vous êtes trop savant pour moi, monsieur Duvert. Je sens bien que votre raison dépasse la mienne. Quelque chose me dit que vous n'avez pas tort; mais je ne comprends pas bien les beaux mots que vous employez. Serais-je trop indiscret de vous demander qui vous êtes? ce que vous faites!

— Moi? je recrute.

— Vous êtes officier de recrutement?

— Oui, répondit le mystérieux prisonnier, avec une espèce de sourire sardonique.

— Mais enfin, pourquoi êtes-vous ici? Et moi-même, pourquoi y suis-je?

— La même raison nous a conduits dans les serres de l'ordre public. Oiseaux de l'avenir, nous avons été pris dans le même filet. Nous avons eu le tort d'être pauvres et de vivre en frères.

— Je ne comprends pas.

— Vous comprendrez. Quelques petites années de bagne, vous dis-je... Patience!

— Que le Ciel m'en préserve! s'écria Pierre en joignant les mains, car la terreur commençait à pénétrer son âme.

— Voilà encore une vieillerie du hameau, dit M. Duvert, en regardant tourbillonner la fumée de sa pipe; cette pensée-là, vous ne l'aurez plus demain. Les jours se suivent et ne se ressemblent guère. Vous me semblez fait pour être heureux; tâchez de le devenir. Le bonheur vous tend les bras; jeune homme, ne lui faites pas mauvaise mine, de peur qu'il ne se détourne de vous à jamais...

— Le bonheur! soupira Pierre, il s'offrait à moi, et je ne l'ai pas voulu. Il ne tenait qu'à moi de rester dans mon village, et d'y mener une vie obscure, mais paisible. Elle avait raison, la pauvre Thérèse, c'est folie de chercher loin de soi ce qu'on trouve à ses côtés...

— De qui me parlez-vous, jeune homme? demanda l'étranger, et ne puis-je pas dire à mon tour que vous me proposez des énigmes?...

— C'est simple : une jeune fille possède mon cœur, comme je possède le sien. Ah ! si vous la connaissiez, cette gentille Thérèse ! Eh bien ! elle me pressait, elle me priait de rester, de m'unir à elle, et...

— Dans quelle position la naissance l'a-t-elle placée? interrompit M. Duvert ; est-elle des travailleurs ou des oisifs?

— Des travailleurs, sans aucun doute. Quelle ouvrière! quelle patiente et infatigable travailleuse !

— Et vous auriez ?...

— Labouré, cultivé la terre. Son père lui laissait dix arpents de champs, un peu maigres, il est vrai, mais susceptibles de bon rapport, à force de culture...

— Ah ! j'entends, dit M. Duvert, après avoir d'abord poussé un long éclat de rire ; vous auriez travaillé comme un cheval de meule, toute l'année ; sué, retourné des ronces, remué du sable ou des cailloux, le tout pour obtenir quelques mesures de seigle ou d'avoine. C'est-à-dire, Rousseau, que vous, le fils de la nature, le jeune homme au cœur droit, au corps robuste, vous auriez joui de la félicité... d'un bœuf ; vous vous seriez attelés, vous et votre femme, à la charrue de la vie, comme une paire d'animaux patients. Le sol, que vous auriez arrosé de vos sueurs quotidiennes, vous aurait donné ou refusé un maigre salaire ; et tandis que d'insolents oisifs auraient joui d'un repos délicieux, vécu de mets exquis, nourri leur molle existence de toutes les voluptés possibles, vous, le noble et glorieux travailleur, et votre femme, votre douce et vertueuse compagne, vous auriez arraché avec les ongles, disputé à la grêle et au chiendent, une chétive pitance, un fruit insipide, un pain dur... Puis, le soir, lassés de votre stérile labeur, vous vous seriez jetés sur un dur grabat, peu différent de la litière des bœufs, de vos compagnons de travail... Merci de votre bonheur !... Pierre, je n'en veux point !...

— Voilà le vilain côté de la chose ; oui, c'est vrai ce que vous dites; mais nous aurions eu la paix, l'amour, la concorde domestique, et ce doux échange du cœur qui remplace tout, et que rien ne remplace...

— Illusion ! Rousseau, s'écria l'inconnu ; ceci n'existe qu'en rêve ou dans les idylles des poètes. Ce calme prétendu, ces premiers élans du bonheur, eussent duré deux jours. Dès le lendemain, dès le soir peut-être, il eût fallu songer à vivre. Votre femme et vous auriez donc serré vos haillons nuptiaux pour aller labourer, herser ou sarcler. Le soir, vous seriez revenus, harassés de fatigue, trempés de pluie, couverts de boue, et votre foyer eût été désert ; vous auriez attendu longtemps un misérable repas; vif par caractère, comme je vous vois, vous auriez d'abord dit un mot aigre à votre compagne, qui vous aurait répondu ; puis, la misère augmentant, la grêle, la pluie, la gelée, la tempête aidant, puis la famille croissant, puis le diable s'en mêlant, vous auriez fini par n'avoir plus que des soucis, des impatiences, des grogneries continuelles ; et ce beau, ce charmant ménage, peint en rose et en vert par l'imagination, ne serait plus devenu qu'un repaire de souffrances, une camisole de force, un vestibule d'enfer. Pierre, je vous passe ces songes ; vous avez un défaut, mais on s'en corrige ; vous êtes jeune : attendez que l'âge vous ait mûri. Ce n'est point une Thérèse qu'il vous faut maintenant, mais une belle et bonne expérience des hommes et de la vie.

— Aussi, monsieur Duvert, n'ai-je pas voulu l'écouter, la chère enfant, malgré ses avis, malgré sa douleur, malgré ses pleurs...

Et ici, Pierre se sentit le cœur serré et essuya une larme.

— Malgré ses pleurs, j'ai voulu aller tenter la fortune.

Je lui ai dit à peu près ce que vous venez de me dire, mais pas en aussi bons termes : à savoir que je ne pouvais me décider à la mettre dans la misère ; qu'avant de m'unir à elle, je voulais la mériter, et partant lui acquérir un peu de bien. Vrai comme je vous le dis, c'est là le seul motif de mon voyage.

— Et vous allez?...

— Travailler, vous dis-je, en qualité d'ouvrier fondeur, chez mon oncle Antony Madré.

— C'est-à-dire vous mettre à gages ! accepter le joug d'un homme, au lieu de celui de la nature ! prendre un maître pour tyran, au lieu de la terre pour marâtre ! Il faut avouer que vous n'êtes pas heureux dans vos choix.

Pierre Rousseau ouvrait deux yeux pleins d'un naïf étonnement ; il crut encore une fois que cet incompréhensible étranger voulait se moquer de lui.

— Que voulez-vous donc, que je fasse? répartit-il; car enfin il faut bien me tourner d'un côté ou de l'autre. Si vous étiez à ma place, que feriez-vous?

— Je me ferais oisif. Laissant à ma gauche tous les travailleurs, je passerais à droite, du côté des rentiers. C'est le plus court et le plus doux.

— Comme vous dites cela ! vous vous imaginez donc qu'on se fait rentier comme on veut?

— Pourquoi non? Je vous vois muni d'autant de membres que les oisifs, orné d'une rangée double de très belles dents, doué d'un magnifique appétit ; ma foi, Pierre, je ne comprends pas quelle différence il y a entre vous et un oisif.

— Sous ce rapport là, certainement, il n'y en a pas. Mais est-ce là tout?

— Quoi donc encore?

— Ils sont riches, et moi je n'ai rien.

— Pourquoi cela?

— Pourquoi? je n'en sais rien, mais c'est ainsi. Il y a des pauvres, il y a des riches. Le hasard pouvait aussi bien me placer chez ceux-ci que chez ceux-là ; il ne l'a pas voulu : que voulez-vous que j'y fasse ?

— Réparer, mon ami, cette injustice du sort aveugle ; régler par la raison ce qui n'a été jusqu'ici qu'un jeu du hasard. Je croyais, Pierre, que ces bedaines bourgeoises, à qui sont dévolues les jouissances de ce bas monde, descendaient comme vous, en ligne droite, de Noé. Je ne leur sais aucun mérite particulier. Vous avez courbé la tête dès le berceau devant ces aristocrates prédestinés ; votre père l'avait fait avant vous, aussi bêtement que son père et que son grand-père. Passe ! mais, jeune homme, l'humanité grandit ; d'autres idées ont cours dans ce monde où vous allez paraître ; l'homme de rien y relève la tête ; l'arbrisseau sauvage, mais vigoureux, qu'on écrasait du pied, sent qu'il a une sève aussi puissante, des racines aussi profondes, que l'arbuste fleuri qu'on cultive en serre ; et il veut relever son front trop longtemps opprimé..... — Saint-Suaire, je ne sais si notre pauvre camarade viendra ce soir partager notre pain noir et notre souper de prisonniers. Il me tarde de le revoir...

Le Saint-Suaire fit de la tête un signe dubitatif, sans faire entendre un seul son.

— Votre doctrine me trouble, reprit Pierre Rousseau après un assez long silence ; elle me frappe comme une chose toute neuve, et me jette l'âme dans une vague inquiétude que je n'ai ni envie d'augmenter ni besoin de secouer. Je n'ai jamais songé, monsieur Duvert, à sortir de ma pauvre condition : j'y étais bien, je devais m'y tenir.

— Vous vous mentez à vous-même, jeune homme, et il me serait facile de vous mettre en contradiction avec vos propres paroles. Si vous étiez si bien, pourquoi ne pas y rester ? Quelle force puissante vous attirait hors de votre sphère, malgré les larmes de celle que vous aimez. Le malade ne se retourne que parce qu'il souffre. Je me défie d'un bonheur qui n'a pas la vertu d'enchaîner un homme, et ne crois pas heureux celui qui court après la félicité.

— Je vous ai expliqué dans quel but j'ai quitté mon village, pour tenter les aventures....

— Oh! je n'ai pas besoin que vous me révéliez ici vos secrets : je les devine, car ils sont ceux de toute nature humaine. Vous n'étiez pas heureux, puisque quelque chose vous manquait, et que vous avez cru devoir sortir pour le chercher. Il n'est pas naturel qu'on abandonne une félicité qu'on possède, pour une qu'on espère à peine. Vous étiez mal à l'aise, Pierre, vous avez voulu trouver mieux, et vous avez bien fait, car vous réussirez.

— Merci de l'augure, monsienr Duvert; mais je crois qu'il ne se réalisera pas ; car, au sortir d'ici, mon intention est de m'en retourner.

— Allez, il ne tient qu'à vous. Tout homme n'a ni les mêmes penchants, ni les mêmes destinées. Dans la grande œuvre qui se prépare, le cœur a manqué à quelques-uns ; la plupart tiendront ferme: au jour dit, ces ouvriers de l'avenir se trouveront prêts. Vous ne perdrez rien, du reste, à vous tenir à l'écart : plus généreux que les égoïstes possesseurs des vieux jours, ces nouveaux civilisés travailleront pour leurs frères ; ils ne s'assoieront pas seuls au banquet ; il y aura place pour tous, même pour ceux qui les avaient exclus. Vous pouvez reculer devant la bataille, si vous le voulez ; fuyard ignominieux, vous ne serez point réduit à la condition des lâches : vous prendrez place à côté du vainqueur ; que dis-je? vous, le transfuge sans gloire, vous occuperez peut-être la place du noble combattant qui aura perdu la vie dans la mêlée. Allez! votre calcul est juste, car il est au rebours de celui des rois et des privilégiés du sol. Mais peut-être deviez-vous mieux, et la nature...

La porte s'ouvrit sur ce mot de M. Duvert, et nos deux cousins, virent, avec un redoublement de surprise, entrer Bonboyau. Un mouvement électrique mit M. Duvert sur ses pieds.

— Je t'attendais, je t'attendais, frère, dit-il à son camarade; le Saint-Suaire et moi, nous avions juré de ne pas rompre le pain sans toi. Geôlier, servez-nous la soupe, et une soupe abondante, car l'appétit nous revient. Nous attendrons avec patience M. le procureur.

M. Duvert et Bonboyau se serrèrent la main. Le Saint-Suaire vint aussi tendre sa main osseuse au nouveau venu, et cette fois fit entendre un son rauque, qui pouvait ressembler au grognement de joie d'un animal féroce. Puis M. Duvert et Bonboyau conversèrent à demi-voix, dans un langage inconnu, pendant que le dialogue suivant avait lieu entre Pierre et Claude :

— Dis donc, Claude, quelle étrange destinée que la nôtre ! Où sommes-nous ? Que deviendrons-nous ? Je ne peux me figurer quelle raison ces gens-là ont eue de nous mettre en prison. Dis-moi donc ce que tu penses.

— Je pense que Dieu veut nous punir de n'avoir pas écouté les conseils de la sagesse. Les hommes se sont trompés sur notre compte : Dieu ne se trompe pas.

— Voilà comme tu es, tu désespères toujours. Crois-tu donc que tous les événements sont une voix de Dieu ? Parce que nous sommes dès lors victimes d'une méprise, faut-il supposer que Dieu condamne notre démarche ? C'est, ce me semble, pousser les choses un peu trop loin.

— Applaudis-toi, si tu veux, du beau succès de ton entreprise ; pour moi, je m'en repens de tout mon cœur, et je suis disposé à m'en retourner, dès que j'en aurai le pouvoir.

— Tout le monde se moquera de toi ; on te traitera de lâche.

— Je m'en soucie fort peu.

— Tu seras réduit à vivre dans la misère.

— Peut-être moins que toi. Et dussé-je vivre de pelures de pommes de terre, je veux être tranquille.

— As-tu entendu cet homme ? Il me semble qu'il y a beaucoup de vérité dans ce qu'il dit.

— Je n'entends rien que la voix de ma conscience, qui me reproche d'avoir quitté mon pays. J'entends surtout la voix de ce bon prêtre, qui nous parlait de l'éternité. J'ai vingt ans : je puis mourir demain, et, ma vie dût-elle se prolonger cent ans, qu'est-ce que cela en comparaison de l'éternité ?

Le geôlier entra. Un énorme plat de soupe exhalait sa fumée. M. Duvert interpella : les deux cousins.

— Amis, dit-il, venez vous asseoir à notre banquet. Si la justice des hommes a jugé à propos de vous faire goûter ses douceurs, il ne faut pas en perdre l'appétit. Le pauvre travailleur a cela de bon, que son appétit et son sommeil ne l'abandonnent pas. Le sommeil et l'appétit, ce sont les dieux du pauvre : l'un toujours doux, l'autre parfois mal servi. Le riche oisif ferait fi de ce potage modeste, surtout en tel lieu, nous, les parias du monde, les rebuts de l'ordre social, nous le trouvons délicieux. Approchez, geôlier, voilà votre salaire.

Il jeta une pièce de monnaie.

— Monsieur, c'est beaucoup trop. Vous n'avez que pour quarante centimes de soupe : deux sous de beurre, trois sous de pain, et le reste pour le sel, les herbes et les peines de ma femme.

— Ce n'est pas cher, geôlier. Cependant, prenez toujours. Nous autres, fils du peuple, nous aimons à partager avec nos frères le peu qui nous échoit. Le riche oisif compte ; le pauvre travailleur donne les yeux fermés. Je voudrais, geôlier, avoir davantage à vous offrir ; mais, si votre conscience délicate ne peut se résigner à recevoir cette modeste offrande, vous ne manquez pas, dans votre ville, de quelque homme honnête et malheureux, à qui cette aumône ne sera point désagréable. — Allons, mes amis, à la gamelle !

Ils s'assirent à terre autour de la soupe, et mangèrent en silence. M. Duvert tenait presque toujours les yeux fixés sur le Saint-Suaire, et parfois un air de pitié se faisait lire dans ses traits. C'est qu'en effet celui-ci mangeait avec difficulté; et il semblait faire un tel effort pour avaler, que les larmes lui en venaient aux yeux. Bientôt il fut obligé de déposer sa cuiller.

— Pauvre Saint-Suaire, dit M. Duvert; c'est pour toi surtout que l'appétit est cruel! Tu n'as pas ici ton potage accoutumé, et tout à l'heure la faim torturera ton estomac. Mais laisse faire; les mauvais jours passeront, et nous saurons te dédommager un jour des privations que l'ordre de choses t'aura fait subir.

Pierre et Claude ouvraient des yeux étonnés, et demandèrent à la fois à M. Duvert quel mal avait ce compagnon, qui l'empêchât de manger.

— Que vous dirai-je? il porte le poids de sa misère; il naquit prolétaire, et ce fut son crime; s'il fût né bourgeois, il parlerait aujourd'hui et il mangerait bien. Peut-être aurait-il une femme et des enfants, de la considération, de la fortune, du crédit; peut-être serait-il sous-préfet de son arrondissement, ou maire de son village. Aujourd'hui, il n'est bon qu'à pourrir dans une prison, ou à mourir sur une potence... Est-ce la vérité, Saint-Suaire?

Le squelette détendit ses lèvres, par manière de rire, et ajouta un son rauque en forme d'affirmation.

— Nous ne sommes que des garçons de village, monsieur Duvert, reprit Pierre, et notre intelligence est extrêmement bornée. Ce qui fait que nous ne comprenons pas bien vos phrases couvertes, malgré leur élégance et les beaux mots qui les composent. Vous nous feriez plaisir de nous dire plus clairement votre pensée, ou de répondre plus directement à la nôtre.

— Je comprends, Rousseau, le service vous lasse. Vous n'avez fait que tremper vos lèvres dans la coupe amère, et déjà vous les retirez. Comme vous voudrez, mon ami. La vie de ce pauvre homme et la mienne furent des mystères... douloureux; nous avons peu à gagner à révéler au public les plaies qui rongent notre existence. Je n'ai rien à vous dire de ce que fut le Saint-Suaire, de ce que nous avons souffert ensemble dans les cachots; s'il pouvait parler, il vous le dirait peut-être. Mais non: il a la pudeur de la souffrance; il ne se vante pas, il agit; il laisse aux autres les beaux mots, et il travaille pour le grand but de l'humanité, Ouvrier obscur, sa place sera un jour marquée dans les fastes de la victoire. Aujourd'hui, il n'est éloquent que par son silence... Catalan, dis-moi, ton courage faillira-t-il ?

Le grand cadavre vivant étendit ses bras décharnés, et serra M. Duvert contre son cœur. Celui-ci ne put se défendre d'une émotion visible. Il reprit :

Allez, Rousseau, retournez à votre chaumière, reprendre ce joug pesant qui écrasa vos pères. Paris vous gâterait, mon enfant; la cuve est trop chaude pour vous. Antony Madré ne s'accommoderait pas de ces bras flasques et de ces volontés de femme; il a besoin d'ouvriers robustes, propres à souffler sous le creuset. Ce sont des torrents qui emportent notre siècle. Un moment approche, où il faudra bondir avec la vague ou être brisé par elle. — Bonboyau, c'est une douce chose que le sommeil; je voudrais bien dormir.

Et là-dessus, le mystérieux personnage s'étendit sur le lit de camp, et fit mine de fermer les yeux. L'impatience de Pierre allait croissant. Pourquoi est-il là? qu'y fait-il? quand sortira-t il? Toutes questions qu'il s'adresse, sans y trouver de solution.

— Enfin, M. Duvert, je voudrais bien savoir si nous sortirons d'ici. Par pitié, dites-moi donc ce qu'on veut faire de nous?

— Ce que vous voudrez, mon ami, répondit l'étranger avec insouciance; votre sort est entre vos mains. Voulez-vous le bagne? Voulez-vous la prison? Voulez-vous la liberté ?

— Quelles singulières propositions me faites-vous, monsieur Duvert? Je ne comprends pas qu'on dise sérieusement des choses pareilles.

— Les goûts sont différents, mon cher Rousseau, et je connais tel galérien qui n'échangerait pas son sort pour le vôtre. Sous sa chaîne, vêtu de la bure d'ignominie, flétri par les lois, il est plus heureux que vous, que tel ou tel fermier qui traîne toute l'année le joug pesant de l'indigence et d'un travail stérile ; car il a du moins un abri où il ne pleut pas, un pain suffisant, un avenir assuré, et un compagnon de douleurs. Il ne craint ni la grêle, ni l'impôt, ni le gendarme ; il tâche de recueillir son courage, et ce courage, c'est le mépris du monde, dont il se fait un oreiller assez doux... Rousseau, des millions de prolétaires sont plus à plaindre que lui ; car, outre qu'ils manquent des biens dont je vous parlais tout à l'heure, puisqu'ils sont sans asile, sans pain, sans lendemain, sans espoir, ils souffrent encore d'un genre d'angoisse que le galérien ne connaît plus ; je veux dire de la honte d'être au-dessous d'un autre, de l'humiliation d'être écrasés par tous ; espèce d'état moral qui étreint l'âme la plus forte, et dont le forçat est affranchi. Ah ! si vous aviez connu la liberté d'âme que goûte ce proscrit du monde moderne ! Si vous saviez quel sublime dédain il jette à la société qui l'a maudit! Avec quel calme philosophique il s'enveloppe dans sa patiente et laborieuse destinée !... Quelle joie suave et profonde il éprouve à ne rien regretter, à ne rien craindre, à ne rien espérer, oui, peut-être vous laisseriez-vous tenter !...

— Monsieur Duvert, ne dites pas cela. Et cette tache ! Et cette honte ! et ce crime ! et cette conscience bourrelée de remords ! n'est-ce rien à vos yeux ? Et Dieu qui jugera un jour tous les hommes ! et cette éternité de douleurs réservée à l'impénitence !... Quand on pense à tout cela, on ne peut que trembler et s'étonner de ce que vous dites.

L'inconnu se contenta de sourire à l'impression de cette foi naïve.

— Je vois que vous n'êtes pas des nôtres, Rousseau ; je ne ferai point violence à vos goûts. Vous serez libre tout à l'heure, et vous retournerez végéter autour du fumier natal. C'est un sort qui en vaut un autre pour celui qui le goûte. Ce soir, vous serez libres.

— Sans savoir seulement pourquoi nous avons été prisonniers.

— A quoi vous servirait de sonder ces mystères ? La justice humaine pêche comme au hasard pour remplir ses bagnes et former le bas-fond et le lest de son navire ; vous êtes tombés sous ses filets : voilà tout.

— Et vous, Monsieur Duvert, et vos deux amis, sortiront-ils ?

— Non, répondit l'incompréhensible rêveur en tendant chacune de ses mains à ses deux compagnons, qui les serrèrent affectueusement ; non, le Catalan et Bonboyau ne se séparent pas ainsi de leur ami, et leur noviciat est fait. Ils savent ce que vaut la haine de l'ordre de choses, ce que pèsent ses fers ; nous avons déjà goûté ensemble les *douceurs* de la civilisation. Je ne demande qu'une chose à l'incorrigible destinée qui nous poursuit, c'est que nous respirions tous trois sous le même toit. N'est-ce pas, mes amis ?

Le Saint-Suaire et Bonboyau approuvèrent chacun à sa façon.

— Mais quel est votre crime, enfin ?

— Je vous l'ai dit : d'avoir vécu en frères et d'avoir cru trop tôt à un mot sublime, mai qui n'est encore que l'étiquette d'un pot vide : *Égalité !* . Nous avons partagé nos biens avec nos semblables, tant que nous avons eu quelque chose ; puis, quand la faim nous a tourmentés, nous avons cru pouvoir... C'est bien : vous êtes trop jeunes encore pour comprendre ces théories, nées de l'Évangile, émanées du Christ...

— A la bonne heure ! s'écria Pierre dans son enthousiasme, voilà qui me fait plaisir : vous êtes chrétien au moins. Cela me réconcilie tout à fait avec vous. Parlez-nous donc du Christ et de l'Évangile. J'aime à entendre ces deux mots dans la bouche d'un homme

L'inconnu allait satisfaire au désir de Pierre, quand le verrou de la prison grinça sous la clé. Un monsieur, en habit noir, appela M. Duvert dans une pièce voisine. Pendant ce temps-là, Pierre, toujours plus pressé par la curiosité, interpella Bonboyau sur les étrangetés qui l'avaient frappé, et en particulier sur l'état et l'origine de ce philosophe à la parole si entraînante.

— Ha ! ha ! le chef ? fit celui-ci ; c'est un bon enfant, qui sait vivre. On ne saurait trouver le temps long avec lui. Vous avez devant vous un ruban de route de sept à huit lieues, sur votre tête un soleil de quarante degrés, et, de plus, un estomac creux et des souliers en lambeaux, eh bien ! cet homme-là vous emporte si bien que vous ne sentez plus rien et que vous arrivez gaiement à l'auberge ou à la belle étoile, comme si vous étiez un monsieur et en carrosse...

— Mais... êtes-vous attachés à son service ?

— Fi donc ! l'esclavage ? il ne cesse de tonner contre.

— Êtes-vous ses ouvriers ?

— Pas plus : il déclame du matin au soir contre cette futile distinction de *maîtres* et d'*ouvriers*, d'*oisifs* et de *travailleurs*...

— Êtes-vous donc ses fermiers ?

— Des fermiers ? Il ne souffre pas qu'on en parle. Il jure à la journée contre ce misérable servage, fruit d'une ancienne iniquité.

— Êtes-vous rentiers, comme lui ?...

— Ce nom seul le met en fureur. Il appelle les rentiers les *gloutons* de l'ordre social, les modernes anthropophages.

— J'y perds mon latin. Qu'êtes-vous donc enfin ?

— Il vous l'a dit : des frères, des ouvriers de l'humanité. — Saint-Suaire, l'homme des douleurs, dis-nous ce que vaut notre ami, et pourquoi l'ordre social le poursuit et le mène au martyre ?

Ici le squelette poussa une série de sons inarticulés, accompagnés d'une pantomime extraordinaire. On voyait qu'il était pressé par une foule de pensées auxquelles, dans sa misère, il croyait peut-être donner cours par ces rauques rugissements.

La porte s'étant entr'ouverte, Pierre et Claude aperçurent quelques-uns des jeunes conscrits qui remplissaient l'autre jour l'hôtel des *Trois-Pigeons*. On déclamait, on, parlait à haute voix. Ils crurent entendre qu'il s'agissait d'un vol avec tentative d'assassinat sur la personne du gros citoyen qui s'était endormi à table.

M. Duvert revint bientôt, pendant que le Saint-Suaire et Bonboyau paraissaient à leur tour devant l'homme de loi.

— Vous êtes libres, dit-il à voix basse à Claude et à Pierre ; comme je vous l'avais promis, vous êtes libres. Retournez dans votre village... allez végéter où le hasard vous fit naître.

— Si je savais, dit Pierre, en prenant la main de l'inconnu dans un moment de reconnaissance ; j'hésite ; je ne sais si je dois aller à Paris, ou retourner dans mon village.

— Nous nous en retournerons, dit Claude, tu l'as promis. Je soupire après ma patrie, je ne serai heureux que là...

— Si le bonheur, dit M. Duvert, consiste à s'enfermer dans une vie inerte, à coffrer son cœur, son esprit, ses goûts, son avenir, vous pouvez être heureux. Mais si vous avez au cœur un peu de ressort, et il y en a, j'en suis sûr si quelque corde vibre en vous, un autre théâtre vous appelle. Peu de jours, peu d'années s'écouleront, avant que la face de la terre ne se renouvelle, et vraiment heureux seront ceux qui auront mis la main à l'œuvre... Pierre, vous aimez ?...

— Et lui aussi, monsieur, répondit Pierre, en montrant son cousin ; ne vous fiez pas à cette mine timide : elle est trompeuse. Il a aussi une affection vive au cœur, et c'est bien-là, j'en suis sûr, la vraie corde qui le tire au pays.

— C'était le cas, alors, de plonger tête baissée dans l'avenir, de demander au destin un sort meilleur, non pour soi, mais pour cet autre soi-même, pour cet être aux pieds duquels on voudrait mettre un monde. Et dût-on ne pas atteindre le but désiré, n'est-ce pas une joie, n'est-ce pas un triomphe, de pouvoir dire à l'objet de son affection : J'ai tenté l'impossible, pour te prouver que je t'aimais ?...

Une exaltation visible enflammait les traits de l'étranger. Il se tut un moment.

— Est-ce que vous avez aimé aussi, monsieur Duvert ? Qu'est-ce que je dis ? Vous avez connu les transports de cette passion étrange, autrement vous n'en parleriez pas si bien...

L'inconnu éleva les yeux au ciel, murmura quelques mots incompris, et laissa tomber deux larmes.

— Pardonne-moi ! s'écria-t-il, pardonne-moi... ô infortunée ! mais à lui, jamais !

L'homme de loi ayant appelé Pierre Rousseau et Claude Renoux, ces deux mots rappelèrent le rêveur à lui-même.

— Ah ! dit-il aux jeunes gens, vous êtes libres. Mais tâchez d'être là, le jour où le nouveau monde naîtra d'un orage.

XI

RÉSOLUTION.

Ce fut une joie ineffable pour les deux jeunes gens de revoir le soleil et de respirer l'air libre. Il leur semblait avoir gémi un siècle dans l'odieuse prison. Mais à peine eurent-ils épuisé ce premier sentiment, que la division se mit entre eux.

Claude, fidèle à sa pensée, voulait retourner sur ses pas. Pierre, remué par la parole de l'étranger, regardait du côté de Paris. Iront-ils en avant ou en arrière ? Voilà la question qui les occupe.

Pour la débattre plus à l'aise, ils entrèrent dans un cabaret voisin. Et là, dans l'épanchement du vin et de l'amitié, ils se renvoyèrent tous les arguments que l'on peut deviner : l'un, tirant en arrière, pour obéir au penchant de sa nature et au cri de sa conscience; l'autre, poussant en avant, vers cet avenir que la langue magique de M. Duvert lui a fait entrevoir, et que réclame aussi son naturel ardent et impétueux.

— Que risques-tu, disait Pierre, à venir au moins jusque-là ? Pendant quelques jours, tu pourras examiner l'état des choses, et si cela ne te va pas, nous nous en reviendrons. Crois-tu que je sois plus disposé que toi à perdre mon âme ? Non ; comme toi je n'en ai qu'une ; comme toi, je veux la sauver.

— Je ne sais si les oiseaux raisonnent, répondait Claude; mais j'imagine que s'il leur est donné de faire un raisonnement, ce doit être quelque chose comme-ceci : Je n'ai qu'une vie et qu'un cou ; voilà un lacet tendu et un appât : je puis saisir l'appât absolument sans me prendre au lacet : voyons ! Là-dessus, l'imprudent s'approche, et ne songeant qu'à sauver son cou, se prend à la patte.

— N'exagérons rien. Nous sommes trop près de Paris pour ne pas le voir. Ne fût-ce que curiosité, nous ne pouvons pas reculer. On parle trop de Paris ; il faut en avoir le cœur net. Viens-y huit jours, et si au bout de huit jours tu ne t'y plais pas, je te jure de m'en revenir avec toi...

— Je ne me fie guère à tes serments ; tu n'y comptes pas toi-même, j'en suis sûr. L'appât te tente, et tu ne veux pas voir le lacet. Non, mon parti est pris ; je m'en retourne.

Il finissait à peine de parler, quand leur oreille fut distraite par un son rauque qui venait d'une pièce voisine, et dont la ressemblance avec la voix du Saint-Suaire leur parut frappante. Comme ils étaient occupés tous les deux à s'en rendre compte, le Saint-Suaire lui-même entra.

— Que veut cet étrange personnage ? dit le cabaretier ; vous pourriez peut-être le savoir, puisqu'on dit qu'il sort de prison, aussi bien... que vous. Voilà cinq minutes que je l'interroge, sans pouvoir obtenir un mot de réponse, il me fait des signes : je suppose qu'il demande à vous parler.

— Ah ! c'est vous, Saint-Suaire ? dit Pierre, rouge de surprise ; vous êtes donc aussi heureux que nous ? vous voilà sorti ?

Le squelette roula de côté et d'autre ses yeux veinés, et poussa un son inarticulé. Puis il s'assit à la table des deux buveurs, et se tint immobile comme une statue. Quoi que l'on pût lui dire, il parut n'y faire aucune attention. Sur l'ordre de Pierre, on lui apporta un verre, qu'il avala d'un trait, mais sans manifester la moindre émotion.

— Êtes-vous donc muet, Saint-Suaire ? lui cria Pierre, qui se sentait toujours fâché du mystère que l'on gardait avec lui. Je suis toujours disposé à avoir pitié des malheureux, pourvu qu'ils n'aient pas l'air de se moquer de leur prochain.

Le grand homme maigre ouvrit sa bouche toute grande et un triste spectacle s'offrit aux regards des jeunes gens. Il n'avait plus de langue ; à la partie supérieure de la gorge, on voyait seulement un petit bout de chair gonflée, rouge, et froncée comme de l'étoffe recousue.

— O pitié ! s'écria Pierre ; mon ami, Saint-Suaire, qui vous a traité de la sorte ?

Alors, les traits du Saint-Suaire se contractèrent d'une manière affreuse ; son air idiot s'était soudain transformé en une physionomie atroce ; il rugit comme une bête fauve, et ferma et ouvrit ses poings plusieurs fois avec rapidité. On devinait qu'un sentiment extraordinaire de fureur l'avait envahi, et que cette fureur se doublait de l'impuissance même de s'exprimer. Deux ou trois curieux, le cabaretier en tête, avaient été attirés par ses cris inarticulés, et la même pitié s'empara d'eux, quand le squelette leur eût montré sa bouche vide, et eut fait comprendre par des signes qu'on lui avait coupé la langue.

— Jésus ! mon Dieu ! quelle horreur ! Et qui a pu traiter de la sorte cet infortuné ? Est-ce que vous le connaissez, messieurs ?

— Non ! répondit Pierre, pas plus que vous. Nous avons eu la douleur de voir ce pauvre diable l'autre jour, et de passer vingt-quatre heures en prison avec lui, victimes d'une méprise de la police. J'imagine que ce malheureux aura été, comme nous, arrêté sans cause ; et son innocence ayant été reconnue, ainsi que la nôtre, on l'aura relâché, et ce n'est que justice.

Ce mot de prison jeta l'ébahissement sur toutes les figures. Pierre s'en aperçut, et soupçonnant la mauvaise opinion que cela pouvait donner de lui.

— N'allez pas vous imaginer, s'écria-t-il, que nous soyions des malfaiteurs, des gens de sac et de corde, du gibier de potence... Je protéste ici devant Dieu et devant les hommes, au moins pour ce qui regarde mon compagnon et moi, que nous n'avons pas à nous reprocher le moindre délit justiciable d'un tribunal quelconque, et je défierais bien qui que ce soit de montrer une conscience plus nette que chacun de nous. Nous sommes de pauvres ouvriers, il est vrai, mais depuis quand est-ce un crime d'être pauvres ? Et depuis quand, surtout, les gens de police et les gendarmes sont-ils infaillibles ?

Au milieu de son apostrophe, Pierre remarqua un sourire d'incrédulité errer sur plusieurs figures ; il crut même entendre passer dans l'air une phrase comme celle-ci : *Bah ! on n'arrête pas les gens sans raison.* Cela le remplit d'une vertueuse indignation.

— N'ayez pas l'air de rire, s'écria-t-il en gonflant encore le ton de sa voix ; c'est sans peur d'être démenti que j'affirme ces choses. Oui, que celui-là se lève qui a quelque reproche à adresser à Pierre Rousseau et à Claude Renoux. Quant aux méprises d'un gendarme, je devrais dire de l'ordre social, elles ne sont pas si rares qu'on doive s'en étonner. Tout ce monde-ci n'est qu'un amas d'injustices, une tanière de bêtes fauves, où le fort opprime sans cesse le faible, et où l'innocent pâtit pour le coupable. Le plus grand crime d'un homme est d'être pauvre. Le riche peut avoir des défauts à son aise ; la fortune est une grande casaque qui couvre tout. Mais le pauvre ! il est incapable de bien : ses vertus mêmes sont des vices. N'est-ce pas vrai, Saint-Suaire ?

Le Saint-Suaire tendit sa longue main à Pierre, en signe d'approbation. Encouragé par ce suffrage sympathique, Pierre s'en donna tout à l'aise sur l'ordre social et les injustices de ce monde :

— Ma foi ! dit-il en terminant, je ne serais ni surpris ni fâché que les choses changeassent un peu de tournure. Je ne vois pas trop quel crime j'ai commis pour être au bas de l'échelle, pendant que tant d'autres, qui ne valent pas mieux que moi, sont en haut. On m'arrête, on me suspecte, parce que je suis pauvre ; si j'avais un carrosse et un habit de fin drap, on ne m'aurait pas cru capable du prétendu délit dont la prévention a un instant pesé sur moi. Il y a des riches, il y a des pauvres, je le sais bien ; mais pourquoi suis-je pauvre, tandis que d'autres sont riches ? Je ne crois pas avoir jamais perdu ma fortune, ni mérité mes haillons, comme aussi je voudrais bien voir à quels titres les opulents de ce monde sont à jouir seul des aises de la vie, tandis que beaucoup de leurs frères gémissent dans le dénuement. Et si je dis cela, ce n'est pas pour me plaindre ; je suis content de mon sort ; j'ai de la santé, deux bons bras et une volonté de fer, et avec cela, Saint-Suaire, comme dit votre ami, on va loin....

Le Saint-Suaire ne put se retenir de se lever et d'entourer Pierre de ses deux grands bras. Il reconnaissait là l'élève de maître Duvert. Et voyez l'effet de la parole de ce mystérieux raisonneur, que nous avons laissé en prison : déjà elle avait agité l'âme droite, mais impressionnable, du paysan de Sombrey ; et le modeste garçon de village, qui n'eût osé, il y a quinze jours, lever les yeux sur un homme placé plus haut que lui, raisonnait déjà sur l'inégalité des conditions.

Electrique susceptibilité de la douleur et de la pauvreté !

Quand les deux ou trois curieux qui étaient là se furent rassasiés d'entendre Pierre et de toiser le Saint-Suaire, ils se retirèrent les uns après les autres. Le Saint-Suaire avait longtemps roulé à droite et à gauche, en avant et en arrière, ses yeux dont le regard inquiet désignait la méfiance. Puis, quand il vit tout le monde parti, il tendit un bout de papier à Pierre.

— Que diable me donnez-vous là, Saint-Suaire ? dit celui-ci après avoir déployé ce papier blanc ; il n'y a pas une lettre, pas un caractère de tracé là-dessus.

Le grand décharné sourit alors, jeta encore autour de lui un nouveau coup d'œil de méfiance, reprit le papier, le frotta et le rendit à Pierre ; le billet était couvert d'écriture, et portait cette singulière suscription : *Un pionnier de l'avenir à un ouvrier de l'humanité.* C'était une lettre ainsi conçue :

« Je pars. L'ordre de choses, sous la forme d'un procureur, vient de me signifier que je dois changer de domicile. Ce soir, je serai installé dans un garni modeste, pour y couler doucement deux ou trois mois, en attendant le conseil de famille qu'on nomme vulgairement *cour d'assises*, où une douzaine de mes frères viendront me désigner un logement, un genre de vie et de nourriture, et même un costume, pour cinq, dix ou quinze ans, selon leur bon plaisir et les *errata* du code. Pierre, je vous serre la main au moment du départ. Ma bonne étoile m'a procuré votre connaissance ; je l'en remercie. J'espère vous revoir un jour sur la brèche, quand il faudra combattre pour un meilleur avenir. Je m'en vais par haltes et par détours, comme je vous l'ai dit ; mais j'arriverai aussitôt que vous : tout chemin mène à Rome. Pour vous, ne vous rebutez pas ; allez droit au but, sans vous écarter ni à droite ni à gauche ; arrière la lâche timidité ou l'ardeur intempestive ! De la persévérance et du calme !

« J'ai connu votre oncle Antony ; c'est un homme rude, mais juste. J'ai été son ami, et je suis son ennemi ; il a changé, je suis resté le même. Tant qu'il fut pauvre, il m'aima ; riche, il m'a dédaigné ; prenez de lui ses principes et laissez sa conduite. Parlez-lui de moi le moins possible ; ou plutôt ne lui en parlez pas. Je vous dis ceci dans votre propre intérêt.

« Pierre, je vous embrasse, ainsi que votre ami. J'aurais aimé à vous emmener avec moi : vous ne l'avez pas voulu, vous êtes libres ; je cherche les lignes courbes, vous aimez les lignes droites ; c'est affaire de goût. Vous verrez plus tard ce que l'éducation coûte : je la voulais pour vous solide et économique.

« Le Saint-Suaire vous remettra cette lettre. Laissez aller ce brave garçon. Il n'a ni sou ni maille ; ne lui donnez rien ; d'abord, parce que vous n'avez rien de trop, et ensuite, parce qu'il sait se servir. Du reste, je l'attends sous peu. Il a encore bien des courses à faire au Nord ou au Midi ; et après, il viendra me rejoindre. J'ai dû lui procurer deux mois de liberté, après quoi je le ferai paraître au *conseil de famille*, et nous irons, je l'espère, avec l'ami Bonboyau, loger sous le même toit. J'ai quelque teinture du code.

« Encore une fois, je vous serre la main à tous deux.

« DUVERT, pionnier de l'avenir. »

L'ébahissement de Pierre était au comble quand il eut achevé la lecture de ces lignes bizarres. Il tendit la lettre à Claude, qui la lut avec plus de curiosité que de sympathie. Le Saint-Suaire attendait, immobile, les bras pendants; et quand les deux jeunes gens eurent fini, regardant encore autour de lui d'un air cauteleux, il reprit, la lettre des mains de Claude, la frotta de nouveau dans un endroit resté blanc, et un *post-scriptum* apparut. L'étonnement des deux jeunes gens alla jusqu'à la stupéfaction.

— Saint-Suaire, dit Pierre après un long silence dont il ne sortait qu'avec un effort visible, Saint-Suaire, mon ami, venez avec nous. Nous sommes pauvres, mais qu'importe ! Nous vivrons ensemble ; la Providence pourvoira à nos besoins. . Saint-Suaire, venez avec nous.

L'homme squelette répondit en secouant la tête et en souriant tristement. Il ouvrit la bouche, y inséra son doigt, comme pour indiquer à quel sort affreux le condamnait la mutilation dont il avait été victime, et poussa un grognement douloureux.

— Vous êtes malheureux, oui, Saint-Suaire, vous êtes malheureux, dit Pierre ému de compassion ; mais croyez-vous que vous soyiez le seul au monde? Ah ! mon ami, je sais de bonne part qu'il y a ici-bas un grand nombre d'êtres qui souffrent, et moi-même, je ne sais pourquoi, je commence aussi à croire que je ne serai pas sans rencontrer des douleurs sur mon chemin. M. Duvert est un philosophe qui voit bien clair dans les choses de cette vie. Sa conversation m'a laissé toutes sortes d'idées dans la tête ; je me sens comme un besoin de me jeter en avant... Ce que c'est que de naître au village ! on ne sait rien, mais rien de rien. Il a bien raison, votre pionnier de l'avenir, notre éducation est à faire. Et encore sommes-nous presque des savants en comparaison de tant de rustauts, nos frères, qui ne savent ni lire ni écrire. Saint-Suaire, Paris n'est plus guère loin : venez avec nous.

L'homme maigre fit un long signe négatif, puis plongeant discrètement la main dans la doublure de son gilet, il en tira quelques petits morceaux de papier blanc, qu'il montra et recacha bien vite. Les jeunes voyageurs supposèrent que c'étaient quelques missives secrètes du genre de celle qu'ils venaient de lire. Ils n'insistèrent pas pour en savoir davantage. Une sorte de sceau mystérieux s'attachait pour eux à cet être extraordinaire, qui, privé du moyen de communiquer ses idées, devenait le véhicule de celles des autres, et renouait, comme un fil insaisissable, des plans, des projets peut-être bien étendus et intéressants pour l'humanité. Pierre surtout en avait l'imagination frappée. Il plongeait, avec l'impétuosité de son caractère, dans ce nouveau monde que quelques mots lui avaient fait entrevoir. Pendant qu'il se livrait au torrent de ses idées, le Saint-Suaire lui fit signe de lire encore une fois la lettre à son adresse, la passa à Claude, qui la relut également ; puis, l'ayant déchirée en petits morceaux, il l'avala.

— En voilà un, de messager ! dit Pierre : celui-ci du moins ne trahit pas les secrets. Saint-Suaire, vous valez votre pesant d'or. Dites-moi, mon ami, croyez-vous en Dieu ? Emporterais-je la triste pensée que vous errez dans ce monde comme un proscrit, comme une victime enveloppée dans le linceul du désespoir ? C'est une mauvaise pensée qui me passe par la tête : dissipez-la.

Le désossé tressaillit ; ses lèvres s'agitèrent, et il parut à Pierre qu'elles formaient des mouvements distincts pour dire : *Jésus, Marie, Joseph*. Et afin de mieux éclaircir les doutes de Pierre, la main décharnée plongea de nouveau dans la doublure du gilet, et en tira un petit crucifix sur lequel on lisait : *San Iago di Compostella*.

— Quant à ces mots-là, je n'y connais rien, dit Pierre,

mais je vous demande pardon, Saint-Suaire, d'avoir douté de votre foi. Je vois maintenant que vous êtes un vrai et solide chrétien. Oui, mon camarade, voilà l'image de votre Dieu ; regardez-la souvent, pour ne pas perdre courage. Et moi aussi, je la porte sur moi, et elle me rappelle des souvenirs doublement chers. Voyez, Saint-Suaire, ce crucifix me vient d'une main bénie; il me donne de la vigueur; quand je suis tenté de me décourager, il me reconforte; il me fait souvenir que je ne suis plus seul au monde, et que je me suis engagé à faire le bonheur de deux personnes.

Et il montrait le petit crucifix que Thérèse lui avait remis, et les circonstances où il l'avait reçu se peignirent alors si vivement à son imagination, qu'il fut sur le point de pleurer.

Le Saint-Suaire se leva, leur tendit à tous deux la main, et fit mine de partir. Pierre eut beau répéter tout ce qu'il avait dit pour l'engager à rester, il leur fit un dernier signe de la main et s'éloigna.

— Et toi, maintenant, dit Pierre à Claude, hésites-tu encore?

— Partons !

XII

LASSITUDE.

Transportons-nous un moment par la pensée dans un village peu éloigné de Paris, et écarté d'une demi-lieue environ de la grande route. A l'entrée, est un tilleul au tronc noueux, sillonné de cicatrices, mais fourni de branches vigoureuses et chargé d'un feuillage déjà jauni, car la saison avance. C'est à la fin de septembre. La nuit tombe. On sent dans l'air une fraîcheur pénétrante; un rideau de vapeurs cache l'horizon; les laboureurs reviennent de la charrue, et le silence règne partout.

Un vieux prêtre, curé de cette paroisse, rentre en ce moment d'un village voisin. Il a son bréviaire sous le bras, et se trouve précisément à dix pas du gros tilleul. Une femme est assise au pied, la tête appuyée contre le tronc. Cet aspect surprend d'autant plus le vieux prêtre, qu'il a déjà vu cette femme le matin, là-même, et dans cette attitude. Quelque défiant que l'on puisse être à propos de singularités, quand on habite Paris ou ses environs, le vieillard fut cependant frappé de celle-ci. Le matin, il avait pu ne voir là qu'une femme au repos; le soir, il dut y voir autre chose. Il se contenta pourtant de jeter en passant un coup d'œil rapide, qui lui permit à peine de distinguer une femme d'une quarantaine d'années, belle mais flétrie, et portant sur sa figure une empreinte extraordinaire de lassitude et d'abandon. Ce fut tout. Elle paraissait dormir; le vieux prêtre passa outre, et n'y pensa plus.

Vingt personnes du village avaient, comme lui, vu cette étrangère, et aucun, sans doute, n'y avait pris garde. L'habitude de voir des choses extraordinaires est telle, dans le voisinage des grandes villes, qu'on ne s'étonne, qu'on ne se préoccupe de rien. Une vivandière en goguette, une servante chassée, une marchande en plein vent, une ouvrière sans travail, et cent autres choses pareilles, y a-t-il là de quoi attirer la moindre attention de la part de ces villageois qui sont familiarisés avec toutes les excentricités des villes?

Mais, deux heures après, au moment où le bon prêtre allait prendre son repos, un petit pâtre, neveu de la servante, rentrant au presbytère, dit qu'il y avait une femme morte à la sortie du village, du côté de Paris. Le vieillard se ressouvint de ce qu'il avait vu, et, par l'effet de la charité ou d'un vague pressentiment, il se rendit au tilleul. Il trouva en effet la femme étendue par terre, et en apparence sans mouvement.

C'est un grave embarras qu'un cas pareil pour un prêtre : il ne sait ni qui est là, ni à qui il parle, ni comment parler. Il peut être le jouet d'une intrigue, s'il fait une démarche ; ou se préparer des remords, s'il ne la fait pas. Cependant, la charité l'emporta. Au risque d'avoir affaire à une femme perdue ivre, ou à une folle échappée du Bicêtre, le prêtre s'approcha, remua cette femme, ce cadavre, et s'aperçut qu'il vivait.

— Qui êtes-vous ? que faites-vous là ?

— Je viens mourir, répondit une voix faible.

— Mourir ! qui vous y oblige ? quelle raison ? Etes-vous malade ?

— Extrêmement malade.

— Et où souffrez-vous ? depuis quand souffrez-vous ?

— Laissez-moi mourir.

— C'est une folle, pensa le vieux prêtre ; elle se sera échappée d'une maison de santé, et sera tombée là, épuisée de sa course. Allons frapper à la porte de quelqu'un... Mais de qui ? Ce village est sans foi, et où la foi n'est plus, comment la charité serait-elle encore ?

— Qui êtes-vous ? au nom du ciel, qui êtes-vous ? répéta-t-il.

Peu vous importe : laissez-moi mourir.

— Mais quand vous en auriez la volonté, en avez-vous le droit ? Pensez-vous qu'on puisse à son gré disposer des jours qu'on a à passer sur cette terre ? si vous avez reçu quelques notions de religion, il ne vous est pas permis de le penser, qu'avez-vous ?

— Envie et besoin de repos. Laissez-moi mourir.

— Non, elle n'est pas folle, se dit le prêtre ; sa voix est nette, son ton assuré. Ce sera une de ces malheureuses créatures que les grandes villes portent dans leur sein, et qui, après avoir usé la vie sous toutes ses faces, demandent au suicide un remède contre le désespoir. A qui recourir ?

La police, si je l'éveille, viendra prendre cette infortunée, et, avec ses procédés ordinaires, achèvera de la pousser dans l'abîme. Miséricorde de Dieu ! quelle misère, quelle effroyable misère qu'un monde où il n'y a plus de foi, pas plus chez le riche que chez celui qui souffre ; où il n'y a qu'un pas du sensualisme heureux qui dédaigne et blasphème, à l'indigence qui maudit et qui désespère ! Et rien pour barrière qu'une législation impuissante, une police aveugle, au poignet de fer et au cœur de bronze.. — Êtes-vous chrétienne ? avez-vous la foi ?

— Je l'eus, répondit la voix qui s'affaiblissait.

— Et quel motif peut vous porter à désespérer? Ne craignez-vous pas la colère de Dieu? Est-ce le besoin? est-ce la douleur qui vous pousse à cet acte de folie?...

La femme ne répondit que par un faible mouvement des lèvres, qui voulait dire : Par pitié, laissez-moi mourir ...! Puis elle retomba inanimée. Le prêtre, attristé, chercha son pouls : elle n'en avait plus. A tout hasard, il fit le signe de la croix sur elle, et revint au village. En passant, il crut bon de frapper à la porte du maire, et de lui dire : Vous avez-là, à l'entrée de votre village, une femme qui vient de mourir, ou qui ne peut tarder.

— C'est bien : on ira.

— Mais... peut-être n'y a-t-il point de temps à perdre. Elle peut n'être pas encore morte.

— On ira tout à l'heure ; j'achève une bouteille.

— Je vous supplie, monsieur le maire, de ne pas tarder. C'est une étrangère : je l'ai interrogée ; elle m'a répondu qu'elle voulait mourir.

— En ce cas, il n'y a qu'à la laisser faire : elle est libre. J'achève une bouteille, et j'enverrai l'adjoint. Si elle vit encore, on prendra son signalement ; si elle est morte, on fera la déclaration à qui de droit.

— Je ne lui ai pas trouvé de pouls. Elle est là depuis le matin.

— On me l'a dit. C'est sans doute quelque mauvais sujet

de Paris : on en voit tant! Il y a dix ou douze jours, on en a déjà ramassé une qui était ivre comme le vin. S'il fallait faire attention à toutes ces canailles-là, on n'aurait pas un instant de repos.

— Cependant, monsieur le maire, si elle a encore un souffle de vie, peut-être qu'avec des soins, un peu de nourriture, une chambre chaude...

— C'est possible, mais on ne doit cela à personne. Que vient faire ici cette aventurière? Si elle a un domicile, que n'y reste-t-elle? Et si elle n'en a pas, ce n'est pas moi ni vous qui lui en devons un. Qu'elle s'arrange! Mais on ira. Je bois une bouteille avec un ami. Si dans un quart d'heure je n'y suis pas, c'est que mon adjoint y aura paru. Voilà! Bonsoir, monsieur le curé.

C'était là à peu près tout ce que le prêtre attendait de l'épicurien qui ceignait l'écharpe municipale dans son village. Il n'eût pas obtenu davantage d'aucun des administrés. Il devait donc se résigner à voir mourir là cette infortunée créature, et son cœur charitable répugnait à cette pensée. Il se décida à rentrer chez lui, et à donner ordre à sa servante et au neveu de rapporter cette femme, morte ou vive : ce qui fut exécuté sur-le-champ.

Elle respirait encore. Quelques soins, la chaleur, la rendirent promptement à la vie. Dès qu'elle put se rendre compte de sa position, elle se mit à pleurer. En vain chercha-t-on à obtenir d'elle un mot d'explication ; à chaque question que le prêtre lui adressait, ses larmes coulaient plus abondantes, et, de temps en temps, elle soupirait : *Je voudrais qu'on m'eût laissé mourir*. Ce fut tout ce qu'on obtint d'elle.

Le lendemain matin, après avoir pris quelque nourriture, et remercié le prêtre de ses soins charitables, l'inconnue s'éloigna, toujours accablée de la même tristesse, toujours regrettant de n'avoir pu mourir. Assurément, le vieux curé avait bien quelque raison de croire qu'il était le jouet d'une aventurière; pourtant, il est des sentiments qu'on ne peut feindre, et malgré ses craintes et ses suppositions, le digne vieillard ne pouvait s'ôter de la pensée que cette femme était vraiment malheureuse et qu'un chagrin réel la poussait au désespoir.

XIII

PREMIÈRES NOUVELLES.

Ce fut un événement dans Sombrey, et une satisfaction indicible pour Marguerite, que la réception de la lettre suivante :

« Paris, 3 octobre.

« Nous voici donc arrivés, chère tante, et je puis vous dire que ce n'est pas sans peine ni dangers. Pluie, chaud, froid, faim, soif, fatigues, prison même, rien ne nous a failli. Il me faudrait quatre feuilles comme celle-ci pour vous raconter seulement le plus gros des accidents de notre voyage. Aujourd'hui, je n'en ai pas le loisir : je vais au plus pressé.

« Nous sommes arrivés sains, saufs et bien portants, voilà l'essentiel. Notre oncle nous a reçus à bras ouverts ; mais il commençait à s'impatienter ; l'ouvrage, les commandes, viennent en masse, et, en outre de nous deux, il attend encore trois ou quatre autres apprentis. Nous allons donc nous y mettre tout de bon. Déjà nous avons travaillé hier et aujourd'hui, et, autant que je puis prévoir, le métier m'ira.

« Dieu soit loué ! chère tante, nous serons donc enfin à même de vous témoigner notre reconnaissance. Nos cœurs palpitent de joie, rien qu'à y songer. Je vous déclare que je puise dans ce doux espoir une force et une allégresse extraordinaires. Je veux absolument embellir vos vieux jours; je veux qu'après avoir si longtemps subi des privations, vous nagiez dans l'abondance; et ce sera ma gloire de vous poser sur le front une couronne de fleurs. Vous avez encore bien des années à vivre, quoique vous vous plaisiez à vous dire vieille; votre robuste tempérament nous fait espérer de vous posséder longtemps; ménagez-vous, oh! de grâce, ménagez-vous; n'allez pas nous jouer le vilain tour de nous laisser ici-bas avec nos projets et nos douces espérances... Il me tarde d'être à un mois d'ici, à un mois seulement, pour avoir déjà un petit cadeau à vous envoyer. Je suis bien maladroit de ne pas vous en ménager la surprise; mais je ne puis me retenir de vous le dire, et de jouir dans cette attente..., et de songer que vous en jouirez aussi.

« Quant à Thérèse, j'aurais cent mille choses à lui dire, mais je lui réserve un petit bout de billet, et je passe la plume à Claude. Il est triste, lui, je ne sais pourquoi; moi, je surabonde de joie et d'espérance, et je vous embrasse mille et mille fois sur les deux joues.

« Votre fils reconnaissant,

« PIERRE. »

Claude avait en effet repris la plume, et écrit au bas de la lettre de son cousin :

« C'est une grande et belle ville que Paris, chère mère, mais elle n'a rien de si beau que notre chaumière. Oh! combien je pense à vous! Je n'ai pas encore quitté Sombrey; je n'ai pas encore perdu de vue ma bonne tante Marguerite; elle est la pensée de mes jours, elle est le rêve de mes nuits. Priez toujours pour moi. Dites à monsieur le curé que je n'oublie pas les bonnes choses qu'il nous a dites, et surtout son dernier entretien. Adieu. Mon corps est déjà ici depuis trois jours ; mon cœur n'est pas encore en route pour y venir. Adieu ! adieu !

« CLAUDE. »

Le petit billet à Thérèse contenait ces lignes :

« Thérèse, ma bonne Thérèse, je suis comme fou de joie de voir que j'ai si bien réussi, et que me voilà en voie de travailler à votre bonheur. J'ai maintenant la certitude d'amasser de la fortune : j'étais loin de pressentir même que tant et de si belles chances dussent s'offrir à moi. Je triomphe, Thérèse, et mon cœur est si plein qu'il ne sait comment s'exprimer. Oui, oui, mille fois oui, vous serez riche, grande, belle, heureuse... oui, vous serez une dame, une princesse, une reine... J'y engage ma foi, j'en fais mille serments. Oh ! que le tonnerre m'écrase, si je vous oublie jamais. Mais c'est de votre infidélité que j'ai peur, c'est votre oubli que je crains. Par pitié, assurez-moi que vous ne m'abandonnerez pas. Vite, un petit mot pour me dire : Je pense à vous, je veux être à vous, je prie pour vous !...

« Chaque soir, chaque matin, dix fois le jour, je baise le petit crucifix, ou je le presse contre mon cœur...

« Votre fidèle PIERRE. »

La satisfaction des deux personnes à qui s'adressaient ces lignes ne pourrait facilement s'exprimer.

Ce fut Thérèse qui lut : cet avantage étant refusé à Marguerite. Elles se jetèrent d'abord dans les bras l'une de l'autre, et pleurèrent. C'était leur première expansion de joie. Puis, à chaque ligne elles s'arrêtaient pour pleurer encore, pour rire, pour se regarder à travers leurs larmes. Puis, après avoir lu, elles crurent qu'elles n'avaient pas compris, ce qui les obligea à relire encore une fois. Enfin, comme il y avait beaucoup de choses, il fallut nécessairement reprendre les idées une à une, les élucider, les interprêter et surtout les savourer. Mais, chose bizarre ! il se trouva qu'il en était de ceci comme de certains mets, qui donnent plus envie de manger qu'ils ne satisfont l'appétit ; ce qu'on savait s'effaçait devant ce qu'on aurait voulu savoir, et Pierre ne disait que peu de chose en comparaison de ce qu'il aurait dû dire. Cette *prison !* cette *faim !* cette *soif !* l'oncle dont on parle à peine ! la tante, la cousine, dont on ne dit rien ! cette tristesse de Claude ! et cent autres choses de ce genre que la tendresse et l'amour y voyaient ou voulaient y voir.

Du reste, c'est beaucoup plus de Marguerite que de sa jeune compagne qu'il s'agit ici. Thérèse avait tout ce qu'elle pouvait demander : son cœur surabondait de joie, et si elle relut vingt fois la missive de Pierre, si elle fit ses observations ou entra dans celles de Marguerite, c'était pour dissimuler l'excès de son bonheur.

Mais, en personne discrète, elle ne fit part à personne du billet qui lui était adressé. Tout son cœur était là ; mais nul qu'elle ne devait en jouir. Elle le serra dans l'endroit le plus secret de son armoire, et ce qu'on sut à Sombrey, c'est que Pierre et Claude étaient bien placés à Paris, que l'un était joyeux, et l'autre triste ; mais que, à coup sûr, ils étaient tous les deux en voie de faire fortune. Ce qui éveilla dans l'esprit de plusieurs l'idée d'aller les rejoindre.

XIV

L'INTÉRIEUR.

L'impression que durent éprouver, à l'entrée de leur nouveau genre de vie, les deux jeunes gens, n'est pas facile à analyser. Rien n'avait ménagé la transition; c'était subitement, sans intermédiaire, qu'ils passaient de la paisible obscurité d'un hameau à la turbulente agitation d'un atelier de grande ville.

Antony Madré occupait cent cinquante à deux cents ouvriers. Amené à Paris par le hasard, et d'abord simple fondeur, il avait su, à force de bonne conduite et d'habileté, gagner l'affection de son maître, puis son amitié, puis sa fille, et à la suite reprendre son commerce. Depuis vingt ans, il faisait des affaires importantes. Il avait débuté en 1825, à cette époque florissante où la prospérité commerciale atteignit son apogée. Doué d'un caractère tranchant, mais froid et maître de lui-même, il avait conçu pour sa personne cette estime exagérée, que nourrit toujours en son endroit celui qui a fait fortune.

N'étant encore qu'ouvrier, Madré avait d'abord cédé au mouvement qui emportait alors la classe ouvrière; mouvement tout à la fois anti-social et anti-religieux ; mélange de la fougue révolutionnaire de 93, de la brutale ignorance de l'Empire et du philosophisme raisonneur de la Restauration. Doué d'un esprit ambitieux et entreprenant, Madré, quoique sans éducation première, avait néanmoins cette nature âpre qui supplée, par la vigueur de la résolution et la promptitude du coup d'œil, à ce que donne la culture; il saisissait vite et voulait fortement. Sorti à vingt-cinq ans de Sombrey où il était garçon de ferme, il s'était jeté d'instinct dans les aventures; il avait embrassé son métier avec l'ardeur qu'il eût portée dans tout autre. Saisi alors par l'esprit qui emportait l'ouvrier des grandes villes, il avait rejeté loin de lui des pratiques religieuses dont son esprit inquiet supportait déjà le joug avec peine, et de l'indifférence il était passé sans effort à une hostilité rude et tranchée. L'aigreur que la misère avait déposée dans le cœur de Madré, s'était déversée sur la religion elle-même, et peu s'en fallait qu'il n'imputât à la foi de son berceau le malaise qui avait pesé sur ses jeunes années.

Libéral donc et révolutionnaire, membre actif des sociétés secrètes, Madré avait pris une part considérable aux événements qui renversèrent, en 1830, la plus vieille monarchie du monde ; mais devenu, peu après, propriétaire de l'atelier, il avait senti ses idées se modifier : le goût de l'ordre lui était venu, et il offrait en lui-même le type le plus complet de ce genre d'hommes qu'on est convenu d'appeler *conservateurs*; la contradiction la plus étrange assurément que ce siècle ait vue éclore. Antony appartenait à cette nuance de libéraux qui, pétris en religion de l'esprit de Voltaire, en politique de l'esprit de 89, croient qu'il est donné à la puissance humaine d'arrêter ou de pousser à son gré le char des révolutions; s'imaginant que l'ordre matériel se soutient de lui-même, et que, quand Dieu est banni de la société, les tribunaux et les gendarmes suffisent à tout.

Au moment où ses neveux arrivaient chez lui, Antony était un bourgeois, un bourgeois bien servi dans ses goûts, bien assorti dans son mariage, bien ancré dans son commerce; usant sans abus, croissant chaque jour dans sa propre estime, honoré de ceux qui le connaissaient, électeur, capitaine dans sa légion, etc., etc... Il lisait son journal centre gauche, parlait peu politique, reniait ses anciens amis, n'allait plus au club, et trouvait que ce bas monde n'était pas aussi désagréable que quelques-uns semblaient le dire. Mais sa rancune contre le parti prêtre, ses craintes sur l'influence sacerdotale, il ne les avait point déposées. C'était à peu près tout ce qui lui restait du vieux bagage. Il était d'accord avec son journal, surtout en ce point : que le danger, le seul danger de la France, était dans le jésuitisme. Il aboyait donc après la soutane, et se vengeait contre Dieu des mauvais jours passés à son service.

Quant à son atelier, c'était un pêle-mêle complet. Le moindre souci d'Antony était de veiller à ce qu'il y eût quelque peu de décence, de morale. On travaillait chez lui jusqu'au dimanche à quatre heures du soir ; puis la troupe se débandait aux barrières et faisait le *lundi de Paris* : c'était de règle. Antony recueillait ce jour-là sa femme et sa fille, les conduisait au bal, en soirée, ou faisait une excursion tantôt à Sceaux, tantôt à Saint-Denis ; il visitait ses connaissances ou les recevait chez lui : allait voir jouer les eaux, et égrainait enfin ce chapelet de jouissances hebdomadaires, que chaque année ramenait au Parisien dans ces temps fortunés. Ainsi la paix, l'abondance, le bonheur domestique, souriaient à ce mortel privilégié. Que lui fallait-il de plus ?

Ce fut au sein de cette félicité que Madré se souvint un jour qu'il avait une sœur et deux neveux, qui devaient être dans un état bien voisin de l'indigence. La pensée de les appeler à Paris lui traversa plus d'une fois la tête ; mais il fallait, pour qu'il y donnât suite, que les commandes fussent assez fortes pour l'obliger à augmenter le nombre de ses ouvriers. Il spécula alors sur les bras vigoureux et dévoués de ses deux neveux ; il crut bon de faire de la générosité à gros intérêts ; et comme on lui avait maintes et maintes fois répété que les deux garçons n'étaient point sans intelligence, il jeta immédiatement sur eux son dévolu pour en faire des chefs d'atelier un peu moins coûteux et plus productifs que ceux qu'il employait.

L'ébahissement de ses neveux fut au comble, quand ils parurent pour la première fois au milieu de cette cohue d'ouvriers provençaux, alsaciens, auvergnats, etc., qui composent un grand atelier. Il est inutile de raconter les incongruités, les épreuves, les plaisanteries, etc., que les deux novices durent subir en prenant place dans cette Babel industrielle, eux surtout en qui l'instinct malicieux des ouvriers voyait poindre, non plus des égaux, mais des maîtres futurs. Le noviciat fut rude ; Pierre, surtout, sentait vivement les assauts qu'on lui livrait ; son caractère irritable frémissait sous l'aiguillon. A l'endroit des mœurs, leur étonnement ne fut pas moins grand, et leur irritation peut-être encore plus vive, quand ils subirent cette bordée de plaisanteries obscènes, quand ils respirèrent cette atmosphère immonde, quand ils virent la conduite licencieuse de ces ouvriers de tout âge et de toute patrie, se livrant au libertinage, de la même manière qu'ils s'adonnaient au travail, avec une aisance, une liberté et un calme incroyables. La nature honnête des jeunes provinciaux se révolta. Tout ce qu'ils avaient pu entrevoir au village, — et la *science* y est déjà grande, — ne leur avait pas même donné une idée des horreurs dont ils étaient témoins. Une sainte indignation les saisit; le rouge leur montait à la figure et la colère au cerveau. Pierre, surtout, pouvait à peine contenir son indignation. Il se sentit cent fois pressé de quitter son ouvrage, pour réfuter, par un vigoureux coup de poing, quelque raillerie obscène. Inutile de dire que plus on s'apercevait de l'impression que cela faisait sur lui, plus on insistait. Si un blasphème venait à s'échapper, — et Dieu sait si on les ménageait — si quelque malicieux s'avisait d'avancer à dessein une proposition fausse, alors l'intrépide Pierre prenait le raisonneur à partie, et provoquait une discussion où il apportait, à défaut de science, une chaleur de ton et une vivacité de geste assurément méritoires, mais intempestives. Un chef d'atelier surtout, celui-là même qui s'attendait à être supplanté un jour par Rousseau, lui avait juré une haine profonde, et ne cessait de l'attaquer à coups d'épingles. Provoquant son zèle aveugle et ignorant, et amusant tout l'atelier aux dépens des balourdises que laissait échapper le pauvre paysan de Sombrey, il avait réussi à en faire la risée de tout le monde.

Et quand Pierre, fatigué, surmené des railleries mordantes de son adversaire, s'en plaignait à son oncle, celui-ci lui répondait : Je ne t'ai pas fait venir ici pour défendre la divinité de Jésus-Christ, mais pour fondre du cuivre... Mêle-toi de ta besogne, et abandonne à chacun ses opinions... Ne t'avais-je pas recommandé de laisser au village les friperies de ton enfance?... Moi aussi, j'ai été *bête* comme toi, et tu n'es pas le premier que tante Marguerite ait infatué de ses contes... Vois-tu, mon ami, l'essentiel est de gagner de l'argent... Si tu as envie de fournir ta carrière, ne vas pas ainsi te heurter à chaque angle de mur... Ris avec les autres, ou au moins laisse les autres rire à leur gré, et ne te pique pas d'un stérile et chevaleresque amour pour un Dieu qui a fait son temps...

Et ces doctrines de l'oncle Madré, Rousseau les voyait exactement mises en pratique au sein de la maison. On n'y voyait pas le moindre signe de foi religieuse. Nul symbole ne rappelait que cette famille pût être marquée du sceau chrétien, hormis pourtant un *Dieu Seul*, qui figurait dans la salle, et devait sans doute cet insigne honneur à l'avantage d'avoir été brodé par mademoiselle *Irvina* Madré. Antony était *de la religion de l'honnête homme*. Madame Madré avait eu, dans sa première éducation, une teinture des vérités religieuses ; mais elle semblait depuis longtemps en avoir perdu le souvenir. On ne la voyait à l'église que quand un puissant motif de curiosité y attirait tout le monde ; elle ignorait jusqu'au nom de sa paroisse. En revanche, elle aimait le monde, la toilette, le plaisir ; son esprit naturel lui avait jadis valu des succès, dont elle était fière. Laborieuse pourtant, économe, active, elle savait concilier ses devoirs avec ses goûts ; elle possédait les qualités domestiques qui tiennent lieu de vertus aux yeux de l'honnête homme. Sa fille marchait sur ses traces. Rusée, intelligente, espiègle, jalouse d'admiration et d'applaudissements, elle avait de bonne heure étudié cet art de plaire, de capter l'attention, qui semble être, pour certaines femmes, le plus digne objet d'émulation ; du reste, elle avait, dans la personne de sa mère, un modèle accompli. Madame Madré n'avait jamais eu d'autre ambition pour sa fille que de la voir paraître dans le monde avec avantage, et de perpétuer en elle les succès qu'elle avait elle-même obtenus.

Quant au travail de ces dames, dont Antony parla si

fièrement à sa sœur Marguerite, c'était tout simplement le travail du bureau. Née d'un fondeur, madame Madré avait été dressée toute jeune à la tenue des livres : son père s'en remettait sur elle *du soin des écritures*, et elle avait voulu que sa fille pût un jour la remplacer. Antony voyait cela de fort bon œil; son principe était que chacun doit mettre la main à l'œuvre, et que celui qui ne travaille pas n'est pas digne de vivre.

L'appel des deux neveux au sein de la famille n'avait d'abord pas été du goût de madame Madré. Elle avait longtemps combattu le projet de son mari, mais en pareil cas tout doit céder aux considérations d'intérêt. A l'aspect de ces deux rustauds, elle se repentit de ne s'être pas refusée obstinément aux volontés de Madré. Qu'allait-elle faire de ces garçons de village? quelle figure feraient-ils au milieu de sa maison ? Les cacher tout à fait, c'était impossible ; les montrer à qui que ce fût, c'était se faire honte, se couvrir de ridicule. Mademoiselle Irvina surtout se trouva terriblement confuse, quand elle vit arriver ses deux cousins avec leurs blouses de coton bleu, leurs souliers ferrés, et leur petit paquet au bout d'un bâton : il lui prit une telle envie de rire, qu'elle faillit en étouffer, Dieu sait combien elles en glosèrent entre elles.

Quand deux femmes ont un objet commun d'antipathie il est merveilleux avec quel art elles s'entendent pour lui faire la guerre. La mère et la fille s'étaient-elles concertées pour rendre la vie insupportable aux deux jeunes gens; quand elles se fussent donné le mot, elles n'eussent pas mieux réussi. Il est vrai que la naïve candeur de Pierre et de Claude était souvent au-dessous ou au-dessus des dédains, des froideurs, des railleries, dont les deux dames les accablaient.

Et puis, ils travaillaient du matin au soir; et l'homme qui travaille ne songe guère à autre chose. Antony voyait avec joie leur aptitude et leur zèle; Pierre surtout le charmait par son ardeur et son intelligence. A toutes les railleries de sa femme et de sa fille, Madré répondait : Ce sont deux machines excellentes : que m'importe qu'elles soient plus ou moins polies ? Ces enfants-là me gagneront de l'argent : c'est tout ce que je demande.

Cependant les deux jeunes gens ne mettaient pas le même cœur à l'ouvrage. Pierre voyait de nouveau luire ses rêves de fortune. Fier de la facilité avec laquelle il accomplissait sa tâche, encouragé par les éloges de son oncle, il embrassait, de toute la ferveur de l'espérance, une carrière dont l'issue lui paraissait être plus que jamais le bonheur qu'il avait imaginé. C'était merveille de voir avec quelle infatigable activité il acceptait les besognes les plus pénibles. Rien ne pouvait le décourager, rien ne pouvait le lasser. L'image de Thérèse était là, ne le quittant jamais, et versant sur ses plus durs travaux un charme ineffable. Les contrariétés même qu'il éprouvait de la part de ses compagnons, loin de le rebuter, semblaient l'attacher à l'atelier. L'antagonisme lui plaisait. Il était souvent content de lui-même : jamais il ne se tenait pour battu ; et le plaisir d'avoir raison s'augmentait chez lui de la satisfaction d'avoir défendu les intérêts de Dieu.

Claude, au contraire, était triste et travaillait sans goût. Il avait envisagé sous un tout autre point de vue sa nouvelle condition : ce bruit le fatiguait, cette atmosphère l'étouffait ; sa pensée se reportait sans cesse vers le hameau natal ; la voix de la tante Marguerite toujours à son oreille, et l'imagination lui peignait tout ce qu'il avait quitté avec des couleurs si belles, que rien ailleurs ne pouvait lui plaire. Il travaillait en silence, insensible à ce qui se passait autour de lui. Ces ateliers obscurs, ces appartements sans soleil, faisaient dans son esprit un douloureux contraste avec l'air pur des champs et la lumière qui inondait sa vallée chérie. La pauvreté ! une chaumière ! Ah ! qu'importe, pourvu qu'on ait le calme, la liberté, pourvu qu'on puisse vivre et mourir en chrétien. La vie est courte, et l'éternité n'a pas de fin.

XV

AVIS.

— Trois francs par jour pour commencer, la table et le logement, voilà mes conditions, jeunes gens, et elles me paraissent raisonnables. Plus tard, nous verrons; si vous répondez à mes désirs, et j'ose dire à mes espérances, votre sort ne fera que s'améliorer de jour en jour. Je ne promets rien: mon fort n'est pas de promettre, mais je tiens. Mon système est d'être franc en tout. Et c'est en vertu de cette franchise qui ne m'abandonne pas, que je me permettrai, vis-à-vis de vous, quelques observations personnelles. M'en donnez-vous ma liberté?

— Comment, mon oncle? vous notre sauveur, notre bienfaiteur, notre père? Parlez donc.

— D'abord, Claude, pourquoi est-tu si triste? Je n'aime pas cette mine rechignée qui ne te quitte pas du matin au soir. Dis-moi, mon garçon, est-ce que tu n'es pas content de moi?

— Je suis bien content de vous, mon oncle, et surtout bien reconnaissant de vos bontés; mais je pense à notre village.

— Cela part chez toi d'un bon naturel. Il est louable d'aimer sa patrie. Moi aussi, j'ai pensé souvent à Sombrey, bien que ce ne fût pas pour le regretter, mais pour m'applaudir d'en être sorti. Écoute, mon ami, laisse là ces stériles souvenirs; tu es ici, sois-y tout entier. Je n'ai pas besoin de te faire sentir la différence qui sépare pour toi les deux conditions : là-bas, la misère, la faim ; ici, l'aisance et la fortune. Peux-tu hésiter un seul instant ?

Claude baissa la tête sans répondre. L'oncle Madré profita de ce moment pour aspirer une grosse prise de tabac.

— Quant à toi, Pierre, reprit l'oncle, qui jugea bon de laisser le premier neveu réfléchir sur la morale qu'il venait de lui faire, je ne puis que me louer de la franchise et de la gaieté de ton caractère. Hier encore, j'en parlais à ma femme, et je faisais ton éloge le plus complet. Mais pourquoi as-tu tant de peine à t'entendre avec tes compagnons de travail ? On se plaint universellement de ton naturel hargneux, de ta manie de disputer.

— Cela, c'est vrai, j'en conviens, mon oncle ; mais aussi pourquoi prend-on plaisir à insulter mon Dieu ? pourquoi décoche-t-on tant de plaisanteries contre les objets de mon culte ? Vous avez là pour ouvriers un tas de libertins, dont la conduite me fait rougir, et dont les discours tendent sans cesse à me contrarier. Qu'ils se conduisent mieux, ou qu'au moins ils se taisent, et je promets de les laisser tranquilles.

— Je ne vois pas pourquoi ils ne seraient pas libres de parler et d'agir comme bon leur semble. S'il leur convient de se conduire comme ceci, et de raisonner comme cela, tu n'as rien à y voir. En entrant ici, ils ont dû conserver leur liberté ; je n'ai jamais prétendu la leur ôter, ni souffrir qu'on la limitât. Comme je te l'ai déjà dit l'autre jour, tu es ici ouvrier, et non évangéliste. Que mon atelier adore Jésus-Christ ou Mahomet, peu m'importe. L'essentiel est que ma besogne se fasse.

— Comment, mon oncle, il faudra entendre tout le long du jour les blasphèmes les plus affreux et les obscénités les plus dégoûtantes, sans oser ouvrir la bouche pour protester ?

Le gros oncle laissa courir sur ses lèvres un sourire bourgeois :

— Sans doute, mon garçon, il faudra laisser ces jeunes gens badiner et se dire des gaudrioles. Ne fais pas, dès le début de ta carrière, la sottise, l'énorme sottise de prendre le monde à rebours. Tu as ton opinion, c'est bien : mais souffre aussi que les autres aient la leur.

— Eh quoi! mon oncle, reprit vivement Pierre Rousseau, appellerez-vous la religion une affaire d'opinion? S'il s'agissait de politique ou de littérature, je comprendrais qu'on laissât chacun exprimer sa façon de penser. Mais quand on met en question jusqu'à l'existence de Dieu, jusqu'à la distinction du bien et du mal, vraiment, c'est trop fort, cela me dépasse, il m'est impossible d'y tenir.

L'oncle Madré se frotta deux ou trois fois le nez du bout de l'index, et reporta ses yeux sur le neveu Claude. Son usage était de ne rompre en visière avec personne, et de passer d'un adversaire à l'autre, soit pour varier, soit pour avoir le temps de retrouver des arguments.

— Un autre reproche que j'ai à te faire, Claude, et que ta tante te fait, c'est que tu as des façons on ne peut plus communes, et parfois même un peu grossières. Par exemple, tu ne sais pas présenter une chaise, tu tiens ta fourchette d'une manière horrible, tu ne sais pas arranger ta cravate.... Je dis ceci sans vouloir t'offenser, et j'ajouterais, si je n'avais peur de te faire de la peine, que tu rends ta tante et surtout ta cousine, vraiment honteuses. C'est au point que Irvina, qui est certainement une fille d'esprit, n'a pas osé avouer l'autre jour que tu es son parent.

— Il est vrai, mon oncle, dit Claude en rougissant, que je ne connais rien, absolument rien, aux usages du monde. Et où les aurais-je appris, ces usages? Je n'ai point eu de mère pour me dresser dans le bas âge. Je suis l'enfant du hasard et de la Providence. Ne seriez-vous pas étonné que je susse quelque chose d'un monde que je n'ai jamais connu?

— Il y a certainement du bon sens dans ce que tu dis là. Aussi, ne te fais-je point un crime d'être si inférieur en ce point à ta cousine, par exemple, qui est assurément l'enfant la mieux élevée que possède notre arrondissement.

Seulement, je suis bien aise de te prévenir, afin que tu évites à l'avenir ces fautes grossières, car *un homme averti en vaut deux*. Je ne saurais trop t'engager à avoir les yeux constamment fixés sur ta cousine Irvina: c'est un modèle accompli de grâce et d'élégante politesse. C'est du moins ma manière de voir, et celle de sa mère. — Quant à Jésus-Christ, continua l'oncle, en changeant de sujet et en reportant ses yeux sur Pierre, je te répète qu'il n'a rien à voir dans mes ateliers. Je sais bien que plus d'un de nos jeunes gens fait un peu la vie; mais cela les regarde. Ils travaillent, je les paie: nos rapports finissent là. J'ai déjà eu occasion de chasser plusieurs de ces libertins, un entre autres, il y a trois semaines; mais le coquin me volait mon cuivre. Et c'est en ce point surtout que je vous prie de veiller, vous qui êtes mes neveux et qui prenez quelque intérêt à mes affaires: ayez l'œil à ce qu'on ne me pille pas, mais laissez, du reste, chacun croire et raisonner comme bon lui semble.

L'étonnement de Pierre était au comble ; il ne pouvait se mettre dans l'esprit qu'on fît si bon marché de Jésus-Christ et de sa religion. Il allait répliquer quand on annonça la visite d'un étranger. On vit paraître un jeune homme d'un vingtaine d'années, à la mise simple et élégante, aux tournures polies, à la physionomie sérieuse mais ouverte. Il portait une paire de favoris noirs, et serrait sous son bras gauche un livre de maroquin vert.

— Est-ce à M. Madré que j'ai l'honneur de parler ?

— A lui-même, Antony Madré, fondeur en cuivre, capitaine dans sa légion, électeur. Et vous, Monsieur, qui êtes-vous ? Je ne crois pas avoir eu déjà l'honneur de vous voir.

— Je suis étranger à cette ville, mais j'y étudie le droit. Mon nom est Louis de Semblange.

— Très bien. Alors, M. Louis de Semblange, qu'y a-t-il pour votre service ?

— Monsieur, je me présente à vous comme membre de la Société de Saint-Vincent-de-Paul. Vous connaissez sans doute cette institution ?

— Non, vraiment, non. Je vous dirai que je me mêle fort peu des affaires de ce monde. C'est par les journaux que j'apprends ce qui se passe à côté de chez moi. Je ne sors pas. Mon commerce, c'est tout mon horizon. Auriez-vous quelque commande à me faire?

— C'est une demande, au contraire, que je viens vous adresser. La Société dont je fais partie est une réunion libre de jeunes gens qui se donnent la mission de travailler au soulagement des maux de l'humanité, et en particulier de venir en aide aux pauvres honteux.

— Voilà qui est parfait, s'écria ici Pierre, dont le cœur, affecté douloureusement, avait besoin de se faire jour.

— Notre but, reprit le jeune homme, est de servir d'intermédiaires entre le riche qui ignore ou qui oublie la misère, et le pauvre qui attend l'obole que réclame sa faim. Nous allons demander à l'un et nous portons à l'autre.

— Voilà qui est bien, interrompit le bourgeois en tendant nonchalamment sa tabatière au jeune homme, après y avoir d'abord plongé lui-même ses doigts; mais je vous dirai qu'on est souvent attrapé. Il y a deux ou trois ans qu'il vint un prétendu père de Terre Sainte, qui me tourmenta tant que je lui donnai, je crois, une pièce de trente sous. Il s'agissait, si je ne me trompe, de rebâtir un monastère incendié par les Turcs. Je m'étais laissé tenter; mais cinq ou six semaines après, j'ai lu dans mon journal que j'avais été dupe d'un escroc. Enfin, cela ne prouve rien: j'ai fait le sacrifice de mes trente sous. Mais, que désirez-vous de moi?

— Voici la mauvaise saison; le travail va manquer à la plupart des métiers; un grand nombre de malheureux seront dénués de tout. Nous avons coutume de faire chaque année une collecte à cette époque; je crois pouvoir assurer que jamais elle n'a été plus nécessaire.

— Parbleu! dit le fondeur en cuivre, vous me rappelez là à mon affaire. Je me souviens parfaitement maintenant d'avoir lu dans mon journal un ou deux articles sur cette

Société de Saint-Vincent-de-Paul. Oui, je m'en souviens comme du jour d'aujourd'hui.

— Eh bien, Monsieur, qu'en disait-on ?

— Ce qu'on en disait ? Je serais fâché que cela vous fît de la peine, mais on y prouvait, clair comme le jour, que c'était une affiliation de jésuites, une œuvre ténébreuse, une sorte de conspiration voilée du prétexte de la charité. On y ajoutait qu'elle allait à l'encontre de toutes les œuvres vraiment philanthropiques; que les fonds destinés aux établissements de bienfaisance légale étaient soutirés par cette congrégation occulte, qui détournait à ses vues politiques secrètes les sommes données pour le soulagement des malheureux. Voilà ce qu'on disait, et bien d'autres choses encore que je ne me rappelle que confusément.

— Il est fort possible qu'on ait calomnié cette institution charitable; mais elle n'en continue pas moins sa marche. Le propre des œuvres inspirées du Ciel est de grandir au milieu des contradictions.

— Et notez, interrompit le bourgeois, que pas un mot de réponse, pas un démenti n'est venu détruire les raisonnements de mon journal, ce qui est un terrible argument en leur faveur. Car, enfin, quand un accusé n'est pas coupable, il se défend. Il y a trois ou quatre ans, par exemple, qu'un misérable fondeur s'avisa de publier une annonce, où il cherchait à se faire valoir à mes dépens; moi, je lui ai riposté d'une jolie manière, et il a bien fallu que le journal insérât ma réponse; autrement, je le traduisais en police correctionnelle.

Le jeune étudiant parut sourire avec une légère apparence de dédain.

— Il en est ainsi des intérêts humains, reprit-il; mais les œuvres de Dieu ont une marche plus ferme. On nous attaque, nous ne répondons pas, ou plutôt nous répondons en agissant. Jésus-Christ n'a-t-il pas été calomnié ?

— Certes si ! s'écria Pierre, et il l'est encore tous les jours.

Le fondeur en cuivre tira son mouchoir, se moucha à plusieurs reprises et d'une manière retentissante, et dit :

— Au surplus, combien demandez-vous ?

— Rien de fixe. Nous recevons tout ce que la charité nous donne. Voici mon registre sur lequel il est loisible à chacun de s'inscrire, si on n'aime mieux verser immédiatement le montant de sa souscription. En s'inscrivant, on s'engage à payer par quartiers, et j'aurais l'honneur, en ce cas, de venir chaque trimestre vous demander...

— Cela serait long ! cela serait ennuyeux ! interrompit l'oncle Madré... Et vos comptes ? tenez-vous des comptes ?

— Très exacts... Après cela, c'est une question de confiance. Nous demandons au nom de la charité ; la charité nous donne, et c'est elle encore qui se charge de la distribution. Nous nous partageons les différents quartiers de la ville ; nous nous efforçons d'y découvrir la misère, et de proportionner au besoin les ressources toujours trop faibles qui nous sont confiées. Vous le voyez, Monsieur, c'est une question de confiance.

— A la bonne heure ! ce misérable de père de Terre Sainte m'en disait autant : quoiqu'il eût des papiers fort bien en règle, il ne m'en filouta pas moins mes trente sous. — Et puis, sur le fond, nous pourrions bien ne pas être d'accord tout à fait. Savez-vous que je vois des inconvénients, moi, à s'en aller ainsi provoquer les plaintes, les doléances de ces va-nu-pieds, chez qui l'indigence n'est souvent que la suite de l'immoralité ? Je crois que ces coquins-là se montrent déjà assez, sans qu'on coure au-devant d'eux.

— Cependant, Monsieur, il n'est pas possible de nier qu'une ville comme Paris ne recèle une grande quantité de pauvres honteux, qui souffrent d'affreuses privations, et mourraient de besoin plutôt que de dévoiler leur misère. Ensuite, il y en a beaucoup à qui les faibles secours de la charité légale sont loin de suffire. Par exemple, hier, sur l'indication d'une ouvrière, je me suis rendu dans une rue voisine d'ici, et j'ai trouvé dans un galetas, au sixième, une femme couchée sur de la paille, n'ayant que ses vêtements pour couverture ; elle relève de couches ; elle a huit enfants, dont aucun n'est en âge de travailler ; son unique ressource était son mari : elle vient de le perdre, et le bureau de bienfaisance lui assigne deux bouillons par semaine, et quatre kilogrammes de pain... à une femme malade ! qui relève de couches ! qui a huit enfants ! à qui manquent le feu, le sel, la lumière, les...

— Ceci est une exception, dit l'oncle Antony ; mais la plupart de ces prétendus nécessiteux ne sont que des paresseux et des ivrognes. Je n'avais rien non plus, moi ; personne peut-être n'est né sous de plus tristes auspices que votre serviteur ; et pourtant j'ai réussi à gagner un peu de pain ; mais j'ai travaillé, mais je n'ai pas dissipé au fur et à mesure l'argent que je gagnais ! ce n'était pas Antony Madré qu'on rencontrait à la taverne, ou chancelant le long des quais !...

— Sans doute, Monsieur, un bon nombre de ces malheureux le sont par leur faute ; mais en sont-ils moins à plaindre ? Et leurs pauvres femmes ? Et leurs enfants ? Faut-il, parce qu'un homme a eu des torts, le laisser croupir, lui et les siens, dans les tortures de la misère et du désespoir ? La philanthropie peut y trouver son compte, la charité ne s'y résigne pas.

— La charité ! dit le fondeur de cuivre, c'est un mot dont on abuse étrangement. On fait diablement de bêtises au nom de la charité. Et si je dis ceci, Monsieur l'étudiant, ce n'est pas tant pour vous que pour mes neveux, à qui j'étais précisément en train de donner quelques avis pour leur entrée dans le monde. Je ne voudrais pas qu'ils se laissassent tromper par les grands mots, ni par les bonnes intentions. Le monde est plein de beaux parleurs, qui savent colorer les buts les plus pervers des prétextes les plus plausibles. Oui, mes chers neveux, je vous engage à étudier un peu les gens à qui vous aurez affaire, et les projets qu'on vous proposera. — Combien donc désirez-vous, Monsieur ? L'argent est rare ; je ne sais comment cela se fait, mais mes fonds ne rentrent pas ; j'ai peine à me faire payer.

— J'ai déjà eu l'honneur de vous dire, Monsieur, que nous laissons à la volonté de chacun la liberté de fixer la quotité et même la nature de son offrande : nous recevons tout : argent, comestibles, linges.

— Vous recevez le linge, le vieux linge, s'entend ? J'ai ouï ma femme se plaindre l'autre jour que son linge s'usait à faire peur. Je suis sûr qu'elle ne ferait pas difficulté de se défaire en votre faveur de quelques pièces hors de service. Si cela peut vous faire plaisir, vous seriez bien aimable de passer dans la chambre voisine. — Pierre, indique à monsieur l'appartement de ta tante. — Mais vraiment, Monsieur, l'argent est rare, fort rare, très rare. Je vous assure que pour le moment l'argent est excessivement rare.

Le geste dont le bourgeois accompagna ces dernières paroles acheva de faire comprendre au jeune homme qu'il serait inutile d'insister davantage et qu'il fallait se contenter du vieux linge. Il se leva et suivit Pierre. Quand ils furent dans le corridor, celui-ci serra la main à M. de Semblange, et lui dit :

— Vous me paraissez un aimable jeune homme ; je serais bien heureux de faire votre connaissance plus amplement. Est-ce que vous me permettriez d'aller vous rendre ma visite ? Je ne suis qu'un enfant de la campagne, sans éducation et sans étude ; mais vous semblez si bon, que je n'aurais point de gêne à causer avec vous.

— Votre bon cœur se méprend sur mon compte, Monsieur, répondit l'étudiant, je ne suis moi-même qu'un enfant sans expérience ; l'occasion de faire un peu de bien se présente ; je la saisis. Dieu sait combien nos intentions sont pures ; mais les hommes se trompent souvent sur notre compte. Qu'importe ? Celui qui doit nous juger saura rendre à chacun selon ses œuvres.

— Tenez, Monsieur, dit Pierre, en tendant au modeste jeune homme le premier écu de cinq francs qu'il eût gagné, voilà les prémices de mon travail. Puisque vous acceptez tout, vous ne le refuserez pas ; c'est l'obole du pauvre ; je ne saurais en faire un meilleur emploi. Votre adresse, s'il vous plaît ?

L'étudiant remit sa carte à Pierre, et lui serra cordialement la main.

Au moment où celui-ci rentrait, l'oncle Madré continuait sa mercuriale au neveu Claude. Il passa en revue tous les dangers qu'un jeune homme court d'être ridicule en société, tous les usages qu'on ne lui pardonne pas d'ignorer, la manière de se moucher, de présenter le bras à une dame âgée, de mettre son chapeau et de poser devant une cheminée. Il fit de plus nombreuses digressions sur la défiance où l'on doit se tenir à l'égard des œuvres de charité, sur la tenue des registres, sur les effets de la tristesse dans l'organisme, sur les actions de chemins de fer, et les suites de l'ivrognerie. Ce dernier sujet, qui fut le plus longuement et le plus solidement commenté, amena tout naturellement l'oncle à dire deux mots en passant de la distance présumée des étoiles, des vices constatés de l'ammoniaque de soude, des quatre plus grandes victoires de l'empereur Napoléon, du mérite des romans et d'un moyen de désinfecter les excréments humains, sur le point d'être inventé. De là il se rattachait déjà à un sujet de philosophie, quand madame Madré et sa fille entrèrent.

— Qu'est ce jeune fat que tu viens de m'envoyer ? dit la première en s'étendant à demi sur un sofa ; il pue le jésuite d'une lieue.

— Mamie, répondit l'oncle avec gravité, je n'en puis dire ni bien ni mal. Je le vois pour la première fois, comme toi, et comme toi je soupçonne que c'est un jésuite en robe courte.

— Il a failli m'asphyxier avec ses phrases sonores et son ton hypocrite. Je t'en prie, une autre fois épargne-moi de semblables visites.

— Tes neveux te diront que j'ai été moi-même surpris par cette visite extraordinaire, et qu'il m'a été impossible de me tirer d'embarras autrement que je ne l'ai fait. — Je vous le répète, neveux, défiez-vous de ces commis-voyageurs en charité ; ce sont presque toujours des jésuites.

— Qu'est-ce qu'un jésuite ? demanda Claude naïvement.

— Fi donc ! dit madame Madré avec dégoût.

— Horreur! ajouta mademoiselle Irvina.

— Un jésuite, mon ami, reprit l'oncle avec solennité, c'est ce que nous appelons en d'autres termes un disciple de Loyola, comme aussi nous appelons les disciples de Loyola, jésuites. Ces deux expressions sont reçues. Ainsi, quand tu entendras dire de quelqu'un *c'est un jésuite*, dis hardiment voilà un disciple de Loyola ; et si devant toi on qualifie quelqu'un de disciple de Loyola, ne crains pas d'affirmer que cet homme est un jésuite. Je suis persuadé que le dictionnaire de l'Académie ne me démentirait pas.

L'oncle aspira une large prise, après cette définition savante.

— Je ne saurais dire la répugnance que m'inspirent ces marchands de bonnes œuvres, reprit madame Madré.

— Rien ne t'obligeait à garder celui-là une minute en ta présence. Je puis t'assurer que je n'aime pas plus que toi les brocanteurs d'indulgences ; mais il m'est tombé comme un coup d'apoplexie...

— Et tu as jugé bon de t'en décharger sur ta femme ?

— Ce fat, comme tu l'as si bien qualifié, est venu faire un appel à ma générosité ; il s'est dit membre d'une Société de St-Vincent-de-Paul, que je me souviens fort bien d'avoir vu traiter sévèrement, très sévèrement par mon journal. La vraie histoire du Père de Terre-Sainte. Moi, pour ne pas me laisser escroquer une nouvelle pièce de trente sous, j'ai jugé à propos de te l'adresser pour du vieux linge, dont il se dit fort avide ; bien persuadé que tu saurais mieux te débarrasser de lui que ton trop bon mari.

Ce compliment provoqua un sourire de madame Madré.

— Aussi l'avons-nous joliment éconduit, ta fille et moi. J'aime à croire qu'il ne sera plus tenté de revenir à la charge.

— Pauvre petite ! dit le papa, en attirant sa fille sur ses genoux; je connais assez ton jugement pour être sûr que tu ne donneras jamais dans les panneaux de ces trafiquants de sacristie.

La grande fille embrassa son papa, et lui donna un gentil petit soufflet sur la joue.

— Ah ! la voilà donc qui te pardonne ! dit la mère en soupirant, comme si elle eût été déchargée d'un grand poids.

— Est-ce que tu avais quelque chose contre ton petit papa, reprit le père?

— Ma foi, oui, petit père! reprit celle-ci en faisant sa moue la plus gracieuse, pendant qu'elle enroulait un coin de son mouchoir de poche.

— Quoi donc, quelle peine t'avons-nous faite?

— Tu n'as pas voulu m'acheter une parure de brillants, comme celle de Stéphanie... J'en ai pleuré toute la nuit... Je n'irai plus en soirée.

— Mais, mon cher amour, ne t'ai-je pas dit que ton petit papa n'a point d'argent, que ses créances ne rentrent pas, et que depuis vingt ans il n'a été si à sec ?

— C'est égal, vois-tu, je ne sortirai plus. Je n'irai plus en soirée. Je ne veux plus t'aimer.

— Oh ! non, petite cruelle, tu ne seras pas si méchante que cela. Je veux t'en ôter jusqu'à l'envie. Embrasse-moi.

La grande fille de quinze ans embrassa son papa d'un air de bouderie caressante.

— A la bonne heure ! nous ferons la paix comme cela.

— Tiens, femme, voilà la clé ; prends ce qu'il faut dans mon tiroir, et n'y regarde pas de trop près. Je veux que la petite n'ait rien à envier à qui que ce soit ; m'entends-tu ?

A cette heureuse nouvelle, mademoiselle Irvina se pendit au cou de son père.

— Voilà donc les avis que j'avais à vous donner, neveux, reprit l'oncle quand les deux femmes furent sorties ; ne déboursez jamais un sou en faveur de ces prétendues œuvres de charité, et faites vos efforts pour dépouiller votre rusticité. En ce dernier point, vous ne pouvez mieux faire que d'imiter cette chère petite enfant, qui est bien la mieux élevée qu'il y ait sur cette terre, quoique sa mère ait quelquefois l'air d'en douter. L'essentiel, ne l'oubliez pas, est de rester honnête homme, et de se défier des jésuites.

XVI

AUTRES AVIS.

Dans une obscure église de Paris, un vieux prêtre entrait le quatorze octobre, à la chute du jour. Deux jeunes gens l'attendaient près de son confessionnal. L'un d'eux, le plus timide, avait dit à l'autre : Souviens-toi de la promesse que nous avons faite avant de partir : nous avons juré de ne pas passer un mois sans nous confesser.

— Ce que je ferai avec un double plaisir, avait répondu l'autre, car c'est demain la fête de sainte Thérèse.

Pendant qu'ils attendaient leur confesseur, leurs yeux distraits se portaient parfois sur les rares visiteurs qui entraient dans l'église, la parcouraient assez ordinairement sans le moindre signe de respect, ou s'agenouillaient un instant pour bientôt disparaître. Le bruit incessant du dehors contrastait avec le silence du dedans; et ce calme intérieur à côté du tumulte offrait le simple et énergique emblème des deux principes que représentent la religion et le monde. La foi n'est-elle pas en réalité la chose inébranlable ici-bas, la seule garantie de paix et de sécurité?

Peut-être les jeunes gens priaient-ils, peut-être songeaient-ils à des choses profanes, quand une femme vint se placer non loin d'eux. Elle tenait un cabas sous son bras; sa mise était pauvre, très pauvre; son âge paraissait être quarante ans environ, mais quelle physionomie abattue, labourée de rides précoces, flétrie par la douleur! Bien qu'il fît presque nuit, les jeunes gens virent cela, parce que la femme se mit tout près d'eux, parce qu'elle se retourna bien des fois, et que, tout en paraissant chercher autre chose, elle leur lança plus d'un regard furtif, qu'ils ne purent s'empêcher de remarquer. Ils observèrent encore qu'elle semblait prier plutôt qu'elle ne priait. Enfin ils crurent s'apercevoir qu'elle pleurait. Puis la nuit tomba, le vieux prêtre vint, et d'autres pensées occupèrent l'esprit des jeunes gens. Pierre passa le premier, et fit sa confession. Comme la vie se mesure beaucoup plus sur les événements qui la remplissent que sur la longueur du temps, il lui semblait qu'un intervalle immense le séparait du jour où il se confessait pour la dernière fois au curé de Sombrey. Il avait peine à se retrouver dans la confusion de ses sentiments et de ses souvenirs. Il lui semblait qu'il n'était déjà plus le même; que lui réservait l'avenir?

Néanmoins, il exposa nettement l'état de son âme, et adressa ensuite cette question à son confesseur:

— Mon père, puis-je rester? Croyez-vous que je ferai mon salut à Paris?

— Mon enfant, répondit le prêtre, c'est à moi à vous le

demander. Il est de fait que vous vous sauverez si vous le voulez : le voulez-vous ?

— Oui, mon père, je le veux.

— Mon ami, tant que vous pourrez répondre ainsi à la voix de votre conscience, tout ira bien. Vous avez reçu une excellente éducation chrétienne : suivez-en l'impulsion.

— Mais, mon père, on me dit que les dangers sont immenses à Paris : moi, je ne puis le croire. Je vois le mal et je le hais : l'impiété et le libertinage me repoussent.

— Prenez garde pourtant : cette horreur diminuera. On se familiarise avec l'aspect et la pensée du vice : peu à peu, ses traits s'effacent, et l'on finit par aimer ce que l'on a haï. Voulez-vous garder jusqu'au bout cette pr[illegible]euse horreur du mal ? comptez peu sur vous, fuyez les occasions, et appuyez-vous sur Dieu. Surtout...

— Parlez, mon père, dit Pierre qui vit le prêtre hésiter.

— Surtout n'abandonnez jamais l'usage des sacrements. J'hésitais à vous le dire, parce que la classe à laquelle vous appartenez n'entend guère ce langage. Mon fils, il n'y a qu'une ancre pour retenir la nacelle au milieu des flots agités : c'est la confession.

— Et cette ancre, mon père, je ne la lâcherai pas.

— Mon enfant, *faites cela, et vous vivrez !*

Claude vint à son tour, et après avoir avoué les fautes qu'il avait aussi à se reprocher, il s'exprima en ces termes :

— Mon père, cet air me tue, je sens que je n'y puis vivre. Mon cœur répudie, il est vrai, le langage odieux qui retentit sans cesse à mes oreilles ; mais je connais ma nature faible et timide ; je craindrais de trébucher. Mieux vaut cent fois fuir le danger que de le braver.

— En cette question, mon enfant, vous êtes le meilleur juge. Avez-vous quelques ressources ailleurs ?

— A Paris, je gagne de l'argent ; dans mon hameau,

j'ai peine à vivre. Mais, mon père, le temps est bien court, et l'éternité ne finit pas. Dès mon enfance, j'ai été impressionné de cette vérité; je craindrais de la voir s'affaiblir en moi. Comme un autre, je viendrais à bout de me faire illusion peut-être ; car, sans doute, parmi les jeunes gens qui m'entourent, beaucoup ont cru ce que je crois et aimé ce que j'aime.

— N'en doutez pas, mon enfant: j'en ai vu des milliers descendre insensiblement dans l'incrédulité et dans le libertinage.

— Ce qui leur est arrivé pourrait m'arriver; car je ne vaux pas mieux qu'un autre. Et alors, quel malheur ! Et quand je viendrais à bout de me tromper moi-même, d'étouffer ma conscience, le terme en serait-il moins là ? Mon père, on me l'a répété cent fois quand j'étais jeune : autre chose est d'oublier Dieu, autre chose est de s'en faire oublier. Je veux fuir.

— Et, vous serez pauvre.

— Très pauvre, mon père.

— Ah ! c'est que la pauvreté, si belle et si digne en elle-même, a aussi ses dangers dans le siècle où nous vivons !

— Je la connais de vieille date : nous avons vécu ensemble. J'ai longtemps mendié mon pain, et je ne recule pas devant la pensée de le mendier encore. Mais, mon père, n'est-il pas vrai que le temps passe et que l'éternité ne finit pas ?

— Rien de plus certain, mon enfant, et puissiez-vous ne jamais l'oublier ! il me semble impossible que Dieu oublie le sacrifice que vous faites pour lui. Allez donc, partez, et que le Ciel vous bénisse !

XVII

UN INCONNU A UN INCONNU.

« Mon cœur s'est réjoui et attristé tout à la fois, frère, à la lecture de ta lettre, ou plutôt de ton mémoire. Il est donc vrai que le nombre des patriotes sincères est petit ! Il est donc vrai que chaque jour nos rangs s'éclaircissent, et que la mort, la désertion et les prisons de *l'ordre de choses* nous enlèvent nos plus fermes soutiens et le meilleur de nos espérances ! Pourtant, frère, ne nous décourageons pas. Suppléons au petit nombre par la vigueur ; serrons nos rangs! je ne sais pourquoi, mais en lisant ta lettre si pleine de tristesse et de douleur, j'espérais encore ; c'est là mon caractère, le fond même de mon âme : espérer envers et contre tous ! Oui, l'arc en ciel est toujours pour moi dans les nues. J'aime à braver la tempête ; comme l'alcyon, je jette ma vie aux flots, et si un jour la vague me brise contre le rocher, je goûterai, ce me semble, quelque plaisir à expirer pour la cause sacrée qui fut l'idole de ma vie...

« J'ai une joie intime à te voir calme dans ta tristesse et fort au milieu des épreuves. R. nous a quittés : tant mieux ! Sa tête folle devait tout compromettre. B. branle au manche : son caractère est indécis, mais il ne saurait nous trahir. Quant à M. le bourgeois, tu dois comprendre maintenant ce que je te disais un soir, rue d'Enfer : il a la langue d'une vipère et l'âme d'un traître !... Oh ! vengeance ! vengeance !

« Et pourtant ne désespérons pas ! Il y a, selon moi, une jouissance très douce et très pure à sentir peser sur soi un fardeau lourd; on se dit: *Je plie et ne romps pas.* Frère, ne te laisse pas abattre. Crois-en à l'instinct prophétique qui te parle par ma plume: les grands jours vont luire ! Il se peut que nous soyons broyés dans la tourmente; mais qu'importe, si notre esprit reste et si notre œuvre s'accomplit !

« Oui, il me semble que, du fond du sépulcre, nos mânes tressailleront, quand le soleil de la liberté luira pur et sans nuages. Moi qui t'écris du fond d'un cachot, je lis tout cela dans le ciel, non pas dans le ciel étoilé que tu vois en plein et que je ne vois qu'à la dérobée, mais dans mon ciel idéal, dans cette tente bleue que me fait l'espérance. Arrière ceux qui craignent ! arrière ceux qui doutent ! Honte à ceux qui fuient ! Mais malédiction mille fois à ceux qui trahissent !...

«.... Mon voyage avait été heureux. J'avais pu vivre, rencontrer des amis, raffermir des tièdes, gagner des recrues, découvrir des traîtres. Puis, me trouvant sans ressources, j'ai voulu *dégraisser* un certain marchand d'hommes qui m'avait déjà vu quelque part... Nos aides ont été gauches. Le muet seul a bien joué son rôle, et court les champs. Pour moi, je philosophe maintenant, et mon cours doit durer quelques années ; après quoi je courrai te serrer dans mes bras, et me remettre à l'œuvre.

« Le fruit de mon voyage est cette conviction profonde : la bourgeoisie est aveugle et court à sa perte ; elle bat en brèche, par la haine ou le dédain, la religion, qui est le seul point d'appui de la propriété ; ces bons gobe-mouches ne voient pas que l'ordre matériel ne peut se soutenir par lui ; ils tombent d'eux-mêmes dans le panneau.

« Quant au peuple des campagnes, c'est tout ce qu'il y a au monde de plus nul et de plus inerte. C'est un corps massif, mais sans âme et sans volonté. Il ne retrouvera d'énergie que le jour où l'on mettra la main sur ses propriétés.

« J'insiste beaucoup sur mon idée première : ne point déposséder les pères, mais déshériter les enfants.

« Il faut que cette pensée soit bien comprise : elle me semble fondamentale....

« Tu as raison de te plaindre de ce que les chefs manquent. Oui, les chefs sont tout. Le corps d'armée obéit toujours, quand il est bien commandé. Remuer vigoureusement la classe ouvrière : tout notre espoir est là. Je suis sûr que la stupide bourgeoisie applaudira à la chute du trône. Cette classe vaniteuse ne peut rien souffrir au-dessus d'elle. Elle ne réfléchira aux conséquences des révolutions, que quand elle se verra elle-même en cause. Féodalité, aristocratie, titres, rangs, pairie, royauté même, elle a vu, elle verra tout tomber avec joie, sans songer, l'aveugle ! qu'elle doit être aussi écrasée dans la chute. Criez donc, agissez, soufflez, mais cachez le but. Essentiellement borné, le bourgeois n'y verra goutte; faites de l'impiété, du voltairianisme, frappez sur les jésuites, sur les ignorantins, sur le parti prêtre, pour qu'il se frotte la bedaine, en disant : c'est bien ! Et puis, quand viendra le jour, vous verrez ! il suffira de se montrer pour faire tomber les vieux privilèges et les vieux panaches, et à leur suite le poivre et la canelle.

« Ne néglige point la recrue que j'ai préparée. Ou je me trompe fort, ou ce rustaut fera un jour un homme de tête et de cœur. Esprit mâle et raisonneur, âme impressionnable, volonté ferme, caractère bizarre mais tout de feu, discret, vigoureux, oh ! quel chef de file ! Tu parles de chefs : en voilà un ! Si j'ai quelque envie de mordre aux barreaux de ma cage, c'est quand je songe que je n'ai pu achever cette conquête. Mais je t'en remets le soin. Il est religieux, mais de cette religion de village qui n'a point d'études, et n'est basée que sur l'habitude et l'ignorance. Flattez-le, surtout, flattez-le, faites-lui croire qu'il a le coup d'œil du génie, et vous ferez de lui ce que vous voudrez.

« Adieu, Espoir et courage.

» Ton ami, LE PIONNIER. »

XVIII

LA MANSARDE.

Au moment où Pierre et Claude sortaient de l'église, la tête pleine de pensées bien diverses, trois ou quatre femmes conversaient à haute voix près de la porte. Ils n'y eussent fait aucune attention, si un bec de gaz ne leur avait fait voir, dans un flot de sa lumière blanche, la figure même qu'ils venaient de remarquer au pied de l'autel. La pauvre femme était assise dans l'attitude d'une personne qui souffre, et une demi-douzaine de commères jacassaient autour d'elle.

— Dame Palanquin, ce n'est pas comme ça qu'on se laisse aller : faut du cœur ! si vous laissez votre corps, votre corps vous laissera.

— Quand on est rossé, on rosse : c'est ma maxime !

— Quand on est faible, on boit : je ne sais rien de mieux.

— Canaille de bourgeois ! on vous la fera danser. Pas un pour lui venir en aide !

Les deux jeunes gens se trouvèrent arrêtés par ce groupe, d'abord parce qu'il barrait leur passage, ensuite parce qu'ils ne purent se défendre de quelque sympathie pour cette figure malade, ridée par le chagrin et douée de ces attraits mélancoliques qui fixent l'attention de toute âme compatissante, en ce qu'ils dénotent une douleur qui ne peut se dissimuler.

Ils s'approchèrent. Pierre demanda de quoi il s'agissait.

— De quoi? tu le vois comme nous, rustique : c'est une femme à qui le cœur s'en va.

— Je l'ai vue tout à l'heure à l'église.

— Et qu'est-ce que ça dit?

— Est-ce qu'il n'y a pas moyen de lui porter secours?

— Du secours? va t'en dire ça aux bourgeois, mon garçon. Il y en a des milliers qui souffrent comme elle, et qui n'ont pas la croûte à mettre sous la dent. Je ne crois pourtant pas que ce soit de faim précisément, hein, Mouette?

— Non, la Palanquin a touché trois journées de son homme. Mais il y a quelque chose qui la ronge.

— Allons! vous, dit une troisième, soulevez-ça, mes gars, et portez-la dans son taudis.

Aussitôt fait que dit. Pierre et Claude enlèvent sur leurs bras cette femme défaillante, et, guidés par une des commères, la portent loin, bien loin, à l'extrémité du faubourg, à un cinquième, sous les combles. Sept ou huit enfants y grouillaient; une lampe en terre cuite, de la paille pour lit, une table à pieds inégaux, deux chaises en bois, tout l'aspect de la misère. On étendit sur une mauvaise couverture la *Palanquin*, comme l'appelait la commère, et on s'efforça de la rappeler à elle : elle rouvrit l'œil d'abord, jeta un regard effaré autour d'elle, puis se rendormit... L'aîné de ses filles, qui pouvait avoir quinze ou seize ans, paraissait seule en état de comprendre la position de sa mère, mais elle n'eut point l'air d'y faire attention, soit insensibilité, soit habitude. Ses mains étaient noircies et sales; la Monette l'interpella :

— Qu'est-ce que tu fais donc là, que tu ne jettes pas un verre d'eau sur la figure de ta mère, ou une lampée de goutte dans sa gorge?

— Ce que je fais, dam! c'est du cirage, pour nous gagner du pain.

— Allons! apporte au moins ta cruche, qu'on lui verse une goutte d'eau pour sa pamoison.

— Elle est pleine de cirage, ma cruche ! j'en viens de fabriquer du tout frais et du bon. Messieurs, Mesdames, du cirage ! achetez du cirage ! du bon cirage anglais ! à deux sous la boîte ! à deux sous ! »

Ces mots, débités d'un ton criard et nazillard particulier aux marchands des rues, attirèrent l'attention et presque la colère des deux jeunes gens. L'aspect de cette mansarde dénuée de tout, de ces enfants grossiers et demi-nus, de cette malheureuse femme étendue sans secours, sans personne pour l'aider, leur offrait d'un seul coup d'œil toute la profondeur de la misère. Leur cœur se serra de tristesse. Même dans leurs plus mauvais jours, ils n'avaient rien éprouvé de pareil.

Bientôt les plus petits enfants se mirent à crier. Monette renversa l'un d'une tape, redressa l'autre d'un coup de coude, jura, tonna, menaça du diable et de ses cornes, et finit par obtenir un peu de silence.

En attendant, la malade reprit ses sens. Pierre lui demanda ce qu'elle voulait :

— Mourir ! dit-elle.

— Eh ! pauvre femme ! reprend Monette, ça viendra assez tôt, ça ne peut pas te fuir...

— Où avez-vous mal ? demanda Claude à son tour.

A ce mot, les yeux de la Palanquin se retournèrent, elle retomba sur sa paille : Mourir !

— Allons-nous-en, Pierre, dit le jeune homme, nous ne pouvons rien pour elle.

Ils se fouillèrent tous les deux, ils retournèrent leurs poches, et trouvèrent en menue monnaie trois ou quatre francs, qu'ils remirent à la Monette, et ils allaient descendre, quand le mari ouvrit la porte.

C'était un homme de fort mauvaise mine, qui avait dans les traits quelque chose d'égaré. Sa maigreur rappela aux jeunes gens l'image du Saint-Suaire. Il était peintre en éventails. Son œil étonné et presque furieux s'arrêta sur les visiteurs avec quelque chose de sec et de décidé qui voulait dire : Que faites-vous ici ? Pierre le prévint :

— Ne vous étonnez pas, dit-il, de voir deux étrangers chez vous. Nous n'y sommes entrés qu'avec des vues charitables. Nous rapportons votre femme, tombée en défaillance au milieu de la rue.

— Encore ! s'écria Palanquin d'une voix de tonnerre.

L'écho de ces rudes accents fit sur la malade un effet que tous les remèdes n'auraient pu obtenir. Elle se leva soudain, s'élança de son lit et gagna la porte entr'ouverte, au grand étonnement de Pierre et de Claude. Le mari, furieux, la poursuivit dans l'escalier, au grenier, sous les combles; on l'entendait jurer et maugréer, mais il ne put l'atteindre dans l'obscurité, et redescendit bientôt. Pendant ce temps-là, les enfants continuaient leurs jeux, et Monette, les deux poings sur les hanches, regardait l'aînée faire son cirage. Cette scène semblait être pour tous une affaire d'habitude.

Quand Palanquin fut rentré, il s'assit sur une des deux chaises, aussi tranquillement que s'il eût rempli le plus important de ses devoirs.

— Je vous fais mon compliment, monsieur Palanquin, dit Pierre d'un ton à moitié ironique et à moitié courroucé; vous savez mieux que nous ressusciter les morts. Vous n'y allez pas de main morte.

— Quand on est rossé, on rosse, c'est ma maxime, dit la Monette; il ne faudrait pas que le caporal me touchât du bout du doigt. Tiens, garçon, voilà ce que ces jeunes gens m'avaient remis pour ta créature, après l'avoir ramassée et rapportée à la sueur de leur front.

Elle donnait à l'ouvrier la monnaie qu'elle venait de recevoir. Il la prit avec indifférence.

— Un peu plus tôt, un peu plus tard, dit-il d'une voix rauque.

— Eh ! l'homme ! dit la Monette, toujours tes idées ? Un peu de courage, mon garçon ; peut-être que la carte se retournera.

Palanquin remua longtemps la tête en signe négatif, et dit :

— Pas moyen ! cela recule, au lieu d'avancer.

— Y a des trompeurs par là-dessous. Depuis le temps qu'on nous annonce les cailles toutes rôties, et qu'on ne voit rien venir !

— Vous êtes malheureux, à ce qu'il paraît, monsieur Palanquin ? dit Pierre.

L'ouvrier jeta un regard oblique et courroucé sur celui qui venait de lui parler.

— Allons, ne te fâche pas, frère, dit la Monette ; s'il te dit *Monsieur*, ce n'est pas pour t'insulter, j'en suis sûre. Et la preuve, c'est qu'il t'a rapporté ta femme, et qu'il t'a donné tout ce qu'il avait.

L'ouvrier tendit sa main à Pierre, et la serra avec affection. Ce geste éteignit un commencement de colère dans l'âme de Rousseau, et lui fit comprendre qu'un cœur d'homme pouvait battre sous ces formes sauvages.

— Vous êtes malheureux, Palanquin, reprit celui-ci, et l'aigreur remplit votre âme.

L'ouvrier promena sa main autour de lui et dit :

— Regardez ! je travaille seize heures par jour : j'ai huit enfants, une femme malade, pas toujours de l'ouvrage ; y a-t-il moyen d'être bien gai ?

— Encore, si vous aviez la paix chez vous ? m'en voudrez-vous si je vous gronde d'être si dur envers votre femme ? Si elle souffre, elle n'en est pas la cause.

Palanquin ne répondit pas.

— Qu'est-ce que tu voulais dire, frère ? reprit la Monette ; — ne vous étonnez pas, vous autres, si je lui dis frère : c'est comme cela nous nous appelons entre nous, — qu'est-ce que tu disais de ces beaux parleurs qui nous enjôlent depuis si longtemps avec leurs discours de miel ? J'ai longtemps cru, mon homme, à toutes ces balivernes-là ; Monet y donnait aussi ! aujourd'hui nous en sommes bien revenus. Veux-tu m'en croire ? tu enverras promener tous ces rêveurs-là...

— Et puis après ? cela ne guérira pas ma misère. De quel

côté veux-tu que je me tourne? Me voici à l'entrée de l'hiver sans un centime d'avance, avec un loyer à payer, une masse d'enfants, une femme folle, presque point de travail. Ah ! Monette, si tu savais combien de fois j'ai rêvé, en passant sur le pont, de...

Palanquin s'arrêta, et fixa ses yeux sur le plus jeune de ses enfants, qui se traînait pour arriver jusqu'à lui.

— Il est toujours temps de faire cela, mon brave, reprit la Monette ; crois-moi, allons jusqu'au bout.

— Oui, jusqu'au bout, répéta Pierre avec chaleur. Et puis, mon ami, est-ce que vous ne croyez plus en Dieu? est-ce que vous ne vous rappelez pas qu'il y a une autre vie, un ciel, où le pauvre aura sa récompense? Vous n'êtes pas assez malheureux, je gage, pour avoir ignoré ou oublié ces bonnes et consolantes vérités. Allez-vous... quelquefois trouver... un prêtre?

Le peintre en éventails lança de nouveau à Pierre ce regard oblique et furieux, qui donnait à sa physionomie un aspect si étrange.

— Ne me parlez pas de ces canailles-là, dit-il de son ton caverneux, ce sont les jésuites qui ont fait nos maux ; ils ne seront satisfaits que quand ils auront entièrement détruit le pauvre peuple. Je voudrais tenir le dernier de ces monstres de sacristie, et lui tordre les boyaux.

Palanquin fit le geste analogue.

— Qu'est-ce donc qu'un jésuite? demanda Claude, dans l'espoir d'obtenir peut-être d'un simple ouvrier un éclaircissement qu'il n'avait pu obtenir de son oncle. J'ai les oreilles fatiguées de ce mot-là, sans que personne veuille me l'expliquer. Palanquin, qu'est-ce qu'un jésuite?

Palanquin, pour toute réponse, ramassa le plus jeune de ses enfants et le mit sur ses genoux. En ce moment, un léger bruit se fit entendre ; la porte était entr'ouverte et une figure pâle se laissa voir.

— Entrez, pauvre femme, s'écria Pierre, on ne vous fera aucun mal : entrez ! Palanquin, je vous défends de toucher à cette malheureuse créature : je la prends sous ma protection.

— Est-il là ? demanda la voix dolente ; je le prie d'effacer le numéro de la porte, et de chasser la servante... Ses trois louis sont fondus... Qu'on ne lâche pas le chien noir dans la cour... J'écrirai moi-même à mon père, et je lui prouverai que ce n'est pas de ma faute... Crémion ! Crémion ! pourquoi vous sauvez-vous ?... Malheureux ! ne m'abandonnez pas...

Ce fut à travers ces phrases incohérentes, que la Palanquin fut ramenée, presque de vive force, par les deux jeunes gens. Ses traits étaient décomposés, le regard était absent de ses yeux ; néanmoins, un instinct de ménage s'étant tout à coup emparé d'elle, elle fit le tour de la chambre, releva deux ou trois guenilles, corrigea deux de ses enfants, moucha la lampe, et tout cela avec une singulière rapidité. Ce fut alors que la Monette, la saisissant par le bras, lui dit :

— Pauvre femme ! ta peau brûle, c'est la fièvre... va vite te coucher. — Voilà la misère, oui, Palanquin, vous avez raison, voilà la misère. Eh bien ! je vous dirai que vous n'en avez pas encore autant que nos trois voisins. Écoutez, c'est plus fort que moi de voir ce que ces gens-là souffrent. Je vous le dis, mon garçon, je serai obligée de changer de logement : leurs cris me font malade.

— Il me semble pourtant difficile, dit un des neveux, d'atteindre à un plus haut point d'infortune que celui-ci. Palanquin, je ne puis m'empêcher de l'avouer, vous êtes bien malheureux.

L'ouvrier, silencieux, les yeux à terre, se laissait pincer le menton, tirer la barbe par ses petits enfants, penchait la tête d'un côté ou de l'autre, selon leurs caprices.

— Allons-nous-en, dit Claude à demi-voix, ce spectacle me fait mal.

— Ah ! s'écria la Monette, qui avait entendu la phrase de Claude, si les bourgeois étaient un jour ou deux dans cet état-là ! Je le voudrais, rien que pour leur apprendre....

— Et qu'ont à faire les bourgeois avec la misère du pauvre? dit vivement Pierre.

— Comment ! fit la Monette en ramenant d'un coup de main son bonnet en devant, puis appuyant ses poings sur ses hanches, comment ! quand le pauvre crève de faim, il faudra voir le bourgeois afficher le luxe ! Qu'est-ce que nous avons fait, nous, pour être les bâtards de l'ordre public? Est-ce la faute de ce pauvre diable, s'il n'a rien, mais rien de rien, pendant que des ganaches, qui ne valent pas les quatre fers d'un chien, font ripaille du matin au soir ! Hue ! nom de nom de bourgeois...

— Ne vous fâchez pas, Monette; si le bourgeois a de la fortune, c'est qu'il l'a gagnée. A chacun selon ses œuvres.

— Gagnée ? Et comment, gagnée ? vous me ferez croire que ces fainéants de rentiers, ces damnés propriétaires, ont conquis ce qu'ils ont? D'abord, combien d'entre eux ont reçu le magot tout fait? Après cela, parmi ceux qui travaillent, en est-il un qui souffre la moitié seulement de ce qu'endure le malheureux prolétaire ? Oui, allez me chercher le plus diligent de vos capitalistes, le plus occupé de vos rentiers, et prouvez-moi qu'il a le quart des peines et des privations de ce pauvre Palanquin, par exemple, et je vous donne gain de cause. Allez, c'est de la farce, tout cela; vos droits, vos priviléges, vos prétendues propriétés, il faudra bien qu'on leur donne un jour un coup de balai. Encore si vos ventrus avaient pitié du pauvre ! mais, ouais ! voyez donc ce qu'ils font pour soulager leurs frères. Canailles ! mille canailles ! Oui, le coup de balai viendra, et ce n'est pas moi qui m'en plaindrai.

— Nous le croyions, dit le peintre d'une voix creuse; nous étions dans l'illusion. On n'extirpe pas les chancres, Monette; nos blagueurs ont bien baissé la voix. Nous consommerons notre martyre, et bien d'autres après nous, avant que cette heure tant prédite arrive. Une nuit, je rêvais que le jour ne pouvait pas venir ; les semaines, les mois s'écoulaient, et toujours les mêmes ténèbres pesaient sur la terre. Je suais, je souffrais, je me retournais : image de ma vie!...

— Peut-être, dit Pierre qui saisissait toujours avidement l'occasion de philosopher, peut-être êtes-vous en partie l'auteur de vos maux. J'entends mon oncle dire que la plupart des ouvriers des villes sont les artisans de leur malheur, et il le sait, lui qui en a tant vu et qui en occupe habituellement plus de cent cinquante. Alors, avant de se plaindre, je voudrais qu'on se corrigeât.

Le neveu avait à peine achevé sa phrase, qu'un homme entra. On vit alors le peintre en éventails se lever d'un air effrayé, tendre les mains vers cet homme, et lui dire :

— Pardonnez-moi, monsieur Gervais, si je n'ai pas tenu parole ; ma femme était malade, un de mes enfants est mort, et j'ai été trois jours sans travail... pitié pour moi !...

L'homme avait un vieil habit râpé, une canne à pomme d'argent, et environ soixante-dix ans. Il jeta d'abord autour de lui un coup d'œil, ce coup d'œil de propriétaire, si prompt, si scrutateur, si pénétrant, à qui rien ne peut échapper.

— Pitié ! voilà longtemps que vous me la demandez, répondit-il, et ce serait bien à moi de vous la demander à mon tour. Avez-vous envie de me ruiner, Palanquin ? Croyez-vous que je n'ai pas, moi, mes charges à supporter ? Voilà plus de six mois que vous me remettez de quartier en quartier, et je ne vois rien venir. Assurément, je serais bien heureux de pouvoir vous soulager d'une partie et même du total de votre loyer ; mais, ma foi ! vous comprenez que n'ayant que cela pour vivre, je suis obligé d'exiger exactement ce qui m'est dû....

Le malheureux ouvrier baissait la tête, dans l'attitude d'un suppliant qui écoute son arrêt.

— Ainsi, voyez, mon cher, reprit le petit vieillard en

brossant une de ses manches avec l'autre, avisez, songez à... me payer demain sans faute... ou je vous fais saisir... voyez, avisez, c'est tout ce que j'ai à vous dire. Je vous souhaite le bonsoir.

— Arrêtez donc, arrêtez, Monsieur, s'il vous plaît, dit Pierre en saisissant le vieillard par le bout de la canne qu'il tenait sous son bras; voilà un mot bien dur que vous dites à ce pauvre homme, et vraiment, vous me paraissez trop honnête pour l'exécuter. Considérez, je vous prie, que cet infortuné n'a pas de ressources, qu'il est sans travail et grevé de famille...

— Ce que j'ai dit est dit, mon bien cher Monsieur, repartit le petit vieillard; et je vous prie de croire que je suis aussi compatissant que possible pour les malheureux. Mais, considérez aussi que personne ne me fait grâce à moi, non, personne, ni le boulanger, ni le tailleur, ni le percepteur, ni le charcutier, ni le cordonnier, personne, vous dis-je. Alors, que diable voulez-vous? Si je ne mets pas à la porte mes locataires retardaires, j'y serai mis moi-même par mes créanciers.

— A la bonne heure! mais un peu de patience ne peut vous nuire. Il faut savoir se plier aux circonstances. Exproprier ce pauvre homme? oh! non, monsieur Gervais, vous n'en auriez pas le courage.

— C'est bon à dire, fit le petit homme en branlant la tête; mais, mon cher ami, *primum est vivere*, comme dit le proverbe. Vous comprenez le latin, je présume?

— Non, pas du tout. Je suis sans étude....

— Faites excuse, alors; cela veut dire que le gosier demande à être servi, et qu'un homme ne peut pas vivre de l'air du temps. Vous comprenez.

Pendant qu'il parlait ainsi, en insérant son doigt dans sa bouche ouverte, pour mieux se faire comprendre, la Palanquin, couchée sur sa paille, disait tout bas: C'est lui! c'est lui! Mon Dieu! — Puis elle fermait les yeux pour ne rien voir.

— Là-dessus, reprit le vieillard, je m'en vais. Palanquin, n'oubliez pas ce que...

— Et vous, Monsieur, s'écria Pierre, n'oubliez pas l'Évangile. Pourquoi donc ne suivriez-vous pas l'Évangile? c'est un livre divin...

Le propriétaire, qui tenait déjà le loquet de la porte, se retourna subitement, prit Pierre par un bouton, et lui dit à demi-voix :

— Avant que les jésuites ne l'eussent gâté et interprété, j'en étais : aujourd'hui... plus !

Il coupa l'air horizontalement du revers de sa main.

— Vous savez donc ce que c'est qu'un jésuite? demanda Claude, qui avait entendu ces derniers mots.

L'homme à l'habit râpé regarda d'un œil étonné celui qui venait de l'interpeller. Sans doute, il ne comprenait pas que personne au monde ignorât ce que c'est qu'un jésuite.

— Ma foi oui, monsieur Gervais, reprit Pierre, nous voudrions savoir ce que c'est que ces jésuites dont nous entendons tant parler, qu'on nous dit être partout et que nous ne rencontrons nulle part.

— Des jésuites ? il y en a partout, mon ami, répondit le propriétaire, et je vous engage à vous en défier. Il y en a partout, et leurs signes distinctifs sont : — Claude et Pierre ouvraient leurs oreilles — au moral, une tendance particulière à tout interpréter, une disposition latente à tenir le genre humain esclave, une hypocrisie complète, une haine intime pour le pauvre propriétaire, et une passion étrange pour l'argent et pour tout ce qui s'achète. Au physique, ils ont un air qu'on ne peut pas définir, avec une façon de parler dont on ne se rend pas compte; leur regard est souvent droit, mais cache toujours une intention perverse ; souvent leur nez est rouge, ou de colère ou d'avoir trop bu ; ils ont des habits de toute façon et de toute couleur, mais en général en dehors de la mode ; il y en a en bottes, il y en a en souliers ; il m'est même arrivé d'en rencontrer un qui ne met que des pantoufles, rien que des pantoufles. Avec ces signes, et bien d'autres semblables, on ne peut s'y tromper. Quant à moi, je sens ces gens-là d'une lieue à la ronde. — Hé! morbleu! il suffit de parler du loup pour en voir la queue. Regardez cet homme qui cause avec le portier : le voyez-vous au reflet de la chandelle? Ou ma vue me trompe, ou c'est un jésuite ; oui, ma foi, c'en est un. Si le cœur vous dit de faire sa connaissance...

— M. Gervais? M. Gervais? êtes-vous par là? cria une voix du rez-de-chaussée.

— Le voici! *adsum*! j'y suis! j'y suis! qui m'appelle?... — Oui, reprit-il à demi-voix, c'est un jésuite, à ne pas s'y méprendre, et un de la pire espèce...

Pendant que le propriétaire s'apprêtait à descendre, le *jésuite* était monté. Pierre et Claude furent surpris de revoir une vieille connaissance.

— Est-ce à M. Gervais, rentier, que j'ai l'honneur de parler?

— A lui-même, M. Gervais, rentier, électeur, syndic, arbitre...

— Je suis enchanté, Monsieur, de vous trouver au milieu de ceux même en faveur de qui je venais vous intéresser. — Palanquin, que fait votre femme?

Le peintre en éventails indiqua du doigt l'alcôve, où sa malheureuse femme, brûlée par la fièvre, se disait tout bas : C'est lui! Mon Dieu! c'est lui!... Ah! pourquoi ce vieux curé ne m'a-t-il pas laissée mourir?

— Eh bien! reprit le jeune homme, — car le *jésuite* était jeune, — Palanquin, avez-vous pu payer votre propriétaire?

— Pas un denier! répondit M. Gervais, voilà six mois, vingt jours que ce locataire ne m'a donné signe de vie, et vous comprenez, Monsieur, qu'il m'est de toute impossibilité de tolérer plus longtemps un semblable abus. Mettez-vous à ma place une minute, je vous prie, ou plutôt un mois : tous les 31, voici venir bottier, charcutier, portier, *et cætera, et cætera*, vous apportant chacun un compte réduit en francs et centimes; il faut financer. Et où diable prendrez-vous, si vos locataires ne vous paient qu'en paroles et en injures ? Je suis exact, moi, je suis l'exactitude même : je paie *rectà*, mais j'entends être payé de même.

Pendant que le propriétaire débitait son thème, le *jésuite* avait amicalement tendu la main à Pierre et à Claude, qu'il venait de reconnaître et distribuait de petits morceaux de sucre d'orge aux enfants Palanquin, qui s'accrochaient à ses mains, à ses jambes, à son habit.

— Monsieur, je me suis présenté chez vous, dit le jeune homme, et...

— Bien ! Monsieur, très-bien ! auriez-vous envie d'un petit appartement? j'en ai là un charmant, sur le derrière, mais il ne sera vacant que dans un mois.

— Je venais, Monsieur, au nom de la Société de Saint-Vincent-de-Paul, vous demander le compte de ce pauvre Palanquin, que le malheur semble prendre plaisir à accabler en ce moment. Nous ne sommes pas riches, mais la situation de cette famille est si digne de pitié, que nous n'avons pas hésité à faire en sa faveur un sacrifice plus grand que de coutume. Et pour vous dire la vérité toute entière, j'ai obtenu de mes collègues de parfaire entre nous la somme trop faible que la société nous allouait... Palanquin, mon ami, ayez courage; la santé reviendra à votre femme, et le travail vous sera rendu. J'ai vu ce matin votre maître, et il m'a laissé espérer que vous auriez de bonnes journées cet hiver.

— Ah ! Monsieur, s'écria le peintre en saisissant vivement la main du jeune homme qu'il porta à ses lèvres.

— Oui, courage et confiance en Dieu ! Vous vous abattez trop facilement, mon bon ami ; je n'aime pas à vous voir tomber si vite dans le désespoir. Palanquin, souvenez-vous que la vie est courte. Revenez à la religion, elle sera votre meilleur point d'appui, votre plus douce consolation. — Et vous, pauvre femme, continua-t-il en s'approchant du lit, comment vous trouvez-vous ?

8

L'infortunée répondit en laissant couler ses larmes.

— Avez-vous fait ce que je vous ai dit? Il n'y a que ce moyen pour vous soulager. Votre âme est plus malade que votre corps... Vous avez aimé Dieu, quand vous étiez jeune : rappelez-vous que ce temps fut le plus beau de votre vie.

— Ah! Monsieur, j'ai essayé... Je ne puis... j'ai fait ce que j'ai pu; mais... je voudrais mourir!... C'est lui! c'est lui! Éloigne-toi, va-t'en, pauvre enfant, et sois moins malheureux que ta mère!...

— Elle paraît en délire, dit le jeune homme; c'est sans doute l'image de son fils mort qui la poursuit. Oui, sa peau est brûlante, son œil égaré...... Palanquin, je vous enverrai le docteur.

L'ouvrier étreignit de nouveau la main de son bienfaiteur.

— Quel service vous rendez à ces gens-là! dit la Monette à qui les larmes coulaient de tendresse; ma foi! on peut dire que vous leur rendez la vie... Nom de nom! quelle bénédiction que des enfants comme vous!

Le jeune homme et le propriétaire descendaient. Comme celui-ci, à cause de son grand âge, était un peu en arrière, Pierre s'approcha et lui dit tout bas :

— Les jésuites ne sont pas si terribles qu'on veut bien le dire.

— Ne vous y fiez pas, répondit le vieux Gervais en se retournant : parfois le serpent change de peau.

Il prit envie à Pierre de suivre le *jésuite* et le propriétaire, désireux de les voir entamer quelque bonne discussion sur la religion, sur les jésuites ou sur n'importe quoi. Après avoir parcouru la moitié d'une rue, il se pencha à l'oreille du jeune homme, et lui dit : Ce vieillard me paraît avoir peu de religion : est-ce que vous ne l'émoustillerez pas un peu?

— Mon ami, répondit Louis de Semblange, nous ne discutons jamais; la religion doit se prouver par les œuvres.

Quant à Claude, il revint triste ; des éclairs sinistres avaient passé devant ses yeux dans cette funèbre mansarde; ses souvenirs de patrie se réveillèrent plus vifs, plus irrésistibles que jamais. Un incident survenu le lendemain lui fit de nouveau sentir combien il était peu fait pour la vie de l'atelier. Il crut que son séjour à Paris entraînait cette alternative : ou subir une lutte continuelle, ou perdre sa foi. Il crut plus facile de fuir le péril que d'y résister.

Il reprit la route de Sombrey.

XIX

NOUVELLES NOUVELLES.

« Je compte les semaines, les jours, les heures, et rien de vous, ma chère Thérèse. Voilà tantôt six semaines que je suis à Paris, et je ne sais plus s'il existe un Sombrey. J'apprends pourtant que le service des postes se fait avec régularité; tous les jours, les facteurs apportent à mon oncle des paquets de lettres, et le nom du pauvre Pierre Rousseau n'a jamais orné l'adresse d'aucune d'elles. Voilà donc que mes craintes commencent à se réaliser ! Ma Thérèse pense à un autre, on m'oublie entièrement. Je cherche dans ma conduite ce qui a pu lui déplaire, et je n'y trouve rien. Quand on se faisait des serments, là, au pied de cette croix, lequel était le plus sincère? Était-ce Pierre qui mentait, ou Thérèse? Mais non : ni l'un ni l'autre. Seulement, Pierre est constant, et Thérèse infidèle.... Je le prévoyais, je l'ai dit; ah! puissé-je m'être trompé! que je serais malheureux d'avoir eu raison !

« Pourquoi donc ce silence? n'y a-t-il plus d'encre ni de plume au monde? Je ne puis me résigner à croire que ma chère Thérèse oublie si vite. Voici que la carrière s'ouvre devant moi. Mon oncle m'a déjà augmenté d'un franc par jour, et me promet mieux encore, si je continue. Il est content de moi, et moi content de lui. Cela ira. L'horizon s'étend : la fortune m'apparaît, belle et riante : et c'est à ce moment-là que Thérèse m'abandonne? Oh! la maladroite! Oh! l'ingrate!

« Claude a voulu absolument partir. Il ne se plaisait pas ici. Son caractère faible, les difficultés du métier, le regret du pays, l'ont emporté sur toute autre considération. Je désire qu'il soit heureux; mais je doute qu'il puisse l'être jamais. Mon oncle l'a vu partir avec quelque regret. Vous recevrez par lui ce que j'ai pu vous envoyer. C'est peu de chose encore, mais une autre fois nous ferons mieux. Il a fallu au début nous monter, nous fournir de tout, et vous savez comme nous étions pauvres. Claude vous racontera tout cela. C'est ma cousine qui a bien voulu choisir les étoffes : elle me dit que pour la campagne ce sera de la dernière mode. Vous trouverez peut-être cela un peu brillant, mais... faites toujours. Ce sera bien pis... un jour!...

« Mais j'oublie que vous m'oubliez. Et pourtant je suis sage. Demandez à Claude s'il n'est pas vrai que j'ai communié le jour de votre fête, et à votre intention? Hélas! était-ce donc avec fondement que je craignais tant d'être abandonné? Tirez-moi au moins d'incertitude; dites-moi : je vous renonce ou je suis à vous pour toujours....

« Votre fidèle PIERRE. »

Cette lettre fut apportée à Sombrey par Claude Renoux. Elle était accompagnée d'un paquet renfermant de jolies étoffes pour robes... La joie de Thérèse fut inexprimable : mais la lettre lui fit verser des larmes. Son cœur saignait de l'idée qu'on pût la croire infidèle. Elle qui jour et nuit était en pensée à Paris! Elle qui tremblait continuellement d'être oubliée! Elle qui ne vivait plus d'impatience de voir les quatre ans écoulés!

Mais ce qui l'a retenue d'écrire, c'est qu'elle n'ose. Pauvre fille de village, elle éprouve une répugnance insurmontable à prendre la plume, si peu faite pour ses doigts et sa pensée inhabiles. Elle ne saurait comment dire. Elle craindrait surtout de laisser voir à Pierre combien elle est sotte. L'amour a sa délicatesse, comme la vanité; il craint de laisser percer rien qui puisse diminuer l'estime dont il a besoin; le ridicule l'effraie: il aime mieux être mis en doute lui-même que de succomber ainsi à des causes étrangères. D'autre part, à qui se confier? A qui donner mission d'exprimer ces sentiments si délicats, si fugitifs, et pourtant si profonds? Celui qui les éprouve le peut à peine; que sera-ce de celui qui y est étranger? Et puis, où sont les âmes discrètes à qui l'on puisse s'ouvrir en sûreté? Le public en sait toujours trop; la malignité est si grande aujourd'hui! Se résigne-t-on à voir ses secrets les plus chers divulgués, profanés? Non, non, il vaut mieux se taire, laisser douter de soi, que de servir ainsi de risée au public.

Le bonheur de Marguerite fut aussi des plus vifs, quand elle serra dans ses bras un de ceux qu'elle appelait depuis leur départ *ses agneaux égarés*. Une part lui était faite, dans les largesses de Pierre. Outre une lettre pleine des plus beaux sentiments, il envoyait à sa bonne mère un beau vêtement neuf, et une somme d'argent, tout ce qu'il avait pu économiser. La cousine Irvina avait encore bien voulu se charger d'acheter, mais non sans un peu de malice. Elle avait beaucoup ri avec sa mère de l'effet que produiraient à Sombrey les *gothiques* cotillons de la mère Bonjour. Cependant Marguerite trouva cela superbe. Elle déclara même, en son âme et conscience, que c'était trop beau, et que les gens de Sombrey ne manqueraient pas de dire qu'elle songeait à se marier. Quant à la lettre, elle était courte et conçue en ces termes:

« Tout à vous, bonne mère. Hâtez-vous de faire votre bel habit et de vous en parer à l'honneur du meilleur de vos amis. Ne vous fatiguez plus tant à filer : ménagez vos yeux pour me revoir bientôt. C'est le tour de vos enfants de s'occuper pour vous. Une nourriture saine, un peu de vin vieux, de longs et doux sommeils, et surtout plus de soucis. Mère, la Providence se lève toujours aussi matin : mais vous, vous pouvez dormir un peu plus tard. Tant que votre Pierre aura un souffle de vie, il veillera et travaillera pour vous. Ah ! comme il vous aime et comme il vous embrasse !

« PIERRE. »

Marguerite recueillit avidement de la bouche de Claude tous les détails sur Paris et la vie qu'on y mène. Chaque soir à la veillée, elle lui faisait raconter tout ce qu'il avait vu, et ne se lassait pas de l'entendre. Mais invariablement elle revenait à son cher Pierre, et concluait toujours par ces mots : Qu'il reste sage, le pauvre garçon, et je suis contente.

XX

UN SAPEUR A UN PIONNIER.

« L'œuvre marche, frère, avec lenteur, mais avec maturité. Or, le progrès lent, voilà le signe des grandes choses. A ce titre, nous pouvons espérer. J'ai eu regret que le défaut de ressources t'ait soustrait pour un moment à tes utiles pérégrinations ; néanmoins, tes renseignements nous serviront, et j'ai quelque confiance que ton séjour parmi les proscrits de l'ordre social ne sera point tout à fait stérile.

« Le dossier que tu m'as fait tenir la semaine dernière a été déposé chez le chef du club, N. Nous en avons fait le sujet de huit séances; et à peine encore avons-nous eu le temps d'effleurer les graves questions qu'il soulève...; nous reviendrons sur l'ensemble et sur les détails. La résolution adoptée à l'unanimité a été celle-ci : Agiter les grandes villes; établir de nouveaux centres d'opération.

« En conséquence, J. et P. sont partis pour L** et M**, et B. pour C**; de plus, j'ai réussi à faire retirer L.-M. de G** et à le faire remplacer par A. C'est par ce dernier que tu recevras de nos nouvelles. Il n'y a bagne ni garde-chiourme qui tienne : tu connais son habileté. Ton *muet* est vraiment un homme impayable; il nous obtient des renseignements précieux, en quêtant de maison en maison; de plus, il a la générosité de laisser à la caisse tout ce qui ne lui est pas strictement nécessaire. Trois hommes comme lui nous suffiraient.

« Oui, tu as raison, la résistance des campagnes sera insurmontable!

« Les campagnes, c'est la masse inerte, passive, mais c'est le lest social; il n'y a là qu'une force de résistance, mais une force indomptable, à toute épreuve : c'est l'ORDRE ET LA PROPRIÉTÉ.

« Remuons donc les grandes villes : là, la misère est profonde, inquiète. En fait de changements politiques, on peut tout avec ce levier habilement manié; la révolution sociale viendra après. Elle viendra, elle viendra, te dis-je; ce n'est qu'une affaire de temps. Les vieux royaumes inclinent, toutes les aristocraties chancèlent; or, c'est par le dessus qu'on commence les démolitions; quand il ne restera plus que le piédestal, c'est-à-dire la propriété, il me paraît difficile que l'œuvre ne s'achève pas. Ce sera long peut-être, mais c'est inévitable.

« Je n'ai point encore vu ton futur chef de barricades. Je

veux bien croire ce que tu m'en dis, mais je serais bien aise d'avoir un petit mot de ta main pour introducteur. Il est très vrai, comme tu me le dis, que l'oncle chez lequel il travaille est un transfuge de notre cause; de plus, c'est un propriétaire sur couche, un *philippard* encroûté. On m'ajoute que le crime qu'il pardonne le moins, c'est l'affiliation aux sociétés secrètes, et qu'il a récemment chassé son contre-maître, comme suspect d'appartenir aux *Droits de l'homme*. Puisque tu sembles répondre de lui, écris-moi... comme tu sais écrire.

« O ineffables propriétaires! ô délicieux bourgeois! qui gobez si bénignement la pillule! O impayables bedaines, qui aidez si bonnement à la chute de l'antique religion! Honnêtes moutons d'Épicure, qui cultivez la panse, et pourchassez avec une si louable ferveur la soutane et la mitre, vous nos aides, nos claqueurs, nos comparses aveugles, pardonnez-moi si je jouis d'avance de vous voir un jour roulés, vous les pourceaux de la civilisation et les philosophes de la cannelle, *roulés*, dis-je, roulés pêle-mêle avec vos contrats, vos modestes priviléges, votre petit commerce et vos vertus héréditaires!

« Prends donc courage, ô vétéran de la cause, ô intrépide sentinelle de l'avenir! Ton bail sera court, et il me semble que tu auras puisé dans cette halte forcée une nouvelle énergie et de nouvelles ressources pour le grand œuvre. Dussions-nous, comme tu le dis, ne voir que l'aurore du jour qui va poindre, ce serait déjà assez. Mais nous verrons mieux: le destin nous garde, en récompense de nos peines, l'honneur d'assister au triomphe, et de voir tous les convives rangés autour de la table.

« C'est dans cette espérance que je te dònne le baiser fraternel.

« UN SAPEUR. »

XXI

UN PROPRIÉTAIRE ET UN BOURGEOIS.

— Entrez! criait un jour Antony Madré, au moment où, dans un heureux épanchement de gaieté bourgeoise, il jouait à la main chaude avec sa fille et une demi-douzaine de jeunes épicières.

La porte s'entr'ouvrit, et laissa voir la partie supérieure d'un chapeau crasseux, un bout de cravate jaune, et un nez de taille raisonnable.

— A-t-on dit d'entrer? cria une voix en fausset. Ah! pardon, Monsieur, j'ai l'oreille un peu dure.

— Monsieur, donnez-vous la peine. Irvina, ma fille, présente un siége.

Le petit homme que l'on connaît déjà, s'assit sur un vieux fauteuil fané que lui présenta la fille de Madré; il planta sa canne avec bruit entre ses jambes, mit ses mains sur sa canne, et son menton sur ses mains. Il y eut un moment de silence, pendant lequel les jeunes filles se mirent à chuchotter et à rire, aux dépens du petit vieillard.

— Mes traits vous sont-ils inconnus, monsieur Madré? demanda le propriétaire, en arrêtant ses yeux gris sur la figure épanouie d'Antony.

— Oui, par ma foi; je vous jure que je n'ai pas l'honneur de vous connaître.

— Et pourtant nous avons été syndics en même temps, dans la faillite de ce marchand de cuivre... Je crois même que nous n'y avons pas perdu notre temps.

— C'est vrai, c'est parfaitement vrai, je m'en souviens maintenant...

— De plus, nous avons été jurés ensemble, dans cette affaire d'infanticide, où, malgré les preuves, nous opinâmes pour l'indulgence; vous savez, cette femme Pal...

— J'en ai un souvenir... — Sophie, c'est à votre tour; les lois du jeu vous condamnent. Tendez la main, fillette. Ma chatte, ne frappe pas si fort...

— En outre, nous avons été arbitres ensemble, reprit le propriétaire, et là, pour la première fois, nous nous trouvâmes en désaccord. Il s'agissait du marchand de vins de la rue des *Douze-Portes*, un coquin fini, à mon goût, et un parfait honnête homme, selon le vôtre. Il est vrai qu'il me doit encore vingt louis, et qu'il vous avait payé, dit-on, la veille de sa banquer...

— Je crois que vous avez raison, trois fois raison, dit Madré, en haussant la voix à dessein, pour dominer le fausset du propriétaire; vos traits me sont parfaitement connus; mais, quant à votre nom, je ne puis le rattraper.

— Pierre-Dominique Gervais, propriétaire, électeur, arbitre, syndic, ju...

— Ha! ha! ha! Célina, te voilà prise, petite coquine... Pas si fort, donc! fais attention à ton écharpe... — Eh bien! monsieur Gervais, qu'est-ce que vous désirez de moi?

— Monsieur, j'aurais quelque chose de particulier à vous dire.

— De particulier?

— De très particulier.

Le petit propriétaire mordit une fois ou deux la pomme d'argent de sa canne, et parut hésiter, comme un homme qui a quelque chose d'important ou de désagréable à dire.

— De très particulier, reprit-il, et voici le cas : Je suis propriétaire, Monsieur, je loue des maisons. J'ai trois petites maisons, dont je tire tout le parti possible. Et quand je dis tout le parti possible, j'entends dire un fort mauvais parti. Car vraiment je ne sais s'il y a un être plus malheureux au monde que le propriétaire. Avez-vous des maisons à louer, monsieur Madré?

Antony fit un signe négatif, présenta sa tabatière à M. Gervais, qui refusa, et prit lui-même une forte prise de tabac par sa narine droite, tandis qu'il pressait l'autre de l'index de sa main gauche.

— Tant mieux pour vous, reprit M. Gervais, c'est une attention visible de la Providence en votre endroit. Vous ne vous figurerez jamais, à moins d'y avoir passé, tout ce que ce métier a de désagréable. J'ai tout au plus trente-six locataires; eh bien! j'ai assez à faire de monter et de descendre leurs escaliers, de prier l'un, de sommer l'autre, de stimuler celui-ci, de menacer celui-là, d'écrire les baux, de faire des reçus, de signifier, de réclamer, de saisir, d'envoyer l'huissier, de paraître au tribunal. Je vous dis que c'est à n'en pas finir. Monsieur Madré, j'ose vous donner pour un des élus de la création, puisque vous n'avez point de locataires.

— Si fait, j'en ai un, un seul. Il fit défaut six mois, et je le mis à la porte. Voilà ma manière.

— C'est aussi la mienne. Une envie me prit un jour de les mettre tous à la rue en même temps, et si je ne le fis pas, ce fut par égard pour mes trois portiers, qui se seraient trouvés sans emploi. Pure humanité! Je suis trop bon, Monsieur, c'est mon défaut, je suis trop bon.

— C'est un tort à vous. — On te triche, on fait des signes.

— En résumé, monsieur Gervais, que demandez-vous de moi?

— Or, Monsieur, parmi mes trente-six locataires, il y en a un qui est rebelle entre tous, récalcitrant, entêté, le modèle des mauvais locataires. Je ne crains pas d'exagérer, en l'appelant le chancre de ma maison. Cet homme ne me quittera qu'à la mort. Je mettrais le feu au numéro, si j'espérais l'en faire déloger; mais il y grillerait, plutôt que de résilier son bail.

— Occupe-t-il un appartement important? — Je crois que tu boudes. Allons donc, ma fille!

— Important! répondit le propriétaire, non, ce n'est pas

le mot. Il occupe deux petites chambres sur le derrière, au cinquième. Mais, Monsieur, pour un homme comme moi, tout est important. Il n'en reste pas moins vrai que si je n'avais que des locataires de son espèce, je mourrais de faim.

— Eh bien ! vous avez l'huissier, la saisie...

— La saisie ! dit monsieur Gervais, en piquant le parquet du bout de sa canne ; mais, monsieur Madré, tout ce qu'il possède ne vaut pas un exploit d'huissier ; j'en serais pour mes frais.

— Ma foi, que voulez-vous que j'y fasse ?

— Je vais vous le dire. Ce malotru est marié avec une de vos parentes, dit-il, et une parente à un degré assez rapproché, car c'est votre...

— Mamie ! cria le fondeur en cuivre, de manière à dominer tout bruit humain possible, vous faites une poussière d'Arabie ici. Crois-moi, allez au jardin ou dans ta chambre ; on ne s'y voit plus... Obéis, et ne te le fais pas dire deux fois...

Irvina objecta des *si*, des *mais ;* ses compagnes réclamèrent aussi ; ce fut, pendant un quart d'heure, un assaut d'ordres caressants et de résistances mignonnes, qui finirent cependant par l'évacuation de la salle. Mais la maligne Irvina, qui devina l'intention de son père, vint plus d'une fois coller son oreille contre la porte. Pendant ce temps-là, le petit homme grattait le bout de son nez, brossait sa culotte et écrivait des chiffres sur le parquet, avec la douille de sa canne.

— Car c'est madame votre sœur, reprit-il en baissant la voix, ou du moins elle l'affirme, et son mari aussi. Et voyez, quel singulier hasard ! c'est cette même femme que nous acquittâmes du crime d'infanticide. Quand je dis nous, c'est-à-dire tous, excepté vous, qui teniez *mordicus* à la loi, et vous aviez raison, puisque après tout il faut des punitions exemplaires, et que les mauvais locataires ne seraient point de trop au bagne, vu que là l'État se charge des loyers.

— Après ? dit froidement le bourgeois au propriétaire.

— Après ? le voici : vous pourriez me tirer de peine en son endroit. A toutes les objections que je lui fais, à toutes les menaces que je lui formule, elle me répond qu'elle a un frère riche...

— Elle n'a rien du tout, fit Madré, en frappant trois fois avec une force progressive sur le couvercle de sa tabatière. Elle sait que sa famille l'a renoncée et la considère depuis longtemps comme morte. C'est une gueuse, c'est une rien qui vaille, à qui j'ai positivement défendu l'entrée de ma maison.

— Je voudrais pouvoir en faire autant, monsieur Madré, répartit le petit propriétaire ; mais vraiment vous êtes plus adroit que moi. C'est une sirène que cette femme-là ; elle a bien la langue la plus habile pour exciter l'intérêt et la pitié. Vingt fois, je suis monté dans l'intention arrêtée de la mettre à la porte, elle et sa nichée ; mais à peine ai-je achevé ma phrase, qu'elle me répond, qu'elle m'entortille si bien, par ses paroles et par ses larmes, que je suis trop heureux de la laisser tranquille. Même il m'est arrivé plus d'une fois de lui laisser un décime... pour une mauvaise boîte de cirage dont je n'avais pas besoin.

— Et elle vous doit beaucoup ?

— C'est-à-dire... rien pour le moment. Elle se trouvait en arrière de six mois, et j'avais pris mon grand courage pour lui signifier ma dernière volonté, quand un jeune homme, un jésuite, je crois, vint un de ces jours derniers m'apporter l'arriéré, au nom d'une société dite de Saint-Vincent-de-Paul.

— Je sais, je devine ce que vous voulez dire ; un petit, pâle, maigre, barbe noire, sur les vingt ans... cagot s'il en fut. Je parierais cent contre un que c'est celui qui vint récemment me demander du vieux linge.

— Vous le dépeignez si bien que je ne puis en douter. J'hésitais à prendre son argent, je vous l'avoue, mais la crainte de le blesser, — je suis trop bon, monsieur Madré, c'est mon défaut, — me porta à accepter. D'ailleurs, on ne sait pas jusqu'où va le pouvoir de ces jésuites. Si j'avais fait mine de refuser, le coquin aurait pu me dénoncer à Rome, et me faire noter en noir sur ce fameux registre où l'on dit, — vous savez, — qu'ils inscrivent tous ceux qu'ils ont à l'œil. Et, ma foi, je vous assure que je n'en avais pas la moindre envie. Et puis, au fait, l'argent d'un jésuite est aussi bon qu'un autre; les écus n'ont pas d'opinion.

— C'est juste; mais enfin vous voilà remboursé. De quoi vous plaignez-vous, alors?

— De rien, absolument de rien, grâce à ma fermeté. Seulement...

Ici, le petit bonhomme serra sa canne entre ses deux jambes, et tira d'une poche de sa redingote un gros portefeuille en cuir, dont il fit sortir d'abord une paire de lunettes, qu'il accrocha à son grand nez, puis une feuille de papier qu'il déploya.

— Seulement, reprit-il, comme je suis un homme d'ordre et de paix, et que j'ai à me défier de ma bonté excessive, avant de prendre un parti définitif à l'égard de cette... de madame votre sœur, voici une pièce que je vous serais obligé de lire, et surtout de signer.

M. Gervais remit avec politesse le papier à Madré, qui le parcourut rapidement de l'œil. C'était tout bonnement le bail de Palanquin, au bas duquel l'honnête propriétaire avait écrit une petite phrase, par laquelle le sieur Madré se serait porté caution du paiement.

— Caution! comment, caution? Moi, caution de cette femme? Oh! non, vraiment, monsieur Gervais, s'écria Antony, en fendant l'air horizontalement de toute la longueur de son bras; je n'ai rien de commun avec cette... Épargnez-moi le mot.

M. Gervais baissa la tête en signe d'assentiment, et rengaîna ses lunettes.

— Je suis trop homme d'honneur, reprit le bourgeois fondeur de cuivre, pour me salir par le contact de cette misérable créature. Elle s'est flétrie, elle s'est vilipendée, elle a déshonoré une famille honnête ; eh bien ! qu'elle aille, qu'elle porte seule la honte qu'elle a accumulée sur sa tête. Voilà mon principe, monsieur Gervais : à chacun selon ses œuvres. Elle a semé le vice, qu'elle recueille la misère. Si j'ai sué, moi, si j'ai gagné un morceau de pain, ce n'est pas pour le jeter dans ce cloaque. L'honneur, monsieur Gervais, je ne vois que cela : l'honneur !

— Vous abondez dans mon sens, monsieur Madré, et moi, je n'abonde certainement pas moins dans le vôtre. Je suis homme d'honneur, c'est là tout mon bien ; on peut dire que je ne vis que de cela, mes locataires me payant à peine de quoi me fournir le strict nécessaire.

— Si je vous racontais sa vie, monsieur Gervais, et qu'il vous plût d'écouter encore le récit de la mienne, vous verriez que si la différence de sort est grande entre nous, elle est néanmoins méritée.

— Je vous crois sans peine, monsieur Madré. On crie beaucoup contre l'injustice de la fortune; on a tort : la fortune est moins aveugle qu'on ne le dit; elle se range en général du côté de l'ordre, de l'économie...

— Et de l'honneur.

— Et de l'honneur, monsieur Madré. J'entends dire qu'une agitation étrange se fait sentir au fond de la société, que les basses classes s'apprêtent à lever la tête et à demander place au banquet. Voilà une prétention extraordinaire. Et pourtant j'y donnerais les mains, mais à une condition, c'est que, avant de s'asseoir au festin, chacun rendrait compte de sa vie, et exposerait au soleil la ligne de conduite qu'il a suivie.

— Et moi aussi, interrompit Madré avec feu, je souscris à cette condition. Grâces à Dieu ! je ne crois pas qu'il y eût une seule action de ma vie dont je dusse rougir, et certes il n'y en a guère, parmi ces éternels brouillons du prolétariat, qui pût en dire autant. Ainsi, c'est à votre honneur que je m'adresse, monsieur Gervais, et je veux prendre votre réponse pour un arrêt. Dites-moi : si vous aviez une sœur, une indigne sœur, qui, infidèle aux lois de l'honneur, eût flétri votre nom et votre famille, et que cette femme, par suite de ses désordres, fût tombée au plus bas de la misère, répondez-moi : quelle serait votre conduite à son égard ?

— Je la laisserais pourrir sur son fumier.

— Et si, après lui avoir d'abord tendu la main, vous aviez vu votre bonté payée d'ingratitude ? Si cette femme, accablée d'enfants, vous eût menacé d'une invasion de barbares ? Si son mari, c'est-à-dire le sauvage auquel elle s'est attachée, vous eût sommé du poing de subvenir à ses besoins vrais ou faux, la menace dans l'œil, l'écume à la bouche..., encore une fois, que feriez-vous ?

— Je fuirais au plus vite, Monsieur, je m'éloignerais d'elle, comme d'une bête fauve, qui peut lâcher un jour sa famille pour le pillage et le dégât.

— Bien ! alors, ma réponse est toute faite. Reprenez votre papier, et faites-en ce que bon vous semblera.

— Ce que vous dites là me coûte dix francs par mois, monsieur Madré, et pourtant je proteste que vous avez raison. Mais comme, depuis un an ou deux, cette sirène m'enduit les oreilles de ses paroles mielleuses, et ne cesse de me vanter son frère le riche...

— Dites-lui, cria Antony d'une voix retentissante, qu'elle n'a plus de frère au monde, que tout ce qui lui a appartenu la désavoue, qu'elle est la honte de son sexe, de sa famille, de la France et de l'espèce humaine. Elle a perdu l'honneur : c'est fini d'elle. Pas un mot de plus.

— Je comprends. Et si ce jeune bigot revient ? Avec ses grands mots de charité et de religion, il a cherché à me tourner la tête ; mais bah ! il ne savait guère à qui il avait affaire.

— Traitez avec lui comme il vous plaira. Ma religion à moi, c'est l'honneur. J'ai vécu en honnête homme, je mourrai en honnête homme, cela me suffit. J'espère que l'Être Suprême voudra bien s'en contenter.

— Et s'il ne s'en contente pas, il sera bien difficile.

— Dans mon enfance, j'ai eu la tête farcie de ces momeries de vieille femme, dont quelques hommes voudraient encore nous infatuer. M. Gervais, le jour se fait à un certain âge, et ces dogmes surannés tombent devant la raison mûrie, comme les brouillards devant le soleil. Est-ce là aussi votre manière de voir?

— De point en point.

— Je n ignore pas les terreurs puériles dont la religion jésuitique cherche à assaisonner ses dogmes. Que dites-vous, monsieur Gervais, de cet enfer où l'on grille sans se consumer pendant des siècles sans fin? Ha! ha! ha!

Le petit propriétaire répondit par un sourire sardonique aux éclats de rire d'Antony.

— Excellent! excellent! excellentissime!

— Et pourtant, — soit dit entre nous, — il y avait du bon dans cette idée : elle servait de frein au peuple.

— C'est cela! je voudrais que tous les locataires fussent bien pénétrés de cette pensée, que quiconque refuse le paiement d'un loyer, ou le diffère seulement, est coupable par le fait des sept péchés capitaux, et passible d'une très forte amende en ce monde, et d'un enfer dans l'éternité.

— Cela ne serait pas si mal. Si ces coquins d'ouvriers qui m'ont volé l'année dernière, eussent eu aussi quelque crainte de l'enfer, peut-être se seraient-ils dispensés de s'enrichir à mes dépens.

— Foi de propriétaire, monsieur Madré, je voudrais parfois que les jésuites eussent un peu plus d'influence sur ces canailles d'ouvriers, qui nous menacent par-dessous... Mais enfin, la question n'est pas là. Vous me laissez donc libre avec la... avec madame votre sœur?

— Parfaitement libre, mon cher monsieur Gervais.

— Et si je la priais poliment de sortir de chez moi, nous n'en serions pas moins bons amis?

— Non, ma foi non, tout au contraire; je ne serais pas fâché qu'elle fût un peu punie par où elle a péché.

— Alors, à l'honneur de vous revoir, monsieur Madré.

— Au plaisir, à l'honneur, monsieur Gervais.

Le petit propriétaire donna une poignée de main à Antony, et sortit en se disant tout bas :

— Puisqu'on m'offre douze francs du n° 22, je serais bien sot d'y garder ce va-nu-pieds pour dix.

XXII

UN JÉSUITE, PLUSIEURS JÉSUITES.

Cependant, Pierre n'avait point perdu de vue l'intéressant personnage avec qui, deux fois déjà, un heureux hasard l'avait mis en rapport. Jusque-là, malgré les incessantes attaques de l'atelier, malgré l'exemple plus dangereux de l'oncle Antony, la foi du vertueux campagnard avait tenu bon; elle souffrait, elle était blessée, mais légèrement.

Peut-être un vague instinct lui faisait-il sentir le besoin d'un appui. Quoi qu'il en soit, il s'acheminait un dimanche au soir vers la demeure de M. de Semblange. Par un doux soir de novembre, où tout Paris était sur les boulevards ou aux promenades, il s'attendait à peine à rencontrer le jeune étudiant; il le trouva, cependant, dans sa modeste chambre de garçon, accoudé sur une table, et entouré d'une grande quantité de papiers qu'il mettait en ordre. Le petit appartement était au premier, et donnait sur un jardin de fleurs. Une propreté exquise y régnait. Quelques livres, rangés sur trois rayons, en faisaient le principal ornement.

L'accueil fut cordial. La figure pâle, mais expressive, de Louis de Semblange, laissa voir à Pierre le contentement sincère que sa visite lui procurait. L'étudiant demanda du gésie encore un petit moment pour achever sa besogne, nota quelques papiers, écrivit deux ou trois lignes, et dit ensuite : Je suis à vous.

— Vous m'avez si bonnement permis de venir vous voir, dit Pierre, que je ne résiste pas au désir de faire amplement votre connaissance.

— Soyez le bienvenu.

— Je vous dérange, peut-être.

— Point du tout. J'étais occupé à mettre en ordre les différentes notes des secours que nous avons distribués aux indigents pendant le dernier trimestre. Comme je suis chargé de faire le rapport à la Société, je dois songer à en réunir les éléments. Eh bien ! que vous semble-t-il de Paris ?

— Ma tête en est remplie, mes oreilles en tintent nuit et jour. J'ai peine encore à m'y retrouver. Quelle agitation ! quel chaos !

— Oui, surtout pour vous qui sortez d'un autre monde. Ce mouvement vous frapperait moins, si vous y aviez été habitué ; mais à peine échappé de la vie des champs, vous êtes naturellement étourdi d'un tumulte que vous ne connaissiez pas, et auquel mille choses répondent en vous, soit pour résister, soit pour applaudir.

— Et vous, Monsieur, vous n'éprouvez pas ce sentiment ?

— C'est parce que je l'ai éprouvé, que je vous en parle. Né comme vous à la campagne, élevé par des parents vertueux, j'ai apporté à Paris une âme aussi novice que la vôtre, si ce n'est que déjà l'éducation du collège l'avait quelque peu initiée aux agitations de la vie publique. Nécessairement, j'eusse été emporté dans le mouvement, si une éducation solide, et surtout la grâce de Dieu, ne m'eussent retenu. J'ai eu un bonheur insigne dès mon entrée ici.

— Lequel ?

— D'être à même de faire le bien. Un ami vertueux comprit que le meilleur moyen de sauver un jeune homme de la tentation de se perdre, était de lui inspirer la volonté de sauver les autres. J'ai été attaché à la Société de Saint-Vincent-de-Paul, cette heureuse création des temps modernes. Me trouvant en relations continuelles avec la misère physique et morale, je me suis senti fortifié dans l'amour du devoir, dans le sentiment de la reconnaissance envers Dieu ; et, par là, j'ai pu conserver mon attachement à la foi, et la volonté de rester fidèle. Mais combien font naufrage autour de moi !

— Oui, combien ! Moi aussi, je vois des jeunes gens descendre rapidement l'échelle du vice. Je vous avoue que la tête m'en tourne de frayeur. Parfois, une voix mystérieuse me dit à l'oreille : C'est ici ton tombeau.

— Faites comme moi, mon ami.

— Que voulez-vous dire ?

— Attachez-vous à la pensée de faire du bien. C'est en secourant les autres, qu'on s'affermit. La charité est le sel évangélique qui empêche l'âme de se corrompre. *L'aumône*, est-il écrit, *ne permet point que l'âme tombe dans les ténèbres* (1).

— J'aurai de terribles obstacles à vaincre. Mon oncle a des préjugés insurmontables sur ce chapitre. Vous ne sauriez croire l'antipathie que le catholicisme lui inspire. Je suis forcé de me cacher pour remplir mes devoirs.

— Je me suis aperçu, dit le jeune homme en souriant, de l'impression désagréable que ma personne lui causait l'autre jour. Cela ne m'a point surpris. A chaque instant, nous rencontrons, au sein de la bourgeoisie, de ces misérables préjugés, dont on ne peut expliquer ni l'origine ni la persévérance. Nous n'en n'avons souci. Le bien est difficile ici-bas ; mais quiconque n'est pas prêt à tout affronter pour le faire, n'est pas digne de le tenter. La gloire est pour Dieu ; l'argent, pour les pauvres ; les rebuts, pour nous : les parts sont justes. La bourgeoisie matérialiste

(1) Eleemosyna... non patietur animam ire in tenebras, (*Tob.*), IV, 11)

et voltairienne se perd elle-même, et ne s'en doute pas; nous touchons à une époque de crise. L'heure approche où la classe moyenne comprendra, aux lueurs de la foudre, qu'il n'y a pas de fondement possible à la société hors de la religion, mais ce sujet est bien vaste, et vous venez causer et non discuter.

— Pardon, Monsieur, j'aime à discuter. Chaque jour, au milieu de l'atelier, comme au sein de la famille j'entends soulever des objections contre la religion. Ignorant comme je suis, il m'est ordinairement impossible d'y répondre d'une manière satisfaisante.

— Disputer, dit vivement le jeune étudiant, c'est aujourd'hui chose inutile. Tout a été dit pour et contre la religion. Le cercle des controverses est parcouru. Il n'y a plus que les événements qui puissent prendre la parole, et Dieu la leur donnera bientôt. En attendant, il ne nous reste qu'une chose à faire : pratiquer nos devoirs et donner le bon exemple.

— Le bon exemple! son influence est bien faible.

— C'est vrai. L'homme n'a plus d'empire sur l'homme. On laisse chacun faire comme il l'entend, et on suit sa route. Conservons du moins la seule chose qui empêche la société de se dissoudre, la sainte charité. Faisons le bien, venons en aide à nos frères autant que nous le pouvons, et laissons à Dieu le soin du reste.

— Quelle effrayante misère se révèle à moi, depuis que je suis ici! Sans doute il y a des malheureux dans nos campagnes ; mais quelle différence !

— Et encore n'est-ce rien que la misère physique, en comparaison de la misère morale. Ce qui afflige l'œil du philosophe chrétien c'est que ces infortunés, après avoir traîné une existence cruelle, s'endorment sur l'abîme.

— Il me semble que le malaise des classes inférieures prend un caractère de turbulence, et menace de bouleverser la société.

Le volcan s'apprête. La bourgeoisie sera cette fois victime.

9.

Elle a abaissé sans pitié tout ce qui la dépassait : qu'elle s'attende à être abaissée à son tour. Elle a renversé ce que l'ordre providentiel avait constitué au-dessus d'elle : il est juste qu'elle descende un peu plus bas. La noblesse eut ses vices et ses vertus : la bourgeoisie a hérité de ceux-là plus que de celles-ci. Toute la richesse est maintenant entre ses mains : quel usage en a-t-elle fait ? Le paupérisme augmente d'une manière effrayante. Elle n'a pas cette largeur de vues, cette générosité de cœur, qui caractérisaient sa devancière ; elle n'a pas compris que la richesse est une fonction, que le superflu est le patrimoine du pauvre, et que qui ne donne pas vole, suivant la pensée d'un Père de l'Église. Elle a surtout voulu jouir, s'enfermer dans la sphère des biens matériels, et, comme les enseignements austères de la religion la gênaient, elle s'en est débarrassée. Le monde surnaturel est pour elle une fiction ; au fond, elle y croit peut-être, mais elle s'est laissé dire qu'il n'y en a pas, et elle a agi comme si elle le croyait. Encouragée par ses applaudissements, une littérature échevelée a battu en brèche la vieille foi, les mœurs antiques, un journalisme impie a déversé le mépris sur tout ce qu'il y avait de sacré. Plus rien n'est debout maintenant. Et l'on s'étonne qu'un édifice miné de toutes parts s'écroule ! On devrait s'étonner qu'il ne soit pas encore renversé. Quant à moi, je crois que si la foi des vieux siècles n'avait pas conservé un reste d'empire, c'en serait déjà fait de la société.

Oui, mon ami, agissons, aimons surtout. Impuissants à guérir des plaies immenses, tâchons au moins de les adoucir. Dieu nous tiendra compte du peu de baume que nous saurons y appliquer, la dispute est inutile ; les théories modernes ont beaucoup promis, nous les verrons à l'œuvre. Prouvons-leur en attendant que la vieille charité n'est pas éteinte, et qu'aujourd'hui comme aux premiers jours, l'amour sincère de l'humanité est inséparable de la foi catholique.

M. de Semblange tira ici sa montre, et ajouta :

— L'heure m'appelle à la séance hebdomadaire de la Société : voudriez-vous m'y accompagner ?

Pierre Rousseau accepta avec empressement. Ils s'acheminèrent donc vers le lieu des séances. Vingt-cinq jeunes gens environ y étaient réunis. Louis de Semblange prit place au bureau comme secrétaire. Un vicaire de la paroisse récita le *Veni, Sancte.* Le président adressa à l'assemblée quelques paroles en forme de résumé, et rappela que la mauvaise saison approchant, il fallait redoubler de zèle ; que les besoins de la classe pauvre menaçaient de devenir nombreux, et que de plus grands sacrifices seraient nécessaires de la part des âmes charitables. Le secrétaire lut ensuite le procès-verbal de la dernière séance et la correspondance. Ce qui frappa surtout Pierre, ce fut une lettre de la société de Caen, où l'on rendait compte des démarches fructueuses qu'avaient faites deux délégués près d'un parricide condamné à mort, et qui refusait obstinément de se réconcilier avec Dieu. Les deux jeunes gens avaient été assez heureux pour trouver accès dans l'âme de cet infortuné, et obtenir de lui ce que des prêtres zélés n'avaient pu obtenir (1). L'accent de cette lettre était si simple et si pénétrant, que Pierre ne put lui refuser des larmes. Ensuite on procéda à l'examen et à la révision des listes d'indigents du quartier. Chaque membre vit augmenter le nombre de ses clients. On ne pouvait qu'admirer la sainte ardeur avec laquelle ces jeunes gens, distingués par leur rang, leur éducation, et livrés, pour la plupart, à des occupations sérieuses, se disputaient les malheureux. Pierre remarqua surtout un jeune Anglais converti, qui se distinguait entre tous par son zèle pieux et sa ferveur généreuse. Plusieurs membres développèrent des motions tendant à ouvrir de nouvelles sources de bienfaits. La séance se termina par une collecte abondante, où Pierre s'empressa de donner tout ce qu'il avait en sa possession.

(1) Historique.

— C'est vrai, disait-il en sortant tout ému, voilà la meilleure manière de démontrer la religion.

XXIII

EMBARRAS.

Nous sommes à Sombrey, un dimanche de novembre, après les vêpres. Il a plu tout le jour, mais sur le soir un rayon de soleil a percé les nuages, et dore les fenêtres d'une petite chambre, à travers les feuilles flétries d'une vigne. Une jeune fille est là, soucieuse, affairée : de longtemps un si grave embarras ne s'est rencontré sur sa voie; depuis quinze jours elle n'en dort pas, elle en a perdu l'appétit : il s'agit d'écrire une lettre !

Elle a beau délibérer, l'alternative se pose devant elle : si elle ne répond pas, c'est renoncer à ses engagements, et si elle répond, que dira-t-elle ?

Sa plume est là. Elle a retrouvé au fond d'une armoire l'écritoire qui a servi à feu son frère dans le temps qu'il fréquentait l'école, et dont on n'a pas fait usage depuis le jour où Jean Mélilot signait son dernier bail. Elle y retrouve un peu d'encre boueuse qu'elle liquéfie avec de l'eau. Une feuille de papier solide, épais, enfumé, s'étale sur la table et semble l'inviter à écrire. Elle s'est enfermée, de peur d'être distraite dans son importante occupation. Enfin la voilà accoudée sur la table, regardant à travers la vigne, les nuages qui s'enroulent du côté de l'Occident, et cherchant, non des pensées, non des sentiments, hélas ! son cœur en est plein, mais les expressions, dont elle les revêtira....

Elle commence: sa main tremblante, ou d'émotion ou par défaut d'habitude, va de travers, fait des zigzags, les formes des lettres sont boiteuses. Le premier mot descend, le second remonte : comme c'est désagréable ! Et puis la plume s'éraille, crie et fait jaillir l'encre. L'encre aussi est toute blanche. La table boite : et chaque fois qu'elle penche sur son pied trop court, la plume suit le mouvement et fait une sottise. Je ne parle pas des pâtés ; en voilà déjà deux, un qui couvre en entier le mot *ami*, et l'autre qui sert de pont entre deux lignes. Maudit soit l'imbécile qui inventa l'écriture.

La pauvre Thérèse sue à grosses gouttes ; c'est bien plus aisé de pétrir, de moissonner, de tenir la charrue ! Les pensées se pressent sous sa plume, si vite que la plume ne peut les suivre ; la preuve c'est qu'elle a sauté un mot. Et pourtant elle en viendra à bout ; les idées même la préoccupent tellement à la fin, qu'elle ne songe plus à la tournure des lettres ni au choix des mots. Mais tout à coup on frappe à sa porte. La rougeur lui monte au front ; son premier mouvement est de cacher papier, plume, encre, sous la couverture de son lit.

Elle ouvre : c'est son père.

— Voilà longtemps que je t'appelle, Thérèse, et tu ne me réponds pas.

— Je n'ai pas entendu, mon père, dit la jeune fille en rougissant.

Il était très vrai qu'absorbée dans le travail de sa pensée, elle n'avait pas entendu son père, l'usage de ce brave homme étant d'avoir la pituite, et de tousser comme s'il causait, et de causer comme s'il toussait, en sorte qu'on pouvait difficilement distinguer à laquelle de ces deux opérations il se livrait.

— J'aurais pourtant bien aimé à te voir descendre, car c'était de toi que nous parlions et pour toi qu'il venait.

— De qui parlez-vous, mon père?

— De qui? dit Jean en levant un œil souriant sur sa fille; je le donnerais bien en dix. Je t'ai appelée inutilement : je sentais bien que tu aurais tenu là une meilleure conversation. Car enfin, tu as reçu quelque éducation ; je n'ai rien négligé pour te faire apprendre à lire et à écrire, et, je dois le dire, mon argent n'a pas été perdu.

Si Jean Mélilot eût en ce moment regardé sa fille, il eut vu sa conscience lui disait tout bas qu'elle ne méritait que la moitié de l'éloge paternel, vu que, si elle lisait assez couramment, son talent pour l'écriture n'était pas des plus distingués.

Mais le bon père ne se doutait de rien, et continua :

— Je suis ravi, ma fille, de la visite que je viens de recevoir, et j'ai tout lieu de croire que tu ne le seras pas moins que moi. Oui, je regrette sincèrement que tu n'aies pas été là pour lui dire quelques-uns de ces beaux mots que tu dis si bien, et qui n'auraient certainement jamais été mieux placés.

— Je partage votre contentement, mon père, mais vraiment je ne puis deviner de qui vous voulez parler.

— Morbleu ! je le crois bien, et pourtant c'est de toi qu'il s'agit, car il s'est expliqué bien nettement : il te demande pour son neveu. Tu devines, maintenant ? François Chérisy.

Jean Mélilot s'arrêta pour regarder l'effet qu'allait produire sur la figure de sa fille cette révélation inattendue. Il attribua à la surprise et à une joie secrète la rougeur qui colora ses joues. Mais la cause en était toute différente : d'abord la surprise, et puis le trouble que cette nouvelle apportait à son premier, à son unique amour, au moment même où il était occupé à formuler son mot décisif. Tous les sens de la pauvre Thérèse étaient bouleversés, et elle eut quelque peine à se remettre.

Le parti qu'on proposait à la jeune fille n'était point à dédaigner sous le rapport de la fortune. François Chérisy était un vieux garçon, riche propriétaire et honnête homme. Entre ses neveux, il en avait adopté un, à cause de sa bonne conduite et de son esprit d'ordre. Dans un temps, Jean Mélilot et lui, amis d'enfance, s'étaient plu à projeter le mariage en question ; mais comme les enfants étaient trop jeunes alors, la proposition n'avait pas eu de suite. Plus tard, une brouillerie survint entre les deux amis, à l'occasion des élections municipales, je crois ; François Chérisy avait dit tout haut qu'il aimerait mieux tordre le cou de son neveu que de le marier à Thérèse Mélilot, et Jean Mélilot, de son côté, avait protesté qu'il se moquait fort du neveu de François Chérisy. Les choses en étaient là ; mais comme heureusement les brouilleries durent peu entre Français, il arriva que Chérisy sentit tomber son animosité contre son vieil ami. De plus, après avoir bien regardé autour de lui, il n'avait trouvé personne qui lui convînt pour fille adoptive, comme Thérèse, la plus rangée et la plus laborieuse des filles du village.

— Te voilà rouge comme un coq, reprit le père Mélilot, qui avait fini par s'apercevoir du trouble de Thérèse ; et vraiment, chère enfant, il y a bien de quoi ! Songe un peu que c'est Chérisy qui est venu lui-même, que j'ai fait le difficile, et que son neveu aura tout le grand clos par contrat de mariage.

Les yeux rayonnants du père Mélilot ne donnaient qu'une trop faible expression de sa félicité intérieure ; ses lèvres souriantes, une de ses jambes qui s'agitait gaiement sur l'autre, ses doigts qui battaient le tambour sur la table, tout, jusqu'à la vigueur avec laquelle il refoulait un accès naissant de pituite, indiquaient cette satisfaction pleine, surabondante, si rare dans l'existence de l'homme le mieux partagé.

— Ma foi, Thérèse, ajouta-t-il, c'est plus que je n'en attendais. Je ne sais presque si j'y veux croire, tant cela me paraît extraordinaire. — Mais, oui, il faut bien y croire, puisque c'est lui qui est venu, et qui m'a pris le mains, en me disant : *Jean, voilà comme j'entends me réconcilier avec toi, et puis, après cela, à la vie, à la mort !* je n'y songeais plus, plus du tout, pas plus qu'à aller me noyer... Son grand clos, quinze arpents !... du linge, ce que tu en voudras !..: ses bœufs, ses ustensiles, la moitié de la batterie de cuisine, je ne sais plus quoi ; il m'a tout compté, mais je n'ai pas de mémoire... C'est incroyable, et pourtant, c'est comme cela. Mais, par exemple, il entend qu'il n'y ait pas de délai : vers les Rois, au plus tard..... Ils se connaissent, dit-il, les familles ne sont point étrangères l'une à l'autre ; ainsi, que tout cela se bâcle en un clin d'œil. J'ai demandé le temps de te consulter, et c'est à peine s'il me l'a accordé, tant la chose lui paraissait facile. Ma foi, nous serions bien difficiles de ne pas accepter..... Ainsi, arrange-toi, petite ; ou plutôt je suppose que tout est arrangé... Du reste, il reviendra avec son neveu, demain ou après, et alors tu parleras toi-même. En attendant remercie Dieu de tout cela, car je crois que voilà ton bonheur assuré.

Il est de règle que quand les parents se mêlent d'arranger un mariage, la première et souvent la seule question qui s'offre à eux, c'est celle de l'intérêt. Les mariages sont des marchés. Ce qui occupait Jean Mélilot, ce n'était pas de savoir si le neveu de Chérisy convenait ou non à sa fille ; la perspective du champ clos le ravissait tout d'abord. Il n'avait point ignoré le penchant de Thérèse pour Pierre Rousseau ; mais, outre que depuis quelque temps on ne parlait plus de Pierre Rousseau, y avait-il à hésiter un seul instant entre ce pauvre manœuvre, honnête garçon sans doute, mais dénué de tout, et le neveu de Chérisy, propriétaire du grand clos, et héritier présomptif d'une fortune considérable ? Il ne vint pas même en pensée à Jean Mélilot que sa fille pût balancer une minute. Aussi se leva-t-il plein d'une parfaite confiance, et sans un violent accès de toux qui vint le suffoquer, il n'eût pu s'empêcher de rire de l'heureux évènement qui avait marqué cette journée.

Pour Thérèse, dès que son père eut le dos tourné, elle s'accouda, la tête dans ses mains, et pleura.

XXIV

QUELQUES LETTRES.

Pierre Rousseau, se promenant un soir sous les arbres flétris du Luxembourg, fut accosté par un jeune homme d'une mise simple et sévère, qui lui adressa cette unique question : Reconnaissez-vous cette adresse ?

— Oui, c'est la mienne.

Le jeune homme remit une lettre, salua et s'éloigna. Pierre ouvrit la lettre et lut :

« Il y a des âmes qui se devinent dès qu'elles s'entrevoient. J'ai cru connaître la vôtre, peut-être ne me suis-je pas trompé. Votre figure ouverte et énergique indique à l'œil le moins exercé vos qualités et vos défauts. Nous sommes en quête d'ouvriers ; le travail abonde; et les travailleurs manquent. Un instinct irrésistible m'a persuadé que vous êtes sérieux, prudent, actif et infatigable ; qualités indispensables qui se trouvent rarement réunies. Avez-vous de l'ouvrage ? avez-vous du cœur ? voulez-vous entreprendre l'œuvre de Dieu ?... Nous cherchons un nouveau monde.

« L'homme qui vous écrit fut ce que vous êtes, et désire que vous soyiez ce qu'il est. Sa vie est à double face. Au point de vue de l'ordre qui meurt, il est un scélérat ; au point de vue de l'ordre qui naît, il est apôtre et martyr. Ses défauts ont compromis ses qualités ; vos qualités au contraire aideraient à vos défauts ; je ne flatte pas : la cause que nous servons vit de franchise. Vous ne pourriez avoir qu'un tort : ce serait de ne vouloir pas tout ce que vous pouvez, car vous pourrez tout ce que vous voudrez. Avec une tête de Spartacus sur un corps d'Hercule, on ne rencontre que de faibles obstacles. Les vieux priviléges et les vieux panaches tremblent : vous pourriez les cueillir comme des pavots fanés et en faire du fumier. Allez, il y a parfois de la gloire à détruire, quand c'est pour rebâtir. Parmi les hommes, les uns meurent de faim, et les autres d'indigestion ; il n'est pas défendu d'ôter aux uns pour donner aux autres ; on rend service à tous...

« Ne m'accusez pas de parler par énigmes. Bientôt les événements parleront. Une poignée de braves peut vaincre de nombreuses armées. Puissiez-vous être du nombre de ceux qui, ayant droit de s'asseoir au banquet, n'ont pas voulu manger seuls ; qui auront cru que la nature dresse sa grande table pour tout le monde.

« Je ne sais si cette lettre vous parviendra; mais la main qui vous la remettra est une main amie. Frère, demandez-lui qui je suis. Je ne vous trompe pas, et si je me trompe, c'est en présumant de vous. N'oubliez pas qu'un LIEN SECRET nous unit... Vous le saurez un jour.

« Mon toit, c'est l'esclavage; ma liberté, c'est une chaîne; mon nom, c'est proscrit ; mais ma vie, ma joie, mon soutien, c'est l'espérance !

« UN PIONNIER. »

— Original ! dit Pierre à demi-voix quand il eut parcouru cette singulière missive et reconnu la signature ; que me veut cet homme ? quel hasard m'a rapproché de lui ? quel intérêt extraordinaire prend-il à moi ?

Sans donner plus de suite à cet incident, Pierre froissa la lettre et songea à autre chose. Il se promena, lut un journal, causa avec des connaissances, flâna le long des quais, fuma trois cigares, regarda des pantins, et fit tout ce que doit faire un Parisien désœuvré. A sept ou huit heures du soir, il aperçut dans un *passage* une figure du pays, ébahie en face de quelques objets d'art. Reconnaissance, salut, embrassement, serrement de main, invitation à boire un *canon*, ce fut l'affaire d'un moment. L'ami était d'un hameau voisin de Sombrey. Il arrivait tout frais, et devait, le lendemain même, porter à Pierre Rousseau les nouvelles du pays.

Le campagnard qui arrive à Paris est quelque temps avant de se rendre compte à lui-même de ce qu'il sent. Certaines choses plaisent, d'autres déplaisent, vivement peut-être; mais les sensations se succèdent si vite, qu'elles s'excluent l'une l'autre. Si on eût posé à Pierre cette question : Paris vous va-t-il ? il n'eût su que répondre. Toutefois, le vieil homme s'affaiblissait chez lui ; l'homme nouveau naissait. Le passé perdait de sa couleur, l'avenir en prenait une autre. Changement imperceptible, travail latent qui allait transformer le neveu de Marguerite Bonjour avant qu'il s'en fût douté.

Le paysan qui venait, lui aussi, tenter la fortune, tira d'un petit sac de toile deux lettres. Pierre les décacheta avidement pour y chercher un nom chéri : déception ! L'une était du curé, et l'autre de son cousin Renoux. Et pendant que son œil rapide les parcourait, il s'informa de Thérèse, il demanda si elle... si il... si... il ne savait ce qu'il disait au juste. Ce qu'il recueillit cependant, c'est que le jeune paysan avait rencontré Thérèse dans les champs la veille de son départ, qu'il avait su d'elle qu'elle allait écrire à Paris. En attendant, elle envoyait le bonjour à Pierre Rousseau.

Ce bonjour, ce souvenir d'une personne aimée, le transporta tout à coup à cent lieues de la capitale. Il était en esprit à Sombrey, il y voyait la paix des champs. Il songeait qu'il aurait pu se créer là une existence tranquille. Une sorte de regret lui serra le cœur. Pierre était encore sage ; ces remords honnêtes provenaient de la vertu.

Son trouble augmenta encore quand il lut avec attention

les deux lettres qu'il n'avait fait que parcourir tout à l'heure ; voici la première :

« Cher cousin,

« Me voici rentré au pays, pauvre, sans avenir, sans espoir humain, mais tranquille. Ç'a été pour moi un jour délicieux que celui où j'ai revu notre hameau, la bonne tante Marguerite, nos amis... Oh ! que je m'applaudis d'avoir quitté Paris ! Le tumulte est peu fait pour moi ; grâces à Dieu, je n'ai pas d'ambition. En rentrant, j'ai appris que Pierrette me dédaigne toujours, parce que je suis pauvre ; j'en prends mon parti. Je resterai garçon, je tâcherai d'aider notre mère, et si, quand je serai vieux, le havresac m'attend, eh bien ! vive Dieu ! je me soumettrai encore.

« J'ai donc repris mon métier de manœuvre. Les journées vont devenir rares à cause de la mauvaise saison, c'est pourquoi j'ai presque envie de demander à Tisserand le menuisier de m'apprendre son état ; celui-là va en tout temps. Il est vrai que je n'ai pas le moyen de payer mon apprentissage ; mais je m'engagerai à lui servir de compagnon pendant un an ou deux *gratis*. J'espère qu'il acceptera le marché. Le difficile est de vivre en attendant ; eh bien ! mon cher ami, la bonne mère filera, et le bon Dieu me viendra en aide, et peut-être aussi quelques honnêtes gens. J'ai une confiance sans bornes en la Providence, je crois, comme dit notre mère, qu'ELLE se lève avant nous.

« Je te souhaite toute sorte de succès. Tante Marguerite pleure sans cesse en pensant à toi ; elle veut même que je te dise de revenir, elle craint pour ta *pauvre âme*, qui lui semble exposée aux plus grands périls. Ce que je lui ai dit de notre oncle et de sa famille ne l'a guère rassurée. Sans doute, cher cousin, tu feras en ceci la part de sa tendresse. Espérons que tu tiendras bon et que tu resteras vertueux. Quant à moi, je ne me sentais pas la force de résister à tant de tentations ; il est vrai que je suis beaucoup moins fort que toi.

« Et puis, je ne sais pourquoi, je me figurais que la pauvreté m'attendait même à Paris. D'abord je n'aurais pu m'accommoder longtemps de l'atelier de mon oncle, ni — je te le dis à l'oreille — du régime de la famille, des plaisanteries de la cousine Irvina et de la hauteur de la tante Sidonie. J'aurais donc été obligé de sortir, et sans doute de me ranger parmi les manœuvres ou les portefaix ; or, j'ai vu d'assez près la misère de la ville pour comprendre ce que nous disait M. le curé, qu'elle est cent fois pire que celle des campagnes. Le pauvre de la campagne, surtout s'il est brave et honnête, trouve toujours à vivre. Ses ressources sont plus grandes, et ses besoins moins nombreux. La pitié n'est pas encore éteinte parmi nos braves gens, tandis qu'à la ville la charité, c'est-à-dire la philanthropie, comme dit l'oncle Antony, est bien sèche, bien écourtée et surtout bientôt lasse. Travailleur, soit ! mais je préfère l'être ici plutôt que là.

« A ce propos, je ne puis m'empêcher de te raconter un fait qui m'a impressionné en sortant de Paris. Tu te souviens que je t'embrassai à l'atelier que tu ne pouvais quitter à cause du métal en fusion. L'oncle me dit sèchement adieu, et avait peine à dissimuler sa joie de me voir partir. Quant à la tante et à la cousine, il était trop matin pour songer à les voir, et, à vrai dire, je n'y tenais pas : leurs malices de la veille me pesaient encore sur le cœur. Mais ce n'est pas de cela qu'il s'agit. Au moment où je sortais de la maison, je revis cette pauvre femme que nous avons rapportée un jour de l'église. Elle était assise au coin de la rue, dans cette même attitude de tristesse où nous l'avions vue. Je ne sais quelle pitié m'émut de nouveau en sa faveur. Je m'approchai et lui demandai si elle avait besoin de quelque chose. — Oh ! oui, me répondit-elle, j'ai besoin de mourir ! — L'insistance qu'elle mettait à répéter cette phrase, me confirma dans la pensée qu'elle était folle.

Mais les larmes qui lui jaillirent des yeux et cet air de sincérité que l'hypocrisie ne saurait feindre, me firent bientôt repousser cette supposition. Je lui demandai des nouvelles de son mari, de ses enfants ; elle me répondit nettement, clairement, mais avec beaucoup de larmes. Enfin, comme je lui disais adieu, parce que j'allais partir, elle me regarda avec fixité, elle trembla, et me dit : Vous faites bien ; que ne l'emmenez-vous avec vous ! Je lui demandai de qui elle parlait, elle ne me répondit pas autrement qu'en sanglottant et en me serrant les mains. A la fin, cependant, elle me dit : Ah ! si j'étais restée aux champs ; si je n'avais jamais mis les pieds à la ville !... Il m'y a attirée, et il m'abandonne ! Enfant, ne revenez jamais, ne revenez plus ! Fuyez les villes, c'est l'abîme de la jeunesse ! — Ces paroles, elle me les répéta sept ou huit fois avec une énergie que je ne saurais peindre. Enfin — et c'est ici le plus étonnant — comme je lui glissais une pièce de vingt sous : Oh ! non, non, me dit-elle, gardez-les pour tante Marguerite ! Saluez-la de ma part, ainsi que Ramelot, et... — Elle n'acheva pas ; mais elle s'enfuit, en cachant sa tête dans ses mains, et en poussant des sanglots que j'entendais encore à vingt pas.

« Le temps pressait, je ne pus courir après elle. Mais quelle étrange aventure ! Ramelot était mort depuis deux ans, je n'ai pu lui demander l'explication de ce mystère. Tante Marguerite ne sait ce que je dis quand je lui en parle. Mais elle pleure en pensant que cette femme a raison, et que tu te perdras à Paris.

« Pour moi, encore une fois, j'espère mieux de ton avenir. Condamnés l'un et l'autre à être du nombre des travailleurs, comme ils nous appellent, nous suivrons chacun une carrière différente : qu'importe, si nous nous retrouvons au terme ! Attachons-nous à cette foi sainte qui peut seule adoucir les ennuis du voyage. Pierre, la vie est bien courte ; ici, tous les nuages ; la réalité est au delà.

« Adieu, je t'embrasse pour moi et pour la bonne tante.

Sa vue baisse toujours un peu, mais elle se résigne, pourvu que tu reviennes ou que tu sois sage... Adieu! Écris-nous bientôt!... »

L'autre lettre était du curé de Sombrey, et conçue en ces termes:

« Pierre, je désirerais savoir de vous où vous en êtes. Si j'en crois au témoignage de votre cousin, tout va bien, et le flot ne monte pas encore jusqu'à vous. Prenez garde pourtant: une fausse sécurité vous serait fatale. Le courant est fort: ramez, ramez, mon ami, et ne vous relâchez pas; chaque coup de rame que vous oublierez de donner ferait reculer votre barque: Tenez ferme aux pratiques de religion: celui qui ne croit pas à l'*Angelus*, ne croira bientôt plus à Dieu. Surtout, mon ami, ne désertez pas la Table sainte; c'est chose importante, que ce point de communication entre la créature et le Créateur, entre le temps et l'éternité. Sans ce glorieux, sans ce divin soulèvement de l'âme humaine, elle retombe bien vite et bien bas: ses pieds sont bientôt pris dans la fange. — Je crains pour vous certain esprit de raisonnement, qui mène loin quand il n'a pas la foi pour bride; je crains surtout, je crains les mauvaises compagnies: elles perdraient un ange. Écrivez-moi, mon ami, et dites-moi que vous êtes resté sourd et muet au milieu de Babylone.

« LE MEILLEUR DE VOS AMIS. »

Ces deux lettres firent beaucoup réfléchir Pierre Rousseau. Il les pesa dans sa conscience, et, il entendit à plusieurs reprises ces mots distincts: Ils ont raison!

Il allait sortir de la cantine, quand ses yeux errants y rencontrèrent, dans un coin, le jeune homme qui lui avait remis la lettre du *pionnier*. Cet inconnu buvait avec plusieurs autres inconnus. Le paysan de Sombrey ayant pris congé de Pierre, celui-ci put se rapprocher de son mystérieux messager et nouer conversation.

— Vous vous êtes enfui, Monsieur?

— Non, *frère*, je vous ai laissé à vos réflexions, et je comptais vous revoir.

— De qui la lettre que vous m'avez remise?

— D'un homme que vous connaissez et qui vous connaît, et qui surtout vous apprécie.

— Pourrais-je vous voir en particulier ? Votre nom ? votre adresse?

— Mon nom est Ambert, ouvrier cambreur. Mon adresse est chez M. Bourjon, rue Saint-Antoine.

— Etes-vous disponible à cette heure?

— Non. J'achève un acte de charité : je verse à ces infortunés un peu de l'eau du Léthé. Ils ont besoin de l'oubli.

Pierre promena ses yeux sur le pourtour de la table, et reconnut sans peine, à des blouses déchirées et à des mains calleuses, une demi-douzaine d'ouvriers, dont quelques-uns paraissaient bien près de l'ivresse. Or, l'eau du Léthé que leur versait le jeune homme ressemblait à de l'eau-de-vie. Le calme régnait dans cette petite assemblée, dont chaque membre paraissait tenir, vis à vis d'Ambert, l'attitude de respect que prend un inférieur en présence de son supérieur. Le jeune homme reprit la parole, comme s'il eût renoué un discours interrompu :

— Ne l'accusez donc pas, cette nature, qui fut, pour vous comme pour tous, une mère. Si ses vues sont trompées, ce n'est point sa faute à elle. Elle n'a point créé des estomacs pour regorger, et d'autres pour rester vides. Mais le coupable, c'est cette société telle que l'ont faite les passions des hommes, c'est ce *tohu-bohu* qu'on est convenu d'appeler l'ordre, et qui n'est qu'un vaste désordre dissimulé sous des noms pompeux et des arrangements factices. Frères, le mal est là, et il est possible de le guérir. Voyez un corps humain : la santé consiste pour lui dans la répartition convenable des forces vitales ; la nature n'a point fait un membre pour absorber en lui l'action de son voisin ; car alors c'est la maladie, la faiblesse ; et l'ensemble même souffre des vices du détail. Ainsi, dans la société, le but de la nature n'a pas été, n'a pu être de donner à l'un le centuple de ce qu'il faut pour vivre, tandis que l'autre meurt faute du strict nécessaire. Non : c'est là une irrégularité qui est l'effet de la violence, de la ruse, de l'ambition. Il serait trop long de vous expliquer la marche tortueuse, oblique de l'esprit de propriété, et de vous montrer comment nous sommes arrivés progressivement à ce point, que l'homme qui travaille le moins jouit le plus, et que celui qui travaille le plus jouit le moins. Je vous prends pour exemple, frères, combien travaillez-vous par jour ?

— Quinze heures, dit le plus vieux des ouvriers.

— Et que gagnez-vous ?

— Trois francs, quand cela va bien ; deux francs, quand la besogne ne presse pas.

— C'est-à-dire, Toussenel, de quoi empêcher strictement ta femme et tes enfants de mourir de faim. Eh bien ! mon ami, je connais tel et tel capitaliste qui fume sa pipe du matin au soir, court les cafés et les spectacles, signe parfois quelques bouts de papier, et gagne cent fois la même somme que toi.

— C'est vrai ! c'est plus que vrai ! dirent à la fois tous les ouvriers.

— Or, c'est là un désordre que nous ne pouvons souffrir. Nous voulons le réparer, et nous le réparerons. Tu secoues la tête, Rebillot !

— Ah ! monsieur, c'est que c'est bien difficile !

— Pas tant que tu le crois, mon ami. Bois et espère. Nous cherchons des travailleurs pour cette grande entreprise, et ils nous viennent. En voici encore un, ajouta Ambert, en frappant sur l'épaule de Rousseau, qui, j'en suis sûr, ne refusera pas de prêter la force de son bras et la puissance de son génie à l'œuvre qui nous occupe.

— Oh ! j'ai bien peu à vous offrir, répondit Pierre, flatté de la haute idée qu'on semblait avoir de lui ; mais ce peu, je n'hésiterai jamais à le mettre au service de l'humanité.

10

— Avez-vous été pauvre ?

— J'ai mendié, ou à peu près.

— Merci, Seigneur ! dit Ambert en joignant les mains, vous qui préparez toujours l'ouvrier pour l'œuvre, et choisissez les petits et les faibles pour confondre les grands et les forts. — Allez, mes amis, et ayez courage ; il faudrait peu d'hommes comme celui-ci pour imprimer au mouvement social une force irrésistible. On ne peut désespérer d'une cause, quand elle a de tels soutiens. Jeune homme, nous buvons à votre santé !

On versa une rasade, les ouvriers burent une dernière fois, et Rousseau avec eux. Tout se fit avec une gravité solennelle ; pas un mot n'eût pu être entendu de la table voisine. Puis la troupe se sépara ; mais Ambert prit Rousseau avec lui, et ils causèrent longtemps ensemble.

XXV

ENTREVUE.

Depuis que le bourgeois a aminci le dogme religieux, il a d'autant diminué l'expansion du dogme, la charité. La charité, cette fleur céleste, ce rayonnement d'en haut, elle est comme bannie de notre monde. Son nom même a été transformé. Le fameux axiome *chacun chez soi, chacun pour soi*, aligne aujourd'hui la pensée, le sentiment, la conduite de l'homme : on pourrait dire que c'est là l'Evangile bourgeois.

Une femme du peuple grelottait, un soir de décembre, à la porte d'Antony Madré. La neige, chassée par un vent piquant, avait blanchi ses haillons. Elle avait sonné depuis longtemps, et une servante était venu entr-ouvrir la porte ; on était donc censé savoir qu'une pauvre femme était là, et qu'elle demandait à parler à Antony Madré. A chaque bruit qui venait de l'intérieur de la maison, la malheureuse sentait ses dents claquer de terreur ; puis elle secouait la neige de ses vêtements, et les rajustait avec un soin tout particulier. On ouvrit enfin, et la femme fut introduite dans une petite pièce sombre, où elle trouva pour toute lumière une lanterne, et pour tout foyer une atmosphère glaciale. Moins d'un quart d'heure après, Madré entra.

— Opprobre de ma vie ! dit-il avec une espèce de fureur, oses-tu encore reparaître devant moi ? Ne t'ai-je pas dit cent fois que je ne te souffrirais plus en ma présence ?

— Vous me l'avez dit, je m'en souviens, et ne m'en plains pas. Faites-moi miséricorde.

— Miséricorde ? Ah ! monstre, quel cœur assez dépravé pourrait éprouver pour toi de la miséricorde. Ne me parle pas de cela, ni de toute autre chose de ce genre. Fuis d'ici, retire-toi... Que veux-tu ?

— Rien !

— Que veux-tu ? Parle vite, et ne me fatigue pas plus longtemps de ta présence : qu'as-tu à me dire ? Que veux-tu ?

— Rien !

— Oh ! quel souvenir amer, empoisonneur ! reprit Madré comme s'il eût conversé avec lui-même ; je ne saurais oublier la honte que cette femme a fait rejaillir sur moi ! Moi qui l'appelle ici, qui la comble de biens, qui la mets en position de gagner honorablement sa vie... Et puis... et puis... parle donc, que veux-tu ?

— Tout à l'heure, répondit la pauvre femme, je croyais vouloir quelque chose ; maintenant, je ne veux plus rien.

— Et la voilà encore avec sa fierté et sa raideur de caractère !

— La fierté ! elle m'irait mal. Non, mon frère, je ne suis

pas fière. Je suis pauvre et malheureuse... et c'est tout. Je ne suis pas fière. Je m'en vais.

Elle fit quelques pas du côté de la porte.

— Il ne se peut que tu sois venue sans une raison quelconque. Cette raison, je la devine : tu venais demander.

— C'est vrai.

— C'est vrai, dis-tu ? Comme si je ne t'avais pas juré que je ne te donnerais plus rien, que ma bourse et mon cœur t'étaient fermés à jamais !

— Aussi ne vous demandai-je ni l'une ni l'autre.

— Ne m'accuse pas de dureté, car ta mémoire démentirait ta langue. Tu sais bien que je t'ai aimée, que j'ai fait pour toi tout ce que doit faire un frère... Un frère ! j'hésite à dire ce mot, tant il me répugne d'avouer le moindre lien avec une créature aussi indigne que toi. Que la honte retombe donc sur ta tête ! et si la misère te poignarde, ne t'en prends qu'à toi, et à ta conduite déplorable. As-tu du pain chez toi ?

— Chez moi ? je n'ai plus de chez moi.

— Et tu en aurais un, malheureuse, si tu avais eu le moindre sentiment d'honneur. Que demandes-tu enfin ?

— Rien pour moi : un peu de pitié pour mes enfants.

— Que manque-t-il à tes enfants ?

— Un toit pour les abriter, et rien d'ailleurs. Les larmes de leur mère peuvent leur suffire.

— Étrange créature ! Un toit, dis-tu ? Est-ce que ton loyer n'est pas payé ?

— Il l'est grâce à la charité chrétienne. Mais, demain, notre impitoyable propriétaire nous met à la porte, si...

— Parle ! mais non, je sais. Et tu crois que je vais répondre pour toi ? Tu t'imagines que mon nom s'accolera encore au tien ? C'est bien de l'audace de ta part.

— Je ne l'aurais pas pour moi, cette audace ; mais pour eux ! Je vous prie de ne pas penser à moi ; je me sens, je m'avoue indigne de toute pitié ; souvenez-vous seulement de mes enfants. C'est une dernière grâce que je vous demande.

— Tu es le fardeau de ma vie. J'ai cent fois juré de t'oublier entièrement. S'il te restait un peu de sang dans les veines, il y a longtemps que tu aurais fui de cette ville, que tu serais allée, je ne sais où... te jeter à la mer. Ah! malheureuse! tu es la tache, l'opprobre de la famille.

— Vous en fûtes la première cause, mon frère: c'est vous qui m'avez attirée à Paris. Que ne me laissiez-vous dans ma condition paisible! Je ne me plaignais pas, je ne demandais rien; aux champs, je fusse restée pure et heureuse; à la ville, l'envie m'a tourné la tête et j'ai volé.

— Et à qui la faute, monstre d'ingratitude?

— A personne... à moi, mon frère, à ma mauvaise nature, à ma mauvaise étoile. C'est vous pourtant qui avez vaincu ma résistance... Je sentais une répugnance à venir me jeter dans ce gouffre, où tant d'autres, me disait-on, avaient perdu leur foi. Vous m'avez pressée, vous m'avez forcée, pour ainsi dire, et je suis venue. Que ce jour soit à jamais effacé du nombre de mes jours!

— Ingrate!

— C'est chez vous que j'ai connu le perfide. Il était votre meilleur ami, vous me vantiez ses qualités, ses vertus mêmes...J'étais jeune, belle, flattée, je l'ai épousé;... c'était un voleur.

— Tais-toi! langue de vipère! Et l'honneur donc, l'honneur?

—L'honneur est un bien faible lien pour qui n'a plus la foi. Au village, j'étais chrétienne, j'étais vertueuse. Personne n'eût osé prononcer devant moi un mot suspect.

J'ignorais le mal, et cette ignorance faisait mon bonheur. La religion était mon appui, mon guide, et, sans cette barrière, qui peut défendre une femme contre les séductions du monde? C'est vous qui le premier avez osé rire de ma simplicité, railler les objets de mon culte; vous avez détruit cette foi candide qui me soutenait au milieu des dangers... Mon frère, je ne me plains pas, je ne vous accuse point, mais ç'a été ainsi. Pauvre fille de village, je n'ai pu résister à cette tentation nouvelle...

— Et quand j'aurais ri parfois des niaiseries de ton bigotisme? Quand j'aurais tourné en dérision ta sotte crédulité, quel si grand mal à cela? Ne pouvais-tu éviter ceci, et ne pas faire cela? Était-ce une raison pour écouter le premier venu, et surtout pour te souiller d'un vol honteux et t'asseoir sur les bancs de la police?

— Il se peut que vous autres hommes, trempés plus fortement que nous, vous ayez des points d'appui hors de celui que la foi nous offre. Mais nous, fragiles créatures, nous n'avons plus rien qui nous garde, quand nous avons une fois perdu ce frein puissant; il faut tomber alors, et tomber bien vite, quand l'occasion apparaît au dehors et que la passion s'éveille au dedans. Mon frère, je n'accuse personne, et ne vous demande point de pitié pour moi.

La colère de Madré semblait s'affaisser.

— Combien d'autres, reprit-il comme pour se laver du reproche qu'on venait de lui faire, combien de milliers d'autres ont dépouillé la ridicule crédulité du berceau, et ne s'en soutiennent pas moins dans le sentier de l'honneur? Je t'en citerai mille ici autour de nous. Ne pouvais-tu faire comme elles?

— Ont-elles éprouvé la tentation de la faim? Se sont-elles trouvées dans l'alternative de voler ou de mourir? S'il en est ainsi, je leur porte envie, je les admire. Mais si rien n'a manqué à leurs besoins, si, comme votre femme, elles ont constamment goûté les délices du luxe, si elles ont vu tous les plaisirs accourir à point au moindre de leur désir, au plus fugitif de leurs caprices, quel gré peut-on leur savoir de n'avoir pas succombé et figuré sur les bancs d'une cour d'assises? Mettez ces hautaines et orgueilleuses bourgeoises dans la place où fut votre...., la Palanquin, oui, mettez-les là pour un moment, telles qu'elles sont, sans la foi en Dieu, sans l'espérance, et vous verrez alors... et vous jugerez ensuite...

— Tais-toi! N'aggrave pas ta faute par de vaines excuses. Que demandes-tu?

— Je vous l'ai dit, un peu de pitié pour mes enfants. Et, si vous le jugiez à propos, la joie, non, la douleur d'embrasser celui....

— N'en parle pas, s'écria Madré, l'œil étincelant; le reste de pitié que j'ai pour toi est à ce prix. Laisse ce malheureux dans son heureuse ignorance, qu'il n'ait pas à rougir de toi.

— Cependant! une mère!

— Qu'appelles-tu une mère? Toi, une mère! Ce serait profaner ce beau nom que de le donner à une créature comme toi. Il est ici confié à mes soins; je suis content de lui, mais que jamais le secret de sa naissance ne lui soit révélé, ou... tu entends.

Antony fit des deux bras un geste répulsif.

— Peut-être — oh! pardonnez à ce vœu timide d'une mère — peut-être serait-il bon de le renvoyer... loin d'ici. Sa présence est pour moi comme un enfer. Je voudrais ne l'avoir jamais vu..., je voudrais qu'il n'eût jamais mis les pieds hors du lieu que je n'aurais moi-même jamais dû quitter. Mon frère, Paris le perdra, comme il a perdu sa mère. Ayez pitié de lui, et renvoyez-le à notre digne sœur: elle peut plus que... qui que ce soit au monde pour le rendre heureux. Je voulais vous demander cette faveur, au nom d'une mère, quelque indigne que je sois de ce nom.

— J'ai eu mes vues en faisant venir ton fils ici. Il travaille. Pourquoi le renverrais-je croupir dans la misère, quand je puis lui créer un avenir? Retire-toi. Voilà deux mois de location, paie-les d'avance. Quant à signer quoi que ce soit en ta faveur, jamais! L'honneur m'est plus cher que la vie. Je veux vivre et mourir en homme d'honneur. Bonsoir.

Antony, après avoir jeté plutôt que remis à sa sœur le prix de deux mois de location, allait sortir.

— Mon frère?

— Eh bien?

— Je vous remercie de tout mon cœur, et je ferai prier mes enfants pour vous.

— C'est bien, c'est bon : retire-toi.

— Mon frère?

— Encore?

— Si j'osais vous demander une place à l'atelier pour mon mari. L'ouvrage lui manque. Il ferait tous ses efforts pour vous contenter, et vous ne lui paieriez que la moitié de sa journée.

— Un peintre en éventails? Tu ris, je crois. Non. J'ai des ouvriers en abondance. Je te remercie.

— C'est bien mon frère, dit la pauvre femme tremblante, c'est moi qui vous remercie.

— Mais souviens-toi de ce que je t'ai dit : si un mot, un signe, un souffle de ta bouche trahit le secret, je te le renvoie, il ne couchera pas chez moi. Avise. Si tu veux faire un malheureux de plus, il ne tient qu'à toi ; mais je m'en décharge la conscience, et je fais le serment solennel que je ne te reverrai jamais.

Cela dit, Madré tira la porte avec bruit, et la Palanquin s'en alla en versant des larmes.

XXVI

UN PAS EN DESCENDANT.

Pierre avait oublié la promesse qu'il avait faite au prêtre, de retourner le voir dans un mois. La nouvelle connaissance que le hasard lui avait procurée, avait tout à coup pris une large place dans son esprit, et fixait le courant d'idées qui avait jusque-là traversé sa tête. Le cambreur, âgé de trente ans, était beau, éloquent, et vraiment fait pour séduire. Pierre fut captivé par la confiance qu'il lui témoigna, par l'air de rondeur qu'il semblait porter en tout, et par cet esprit de prompte et ferme décision qui charmait d'autant plus Rousseau que lui-même en était doué. Leur première entrevue avait fait sur celui-ci une impression qui ne s'effaça plus.

A cette époque, les sociétés secrètes étaient actives et puissantes. Bien que le gouvernement parut s'endormir dans une parfaite sécurité, la mine se creusait, et mille courants souterrains portaient d'un point de la France à l'autre cette turbulence comprimée qui doit si facilement éclater en révolution. La classe ouvrière, essentiellement mobile, agglomérée dans les grands centres de population, soumise à une existence précaire, était naturellement l'objet de ces menées clandestines : c'était comme le creuset où venaient se fondre tous les genres de malaise, toutes les espèces d'opposition qui fatiguent les gouvernements aux époques de crise. Il était difficile à l'ouvrier le plus raisonnable de rester insensible à ce mouvement profond, continu, dont les motifs semblaient d'ailleurs si plausibles à des yeux prévenus. Qui n'épouse, en effet, plus ou moins les griefs du corps auquel il appartient? A plus forte raison, une âme de la trempe de Rousseau devait-elle être impressionnée de ces plaintes incessantes dont l'atelier retentissait.

Il vit plusieurs jours de suite Ambert le cambreur. Petite chambre de garçon, ménage rangé, ordre et économie, goût de l'étude, tout lui plaisait dans son nouvel ami. Une franchise insouciante, un dévouement sans calcul, un abandon de cœur charmant, et surtout cet art de paraître ne tenir qu'aux choses et aux qualités et non aux personnes, attiraient, absorbaient peu à peu l'affection irréfléchie de Pierre. Moins Ambert semblait chercher un ami, plus Rousseau s'efforçait de le devenir.

Ils fréquentèrent ensemble un club où des ouvriers de toute sorte venaient s'échauffer à la parole brûlante des meneurs, à la lecture de quelques livres et pamphlets, dont la clandestinité doublait la valeur. La confiance qu'on témoigna dès l'abord à Rousseau, acheva de le gagner; les éloges qu'il reçut gonflèrent son orgueil : il devait tout cela à la chaude recommandation du *Pionnier*. Bientôt il fut initié aux secrets de la société. Le but humanitaire qu'on se proposait, les discours ardents des orateurs, devaient séduire ce cœur droit et cette tête brûlante. Pierre se laissa prendre à des théories pompeuses, colorées du grand prétexte de l'amour de l'humanité; il commença à se douter qu'une moitié du genre humain pourrait bien exploiter l'autre; on finit par lui persuader que les innombrables misères de l'artisan ne sont pas, comme il l'avait cru jusqu'alors, le résultat ordinaire du vice, ou une épreuve de la Providence, mais le fruit d'un système social oppressif, qui, depuis l'origine du monde, fausse les vues de la nature.

Ambert, le simple cambreur, avait des livres, mais de deux sortes seulement : des traités d'*Économie sociale* et des *romans*. Toutes ses épargnes y passaient. Souvent Pierre le trouvait dévorant une brochure jaune ou bleue : c'était quelque traité de l'*Organisation du travail* ou un roman de l'école socialiste. Un ami écoutait, et riait ou pleurait avec lui : c'était une scène intime à laquelle il ne manquait que le charme de la vertu. Rousseau se joignait à eux, lisait à son tour, raisonnait, discutait et se pénétrait peu à peu des idées téméraires ou des scènes passionnées que ces pages renfermaient. L'effet de ces entretiens, le plus funeste, ce fut de donner au campagnard de Sombrey une plus haute idée de lui-même. L'orgueil naissait en lui. Il se croyait appelé à devenir aussi un ouvrier de l'humanité! Il se souvint des prophéties de Duvert.

Cependant son ardeur pour le travail ne diminuait point. Son oncle en était de plus en plus charmé, et songeait déjà à en faire son gendre; pensée toutefois qu'il gardait par-devers lui, redoutant encore l'antipathie de sa femme et de sa fille à l'endroit du neveu. — Faisons-en d'abord un bon ouvrier, s'était-il dit, puis un contre-maître, puis un associé, ensuite nous verrons. — En attendant, il augmenta sa paie, et Rousseau, plus à l'aise, commença à partager le goût de son ami pour les livres. Il en acheta, il les lut ; il s'abonna aux journaux, dévora les feuilletons, se procura des romans : l'étincelle devenait incendie.

Et la tante Marguerite ? et Thérèse ?

Ce n'étaient déjà plus que des souvenirs lointains.

Sur ces entrefaites, la lettre de Thérèse Mélilot lui parvint. La pauvre fille, après avoir bien pris de la peine, et recommencé cinq ou six fois, était enfin venue à bout d'obtenir quelque chose de passable. On ne saurait vanter le style ni l'orthographe de la pièce, bien que l'auteur en fût elle-même fort satisfaite ; mais au moins l'expression de ses sentiments y était tout entière ; son cœur avait vraiment parlé ; et ces paroles naïves, sorties d'une âme aimante, étaient plus nobles, plus dignes dans leur simplicité, que tout ce que l'art aurait pu dicter. Malheureusement Pierre était déjà tourné au goût du jour : il avait lu des romans, et son jugement faussé avait quitté les vieilles routes de la nature pour ce langage artificiel et guindé qu'une littérature échevelée a mis à la mode. Il sourit de pitié en lisant cette production sans art : jamais il n'aurait cru Thérèse si sotte ; les caractères étaient gauches, mal tracés ; les lignes grimaçaient ensemble. Et puis, quel style !

Les mauvais livres ! fléau terrible, qui ravage sans pitié ! Les conditions les plus infimes ne lui échappent point. Jadis les classes élevées seules recueillaient ces poisons ; aujourd'hui ils s'infiltrent dans toutes les veines du corps social. On lit à l'atelier, on lit dans l'échoppe ; l'ouvrier dévore des productions funestes, qui troublent son jugement et son repos : c'est là, la cause la plus active, la plus efficace, de ce malaise continu qui ronge les basses classes, et tient sans cesse l'ordre social sur un volcan.

Quelques mois se passèrent pour Pierre dans ces lectures

attachantes, dans ces visites assidues à Ambert, dans la fréquentation du club. A l'atelier, il était méconnaissable. Son zèle religieux avait tout à fait disparu. Il souffrait qu'on blasphémât devant lui, qu'on prononçât de ces expressions impies qui l'avaient tant fait rougir. Il y prit d'abord quelque part en riant, en applaudissant; à la fin il s'y mêla tout de bon. Et de plus, l'orgueil et l'appui de son oncle lui faisant envisager ses compagnons comme au-dessous de lui, il en conçut une morgue qui lui fit perdre l'attachement de quelques-uns d'entre eux. La métamorphose qui s'était opérée en lui, et qui n'échappait à personne, détruisit l'estime dont il avait joui jusqu'alors; car la vertu garde son empire au milieu même des plus corrompus; et Rousseau, honoré de ses compagnons les plus pervertis, tant qu'il resta sage, perdit toute considération à leurs yeux, dès qu'il partagea leurs vices.

XXVII

DÉLIBÉRATION.

Le petit poêle bourdonne pendant une soirée d'hiver. Trois personnes seulement profitent de la chaleur qu'il dispense surabondamment. L'un fabrique au couteau des instruments de bois, récréation ordinaire aux jeunes gens dans certains pays; l'autre, une vieille femme, file sans y voir; et la troisième a aussi une quenouille, mais ne travaille pas. Elle paraît profondément affectée.

— Ne riez pas trop de ma crédulité, tante Marguerite, dit cette dernière : j'ai toujours vu les mauvais présages se réaliser. Je sais bien que M. le Curé prêche souvent contre ces vaines superstitions, comme il les appelle. Mais enfin.... je ne sais plus comment m'en tirer.

— Confiance! espoir! ma bonne Thérèse, répondait Marguerite; c'est ce que j'ai toujours dit toute ma vie, et je m'en suis bien trouvée. Dieu tire le bien du mal, et si c'est dans les vues de sa Providence que vous ayiez notre Pierre, vous l'aurez: sinon, je ne vois pas quel moyen vous inventeriez pour l'obtenir.

— En attendant, que dois-je répondre? Mon père me presse, Chérisy attend, et c'est demain qu'il faut dire le mot décisif.

La vieille remua la tête et ne répondit rien.

— A votre place, dit le jeune homme, je sais bien ce que je ferais.

— Qu'est-ce que vous feriez, Claude?

— J'épouserais le neveu de Chérisy.

Le fuseau glissa de la main de Thérèse; sa surprise était au comble.

— Que dites-vous là, Claude?

— Je vous dis que j'accepterais le neveu de Chérisy sans hésiter, parce qu'il est riche, honnête garçon et qu'il vous aime.

— Mais, Claude, vous n'y songez pas, dit Thérèse; et pour un homme raisonnable, votre réponse me surprend. Est-ce que je n'ai pas fait serment d'aimer Pierre toute ma vie? Est-ce qu'il n'a pas juré, lui aussi, de m'aimer toujours?

— Oui, mais autant en emporte le vent. C'est mon idée. Je crois bien que ce n'est pas vous qui lui manquerez.

Paris est un gouffre qui ne rend rien. On n'en sort jamais tel qu'on y est entré. La tête tourne dans cet abîme. J'y ai été, Thérèse, et je sais ce que je dis.

— Vous me faites trembler, dit la jeune fille qui était fort agitée; mais je suis sûre que Pierre restera ferme. Il suffit de lire la dernière lettre qu'il m'écrit. « Je me souviens de mes serments, dit-il en finissant, mais vous, n'oubliez-vous pas les vôtres? » Voilà qui n'est pas d'un infidèle. L'abandonner! Épouser Chérisy! Non, non, jamais. Riche! dites-vous: eh! que m'importe? Ce n'est pas la richesse qui fait le bonheur.

— C'est vrai, Thérèse, et je l'ai bien cru, moi qui ai quitté un bon métier pour venir ici mourir de faim. J'avais là une forte paie, une bonne table, et j'ai préféré revenir. Je savais bien que la pauvreté m'attendait à Sombrey; mais j'aime mieux souffrir et mourir, que de courir le risque de mon éternité. Voilà!

— Eh! enfant de mon cœur, dit la vieille Marguerite en prenant la main de son neveu qu'elle serra fortement, que n'a-t-il fait comme toi, le malheureux! Nous nous serions suffi, nous... Mon cœur se serre, en pensant que tu dis vrai. Oui, la tête tourne dans ce gouffre-là.

— Non, non, interrompit vivement Thérèse, vous ne connaissez pas Pierre. C'est un caractère fort, capable des plus énergiques résolutions. Pierre me tiendra parole: il restera bon, il restera sage; j'en mettrais ma main au feu.

— Que Dieu vous exauce, pauvre jeune fille? Mais Pierre ne m'a pas écrit cette fois-ci, et cela ne me dit rien de bon. Je ne lui en veux pas, mais je crains que cela ne signifie beaucoup. Il m'avait bien dit qu'il ne m'oublierait jamais, moi sa mère!... Cependant, espérons; il nous écrira peut-être sous peu. Tu soupires, Claude?

— Oui, ma mère; je songe qu'il avait promis de vous envoyer de l'argent, et qu'il ne s'en presse guère. Cependant, il en gagne beaucoup, j'en suis sûr, et nous, nous descendons vers la misère. Savez-vous combien il nous reste? Cinq sous.

— Je me suis déjà vue plus bas, mon pauvre Claude, quand vous étiez jeunes tous les deux, que je vous envoyais en classe, et que l'ouvrage me manquait, ou que mon mal d'yeux m'empêchait de travailler. Toute une semaine, nous n'eûmes pas un centime, un seul centime à la maison. Je pleurai la dernière nuit tout mon soûl, je te l'assure, puis le lendemain je repris courage, et fis bien, car Dieu nous vint en aide. Il m'arriva du secours de plus d'un côté; ce qui me parut d'autant plus providentiel que je n'étais allée me plaindre à personne. Va, mon garçon, je suis un peu faite à tout cela. Il n'y a rien de tel que d'être vieux : on ne trouve plus rien de nouveau sur la terre.

— Je sais ce que je ferai, mère, reprit Claude, je porterai ce que j'ai de fait à la foire, demain. Et si peu que j'aurai....

— Et moi, je réclamerai à Jeanne les deux livres de fil que je lui ai filées.

— Ensuite, si je trouvais une journée ou deux chez le maire !

— Et si Julie achetait ma croix d'Einsiedeln ! Tu vois bien, mon garçon, que nous allons être trop riches. Et quand nous n'aurions qu'un peu de pain sec, est-ce que tu te plaindrais ?

— Non dà, chère mère, je ne me plaindrais pas. Quand une pauvre vieille comme vous s'en contente, j'aurais bonne grâce à m'en plaindre, vraiment ! Vous ne savez pas, mère, ce que je fais pour me donner du courage ? je regarde par la porte.

— Pour voir s'il vient du secours?

— Non, vous ne comprenez pas. M. le Curé nous disait l'autre jour que la tombe est une porte entr'ouverte entre le temps et l'éternité. Eh bien ! c'est par là que je regarde.

— Et qu'y vois-tu ?

— Que cette vie-ci n'est qu'un tout petit vestibule d'un édifice sans fin. J'y vois que longtemps avant nous il y a eu des pauvres et des riches, et que la différence s'est effacée. On dit, mère, qu'il y a eu de grandes villes dans l'ancien monde, et que plusieurs d'entre elles sont si bien anéanties qu'on ne sait plus même où elles étaient. Que sont devenus les riches qui les habitaient ? Car, il y en avait déjà sans doute. Je ne crois pas qu'on puisse les distinguer des pauvres qui végétaient à côté d'eux.

— On les distinguera, mon ami, au jugement dernier, quand le bon Dieu tiendra les promesses qu'il a faites aux pauvres et les menaces qu'il a faites aux riches. Pourquoi faut-il que ce malheureux enfant s'en soit allé se perdre dans ce maudit Paris ?

— Pourquoi dites-vous qu'il est allé se perdre, répliqua Thérèse avec chaleur, quand je suis sûre, moi, qu'il restera sage? Vous êtes bien dure aujourd'hui, tante Marguerite, vous cherchez à me décourager...

Elle n'avait pu retenir ses larmes. Les doutes qu'on exprimait sur le compte de son prétendu lui perçaient le cœur.

— Pardon, chère petite, dit la vieille en lui serrant les mains dans les siennes, je n'ai aucune intention de vous faire de la peine. J'exprime mes craintes, et rien de plus. On dit que pour ces gens de Paris, il n'y a pas de ciel, pas d'enfer, plus de Dieu même. Eh bien! cela fait horreur... et je tremble toujours que ce pauvre enfant ne se laisse prendre aux pièges tendus sous ses pas.

— Et pourtant vous étiez là, bonne tante, quand il me jurait au pied de la croix de ne jamais m'oublier! Vous étiez là quand il protestait qu'il ne s'absentait que pour peu d'années! Oh! ne me découragez pas. Dites de moi tout le mal que vous voudrez, mais n'en dites point de lui. Ne le soupçonnez pas d'inconstance. Il me l'a bien dit : « La Seine remonterait plutôt vers sa source, que je ne vous abandonnerais. » Non, Pierre ne sera pas impie Lui, impie? lui, renier son Dieu? Conçoit-on qu'une pareille idée puisse venir à ceux qui le connaissent? Allez, tante Marguerite, Dieu pourra bien vous punir d'avoir eu des craintes comme celles-là.

— Je voudrais, chère enfant, être punie et avoir tort.

— Et vous, Claude, reprit Thérèse, ne me répétez plus ce que vous avez eu la cruauté de me dire. Moi, en aimer un autre? Cette seule pensée me révolte. Je préférerai toujours la pauvreté avec lui, à l'aisance avec un autre. Supposons que j'épouse Chérisy; comment m'arranger avec ma propre conscience ? Comment faire taire la voix de mes serments ? Et vous croyez que je pourrais être heureuse ? Claude, vous me jugez bien mal. Je vous dis plus, dût-il m'abandonner, je lui serais encore fidèle. Pauvre Pierre, tu ne te figures guère comme on pense, comme on parle de toi. Rien que cela me déciderait : oui, je le jure, j'enverrai promener Chérisy : demain, le dernier mot sera dit !... Cher ami, on t'abandonne : moi, je ne t'abandonnerai pas. A toi, à toi toujours ! A toi jusqu'à la mort...

— Mais, Thérèse...

— Ne me dites plus rien... adieu ! je m'en vais... Vous n'êtes plus dignes de lui, vous qui le soupçonnez ainsi... Pauvre Pierre ! pauvre ami ! Peut-on être injuste à ce point envers toi...

Thérèse, les joues enflammées, les yeux en pleurs, sortit, quoi qu'on pût dire ou faire pour la retenir.

— Elle l'aime bien, dit la vieille tante quand elle fut dehors. L'amour est toujours confiant, toujours aveugle. Puisse-t-elle ne pas s'en repentir ! Puissions-nous nous tromper nous-mêmes ! Si jamais j'éprouve un plaisir, ce sera celui d'avoir eu tort en cette circonstance... Pauvre fille, nous n'avions aucune intention de te faire de la peine...

XXVIII

CHOSES DIVERSES.

Elle est bien vieille, la querelle entre les deux parts du genre humain, celle qui a et celle qui n'a pas. La propriété existait à peine que l'ennemi s'attachait à ses flancs. Qu'étaient-ce que le droit de conquête, le droit d'esclavage, sinon la négation violente du droit de propriété? Dans le code païen, l'homme même ne s'appartenait pas irrévocablement : il pouvait être la *chose* d'un autre. Partout où le principe religieux s'affaiblit, la propriété redevient un problème. Sans le flambeau de la foi, le monde même matériel est un dédale où l'intelligence se perd. Quand on a voulu chercher en dehors de la religion le fondement de la propriété, sa raison d'être, on n'a pu la retrouver. On s'est aperçu avec étonnement que tous les codes civils reposaient sur le Décalogue, et que sans lui ils croulaient par la base. O bourgeois impies, ô fils de Voltaire, on ne saurait vous le crier trop fort : les communistes ont cent fois raison contre vous. Il n'y a pas de milieu logique entre la loi du Sinaï et ces systèmes qui vous révoltent. Propriétaires rationalistes, ne vous débattez pas tant : vous êtes pris dans vos filets, vous n'avez plus qu'un argument pour vous, la force : la force peut demain passer à vos ennemis.

Cette question vivace travaillait alors toutes les têtes. Les timides essais faits dans la voie, les utopies des Campanella, les tentatives plus hardies des Vaudois, tout ce vague malaise des siècles, venaient enfin se fondre, se formuler dans un mot qui résume tout : un de ces mots que le génie logique des Français jette au monde en forme de défi : ABOLITION DE LA PROPRIÉTÉ.

Ce symbole audacieux, dernier terme des révolutions, eût passé, il y a un siècle, pour le rêve d'un fou. Aujourd'hui, il étonnait à peine, il flattait les oreilles, il devenait l'espoir et le mot d'ordre d'une classe nombreuse. La justice, armée jusque-là contre l'attaque à la propriété, semblait vouloir changer de rôle, et demander compte au propriétaire lui-même.

Le vol n'était plus l'atteinte à la propriété : la propriété était le vol. Ce principe téméraire, qui avait grandi depuis 1830, trouvait un immense écho dans la portion inférieure de la société : là aussi la foi était éteinte ; le matérialisme bourgeois y avait pénétré ; le pauvre, lui aussi, avait oublié le Décalogue ! Or, à mesure que l'usage religieux de la propriété disparaît, le respect religieux pour la propriété s'affaiblit à son tour. Et il est triste de songer que chaque secousse politique grossit la mesure des misères ; qu'après chacune de ces révolutions entreprises, dit-on, pour le bien du peuple, le peuple est toujours plus mal à l'aise, et voit augmenter le nombre de ses membres souffrants.

Ce fut dans ce milieu que Pierre Rousseau se trouva entraîné. Son éducation religieuse en eût fait un homme d'ordre ; le contact avec les sociétés secrètes en devait faire un émeutier. Son âme ardente se pénétra vite de ces théories séduisantes. Futur propriétaire, c'était avec un vrai désintéressement qu'il *travaillait* dans le sens clubiste : car il avait la perspective de succéder bientôt à son oncle, qui manifestait déjà le dégoût des affaires, et montrait le besoin de s'en remettre à un autre. Madré, gros, gras, devenu lourd de corps et d'esprit, croyait le temps venu de goûter ce délicieux repos, objet de l'ambition du négociant. Le point de mire qui avait exalté l'imagination de Rousseau, lui apparaissait donc beaucoup plus voisin qu'il n'aurait osé l'espérer : après six mois, la fortune venait lui sourire.

Et pourtant cet avenir prochain, ce rêve doré qu'une personne aimée partageait avec lui, ne le flattait plus : chez lui, l'orgueil avait remplacé l'amour. Son amie maintenant, c'est l'humanité, ce fantôme idéal que les modernes réformateurs proposent à son adoration. Il s'éprend d'un fol enthousiasme pour cet être abstrait. La société lui semble malade, et il est de ceux qui veulent la guérir. L'illusion l'emporte à ce point, qu'il s'oublie pour tous. Il ne s'aperçoit pas que ce désintéressement dont il s'honore n'est au fond que l'amour de soi, une ambition en remplaçant une autre. Hier il eût aimé la fortune, aujourd'hui il lui préfère la gloire : qu'importe la différence ? les résultats seront les mêmes.

Pierre vit de près certains hommes devenus célèbres : ils l'honorèrent du nom d'ami. Sa facilité naturelle ne demandait qu'une occasion pour s'épancher ; l'occasion s'offrit : il devint parleur, orateur, presque éloquent. Il se hasarda dans la tribune des clubs, et y obtint du succès. Il attrapa, par imitation, une pensée sauvage et un style fiévreux ; il suppléa à la raison par la chaleur, à la science par l'audace, à la vigueur par l'injure : explication de plus d'une célébrité. Le *pionnier* l'avait admirablement deviné. Mais aussi rien de tel que les clubs pour secouer la nature la plus paresseuse, pour grandir l'amour-propre le plus mince, et surtout pour développer la plus légère dose d'aigreur. Rousseau, par un bizarre effet, souffrit de maux qu'il n'endurait point, s'échauffa pour des questions qui ne le regardaient pas, et s'irrita contre des ennemis qui étaient ses meilleurs amis. Lui à qui l'argent, la nourriture, le logement ne manquaient point, pour qui même le luxe venait de naître et promettait de durer, se fâcha comme s'il n'eût eu en perspective que la faim, le grenier et la maladie. Il devint haineux, conspirateur, appelant de tous ses vœux et aidant tout à l'heure de l'effort de son bras, le triomphe d'un ordre de choses qui devait le rendre malheureux.

Il gagna ces dispositions dans la compagnie de son ami Ambert, et de plusieurs autres de même trempe. Il les gagna surtout dans la lecture des livres que ses nouvelles passions politiques désignaient à son choix.

Cependant Louis de Semblange n'avait point perdu de vue celui qu'il appelait son ami ; de temps en temps il trouvait l'occasion de le voir, bien qu'il n'ignorât pas l'antipathie de l'oncle à son égard. Madré, dans sa vigilance sur son neveu, ne cessait de le prémunir contre les dangers qu'il allait courir dans le monde.

— Sais-tu, lui disait-il, ce que je crains pour toi ? Le jésuitisme. C'est là ton endroit vulnérable. Tiens-toi en garde de ce côté-là, et je réponds du reste. Il est bon que tu voies le monde, et que tu apprennes à vivre, mais pour tout, défie-toi de ces jésuites, La première fois que je t'ai vu, avec ton air cafard, avec tes façons de village et ton goût pour les patenôtres, j'ai jugé du premier coup que le péril était là pour toi. Je te le jure, j'aimerais mieux te voir mort à mes pieds que de te voir jésuite. Fréquentes-tu encore ce commis-voyageur en sainteté? Je ne lui trouve pas mauvaise façon, mais il exhale une odeur de jésuitisme qui me le rend extrêmement suspect. Mon ami, crois-en ma vieille expérience, la peste de l'Europe, le danger de l'avenir, l'ennemi du genre humain, c'est le jésuitisme. Lis plutôt mon journal.

Ces mercuriales de l'oncle Madré, répétées à peu près chaque jour, n'étaient cependant pas assez concluantes aux yeux de Pierre pour le décider à rompre tout rapport avec le membre de la Société de Saint-Vincent-de-Paul. Il trouvait un certain charme à sa conversation : ses bonnes manières l'attachaient, et de plus il éprouvait quelque plaisir à étudier, sous le point de vue de la charité catholique, le problème qui agitait actuellement sa tête. Ce n'était donc pas sans intérêt qu'il écoutait, qu'il provoquait même les dissertations du jeune étudiant sur l'importante question du paupérisme. Car, depuis son entrée dans l'association, Louis de Semblange avait dirigé vers ce point les études que son cours de droit lui laissait libres, et déjà il avait recueilli assez de connaissances et d'idées pour traiter pertinemment un sujet si débattu et si mal éclairci. Sa thèse habituelle était que partout le principe de la propriété s'affaiblit avec le principe religieux, et que l'unique moyen de consolider le premier est de raviver le second. Rousseau, naturellement disputeur, aimait à soulever des objections, et, dans des discussions, trop souvent Louis de Semblange reconnaissait l'influence des mauvaises compagnies et des mauvais livres, et s'affligeait de voir son ami s'éloigner de plus en plus du principe qui seul offre de la stabilité au milieu des orages des passions humaines, la foi.

Pierre reçut sur ces entrefaites de nouvelles lettres de

Sombrey : la première, de son curé, qui le pressait de nouveau de répondre aux questions qu'il lui avait posées dans sa lettre ; la seconde, de Thérèse elle-même, qui s'était derechef mise en frais pour lui apprendre avec enthousiasme qu'elle avait refusé le neveu de Chérisy ; la troisième, de Claude, qui lui écrivait que la confiance en Dieu est un pain qui nourrit l'âme, qu'il faut peu de chose pour vivre à qui n'a point de passions à satisfaire, et que la bonne tante Marguerite était menacée de perdre la vue.

Pierre fut diversement, mais légèrement affecté de ces nouvelles. Un autre bruit troublait sa tête et remplissait son cœur. Il répondit toutefois au curé, qu'il gardait et garderait à jamais sa foi religieuse ; à Thérèse, qu'il la remerciait sincèrement de l'avoir préféré à tout autre, et qu'il l'aimait toujours ; à Claude, qu'il regrettait d'avoir quitté les champs, mais qu'une fois lancé dans la carrière, il ne reculerait pas.

Mais, à part lui, Pierre dit de son curé qu'il était un sot ; de Thérèse, qu'elle était plus sotte encore ; de Claude, qu'il était tout à fait sot.

Antony Madré reçut aussi une lettre, dont il fut quelque temps à reconnaître l'écriture.

« Anathème et salut au traître ! lui disait-on. La trombe révolutionnaire se gonfle d'exhalaisons bourgeoises et de bitume. Elle abattra la haute futaie de la banque, de l'industrie et du sol. Les mineurs travaillent, les sapeurs hachent, un gros vide se fait sous terre, et le volcan prépare un boquet. O toi, le transfuge de la cause populaire ! le traître à la patrie ! Tu pouvais être l'aiglon vigoureux, vivant de la foudre et de l'air des montagnes ; tu as préféré être l'oie stupide qui s'abecque et s'engraisse. Dors, dors ton sommeil, ô privilégié du hasard et des gros sous ; mais ne t'étonne pas qu'un jour la croûte se lève et que la lave t'inonde...

« La main qui t'écrit a soif du sang des traîtres. Elle voudrait changer ses cinq doigts en bouches à feu, et servir d'abord... ses amis,

« On dit que deux voix bourdonnent sans cesse à tes oreilles; l'une a faim, et l'autre a soif. Tu ris d'elles tour à tour, à la fois : tu bouches tes oreilles. Quand tu les tamponnerais, tu n'y gagnerais rien : pour parler aux sourds, nous prenons la tempête.

« Tu l'as trompée, tu m'as trompé, ô monstre de perfidie et de lâcheté! c'était assez de sa colère ou de la mienne, ce ne sera pas trop de toutes les deux. Ton bonheur brave notre commune misère; un jour notre misère se vengera de ton bonheur. Tiens-toi ceci pour dit. Baisse l'oreille, et écoute : JE TE MAUDIS!

Madré, après avoir lu cette étrange missive, essaya de rire : mais ce rire ressemblait à une grimace. Il froissa la lettre, la déchira en petits morceaux qu'il jeta au feu, et passa à ses registres, en murmurant :

— Quand le dessus sera le dessous et le dessous le dessus, nous verrons! D'ici là, bonjour!

XXIX

ON PLEURE ET ON DANSE.

Les premiers soleils de printemps venaient consoler la capitale, les arbres et les petits oiseaux, des rigueurs de l'hiver. Paris s'était presque réchauffé ce jour-là aux doux rayons de l'astre-roi.

Une femme regardait le soleil descendre, voilé de temps en temps par les nuages jaunes que poussait un vent du midi. Cet aspect l'avait rejetée bien loin en arrière, aux jours de sa première jeunesse. Et ses souvenirs étaient si présents, qu'il lui semblait reconnaître les flocons soyeux qui passaient sur sa tête.

Et à chacun de ces nuages se rattachait pour elle quelque pensée d'autrefois. Quand elle était jeune fille, quand elle était sage, quand c'était Sombrey et son côteau de vignes..., quand elle revenait joyeuse des vendanges ou des moissons, le ciel prenait quelquefois ces teintes-là. Qu'ils sont loin, ces heureux jours !

« Ah ! maudite l'heure, se disait-elle, où un mauvais esprit me souffla la pensée de venir à Paris ! Je n'y songeais guère, je n'y eusse jamais songé : j'étais heureuse dans ma pauvreté. C'est lui qui en éveilla en moi le premier désir, et aujourd'hui il m'en fait un crime ! Qu'est-ce que la pauvreté au milieu des champs, en comparaison de celle qu'on éprouve au sein des villes ? Je me levais joyeuse pour ma journée ; j'allais en chantant, je travaillais en chantant, sans souci du lendemain. Maintenant, est-il une douleur, une privation que je ne sente ! Oh ! encore une fois, maudit le jour où je quittai ma pauvre sœur, pour venir me jeter dans ce gouffre ! J'ai dédaigné ses avis, j'ai méprisé ses larmes : aujourd'hui je n'oserais plus seulement la regarder en face : son souvenir même me fatigue. Plus de ressources, plus de pain, plus d'asile tout à l'heure, plus de travail : il ne me reste que le désespoir !...

« Il pourrait subvenir à ma détresse. Il ne lui en coûterait guère pour répandre la joie et presque l'abondance au sein de ma famille. Une faible part de son superflu, le dixième de ce qu'il dépense pour parer sa fille et sa femme, suffirait à nous rendre tous heureux. Je sais bien que je n'y ai aucun droit ; mais ne devrait-il pas se souvenir que c'est lui qui m'a arrachée au bonheur, que c'est lui qui est la première cause de mes fautes et de mes maux ? Cependant, je n'ose plus rien lui demander ; il a fait pour moi son dernier sacrifice.

« Je suis bien sûre que ce pauvre enfant ne m'abandonnerait pas, s'il savait !... Il s'est montré bon, généreux : mais je ne puis lui révéler le secret de sa naissance. Cela lui coûterait son bonheur, sa carrière... Il rougirait de moi : la vie lui serait insupportable, peut-être...

« Allons ! subissons notre sort. Si du moins j'étais seule !... »

Cette femme sortit de la place où elle s'était tenue immobile, et un moment après elle sonnait au bureau de sa mairie. Un secrétaire lui fit toutes sortes de questions sur son état, ses ressources, ses enfants, son mari, et finit par l'inscrire sur un grand registre.

Elle figurait parmi les indigents de son arrondissement.

Pendant ce temps-là, de nombreux visiteurs arrivaient chez Madré. Le bourgeois fondeur de cuivre recevait, ce soir-là.

Le premier couple qui arriva se composait d'un petit hommes en culottes et d'une dame en robe de soie. Il y avait entre ces deux conjoints une énorme différence d'âge et de taille, en sorte que si le mari eût dû passer pour le petit-fils de la dame par la taille, il aurait pu par l'âge compter pour son grand'père. Le petit homme était baron de l'empire, titre qu'il avait gagné dans les fourrages de la grande armée, où il s'était procuré en même temps une croix d'honneur et vingt-cinq mille livres de rente. La grande dame était la septième fille d'un entrepreneur de pompes funèbres; elle avait apporté en dot au baron ses attraits personnels, un esprit distingué et la certitude d'être porté en terre en grande pompe et *gratis*. Le petit homme avait gardé de son époque trois habitudes importantes : celles de chiquer, de jurer et de porter culottes. Son nom était le baron de Foinpaille.

Le second couple offrait deux époux de taille à peu près égale. Leur pas régulier, leur attitude composée, la justesse de leurs intonations, indiquaient l'habitude de tout faire en mesure. C'était un professeur de danse et une maîtresse de piano. Le monsieur avait un chapeau gibus, un faux col neuf, un vieil habit fort propre, des bottes vernies et une paire de gants glacés : ces deux derniers objets de toilette lui avaient été prêtés par un de ses amis, clarinette à l'Opéra. La dame portait un chapeau à plumes, une robe en taffetas vert perruche et une petite bosse sur l'épaule droite. L'un et l'autre avaient donné des leçons à mademoiselle Irvina. Ils s'appelaient les époux Résol.

Le troisième couple était fort large et fort gras. Sous ce rapport, on ne pouvait nier que ce ne fût un mariage parfaitement assorti. Le pavé semblait fléchir sous leurs pas; mais à un examen plus attentif, on reconnaissait que c'étaient eux-mêmes qui s'affaissaient sous leur propre poids, et semblaient vouloir faire rentrer la partie supérieure de leur corps dans la partie inférieure, comme dans un fourreau. Le monsieur avait un ventre proéminent, mais sagement contenu par un pantalon de drap noir plissé horizontalement sous la tension qu'il subissait. Une cravate blanche laissait tomber son angle brodé sur un gilet gris à raies lilas; un habit noir attestait, par une couture brisée à l'épaule gauche et par des plis multipliés, avec quelle peine il renfermait dans ses limites le buste charnu qui lui était confié. Un énorme chapeau neuf, enfoncé jusque sur les yeux, rabattait les oreilles du gros citoyen, et semblait s'appuyer sur elles comme sur des corniches. Des bas blancs et des souliers éculés complétaient l'accoutrement. La dame avait un chapeau de paille d'Italie doublé de taffetas violet qui déteignait merveilleusement sur sa figure virile et rousse. Un cachemire bleu japon, une robe de barége couleur vanille, un mouchoir à légende et à écusson, et plusieurs autres accessoires aristocratiques, bigarraient agréablement ce corps solide et massif. Cette dame avait un rire bruyant et une voix puissante, et le mari un ton de voix doux et faible, en sorte que quand la dame disait des tendresses, elle avait toujours l'air de disputer, et que le mari, au contraire, quand il voulait disputer, semblait encore dire des tendresses. C'étaient les époux Tranchelard, charcutiers en retraite.

Un quatrième couple offrait une bizarrerie d'une autre espèce. Une grande demoiselle en chapeau de soie fané et en robe de soie cou de pigeon, donnait le bras à un vieillard en perruque, vêtu d'un habit à la Louis-Quinze et d'une culotte de soie grise. Le monsieur était un oncle, et la demoiselle une nièce. La différence de taille amenait une différence dans le pas : la nièce, grande, vigoureuse, marchait comme à l'assaut, emportant, pour ainsi dire, le petit oncle, dont les pieds effleuraient à peine le pavé, et battaient l'air comme deux pattes d'oie. La main droite du vieillard avait peine à lancer assez vite une canne à pomme d'argent, et la sueur dégouttait de dessous sa perruque. C'étaient M. Pierre-Dominique Gervais et sa nièce. Celle-ci avait la marche boudeuse, vu que le cher oncle l'obligeait à paraître dans le monde sous les défroques de feu madame Gervais, son épouse, jusqu'à épuisement complet de la garde-robe : ce qui menaçait de durer longtemps. L'espoir d'une riche succession pouvait seul soutenir mademoiselle Gervais dans son œuvre de dévouement. Antony avait renoué connaissance avec M. Gervais, et était au mieux avec lui.

Un propriétaire botté et ganté proprement, mais d'une mise fort simple, suivait de près le groupe précédent. Il avait une montre à breloques, un cigare à la bouche, un ruban à la boutonnière, et portait barbiche.

Ses lunettes vertes étaient mi-partie de verre et mi-partie de soie, le côté gauche étant destiné à dissimuler l'absence d'un œil perdu au service des révolutions. Cet honorable était célibataire et décoré de Juillet. On racontait que, passant en spectateur inoffensif devant Saint-Germain-l'Auxerrois, un tesson de pot, lancé par un gamin, lui creva un œil. Comme c'était juste le 29 juillet 1830, il prit naturellement place parmi les victimes de cette mémorable époque. Son nom était Dupavé. Il était marchand de colle-forte et d'amidon. — Une demoiselle d'une cinquantaine d'années, en robe rose, avec un chapeau en soie bleue et des fleurs dans ses cheveux, marchait à grands pas derrière le monsieur, et se trouva bientôt à sa hauteur, mais de l'autre côté de la rue. La figure de cette digne citoyenne était reconnaissable à une grande quantité de petits bourgeons roses et violets, qui y poussaient comme en pleine terre, malgré les pommades et ingrédients dont ladite demoiselle se servait pour empêcher leur développement. Le nez surtout était favorisé d'un nombre considérable de ces excroissances parasites, et offrait assez exactement l'image d'une pomme de terre lavée. M. Dupavé, ayant regardé du bon œil, reconnut mademoiselle Boivin, et courut lui offrir son bras. Malheureusement, l'œil de soie verte n'avait pas aperçu un ruisseau de neige fondue, et le pied de M. Dupavé s'y planta, ce qui occasionna un éclaboussement terrible sur la robe rose de mademoiselle Boivin, et, par suite, une affreuse grimace de sa part, et un *va te faire f.....* des mieux conditionnés. Cependant le groupe se forma, et s'achemina, dans une paix factice, vers la demeure d'Antony.

Trois ou quatre couples vinrent ensuite, avec ou sans enfants. Nous n'y signalerons rien qu'une dame surpassant, par la richesse de sa toilette, tout ce qu'on avait vu jusque-là dans le salon du bourgeois Madré. Elle portait un cachemire des Indes d'un prix fabuleux, une magnifique rivière de diamants et une robe de dentelles. C'était la fille d'un douanier du Havre, qui avait épousé un officier américain, et était revenue veuve avec une belle fortune deux ans après. On la disait fort instruite, très sensible des nerfs, et d'une extrême délicatesse de langage. Madame Madré professait pour elle une estime particulière, et la proposait comme modèle à sa fille. Cette personne était conduite en fiacre, par un chef d'escadron en disponibilité.

Nous mentionnerons aussi un monsieur et une dame, qui marchaient côte à côte, en s'injuriant tout bas : toute la journée, le temps avait été pour eux à l'orage. La nourrice suivait, avec deux enfants de chaque côté, et un troisième sur ses bras. Cette intéressante famille, ayant manqué l'*omnibus*, avait été obligée de se livrer aux hasards de là rue : le petit garçon, pour avoir caressé un chien barbet de ses connaissances, avait sali son pantalon, et la petite fille, ayant lâché la robe de la nourrice, s'était étendue dans le ruisseau. — La jeune femme était cousine d'un oncle de madame Madré. Profession : épiciers en détail.

Nous ne parlons pas de divers contingents que vomirent tour à tour deux coucous, un omnibus, trois cabriolets et un fiacre. Jamais Madré — et il en rendait grâce au beau temps de cette journée — n'avait vu son salon si complet. Aussi une joie immense rayonnait-elle sur sa figure. Il avait son beau gilet jaune serin, son toupet neuf, son col brodé et sa tabatière de vermeil, pleine d'un excellent macouba. Son journal était à demi ouvert sur la cheminée, à côté d'un petit ouvrage en broderie de mademoiselle Irvina, posé là *par hasard*, pour admirer. On avait déshabillé tous les fauteuils, tous les canapés, tous les lustres et tous les portraits. Entre ces derniers s'étalaient ceux d'Antony et de sa femme, qu'on reconnaissait, le premier à sa tabatière et le second à son fichu. Le *Dieu seul* de mademoiselle Irvina avait été brossé, ainsi que les tapis qui couvraient le parquet. Un excellent feu envoyait une douce chaleur dans tout l'appartement. Madame André, mise exactement comme la figure n° 3 du dernier *Journal des modes*, recevait son monde avec un ton exquis et ces manières aristocratiques que chacun admirait en elle. Depuis huit jours madame Madré étudiait dans un roman les façons de madame la duchesse de Polignac, telles qu'elles brillèrent, hélas ! pour la dernière fois à la cour de Versailles, la veille du 6 octobre. M. Résol, qui lui avait procuré l'ouvrage, jura que c'était à s'y méprendre, et il en pouvait raisonner, lui, car la grand'tante d'une de ses amies avait repassé les dentelles de la duchesse pour cette occasion. Mademoiselle Irvina, abonnée depuis trois ans au *Journal des jeunes personnes*, en avait, sur l'ordre de sa mère, consulté les principaux articles. Sa toilette était positivement celle du n° 11 de l'année courante. On ne pouvait rien voir de plus joli, de plus frais, ni surtout de plus neuf.

Pour Madré, jamais — et c'était la douleur de sa femme — il n'avait pu quitter son allure campagarde. On avait bien essayé plusieurs fois de l'habiller à la mode, et de le dresser aux bonnes manières : peines perdues ! le gros bourgeois reparaissait toujours. En désespoir de cause, Antony ne mordant ni à la Louis XIV ni à la Louis XVI, sa femme avait avisé de le styler à la Bonaparte ; un soir même, elle l'obligea à porter une redingote grise et à priser dans la poche de son gilet, comme le vainqueur d'Austerlitz. Le fondeur de cuivre s'en tira mal ; il se plaignit tout haut des exigences de sa femme, il en fit même le sujet de la conversation pendant toute la soirée, ce qui couvrit de confusion madame Madré, et lui fit dire que le *goût de fumier* était incorrigible. Ce soir-là, Antony était dans une *bergère* en velours rouge, un de ses pieds sur les chenêts ; tantôt il se levait pour recevoir les dames, tantôt il se contentait de tendre sa main aux hommes mariés ou célibataires qui l'honoraient de leur visite. A tous indistinctement il offrait sa tabatière ouverte, avec la demande obligée : *En usez-vous, c'est du macouba.* Puis il riait, parlait du temps, du journal, des bruits de Bourse ; ainsi la conversation s'entamait, se coupait, se renouait. Les dames, en attendant, saluaient avec leur amabilité ordinaire, exhibaient leurs plus belles révérences, jetaient habilement un petit coup d'œil sur les glaces, et se toisaient mutuellement de la tête aux pieds, tout en s'accablant de compliments. Chacune saisissait ensuite le fauteuil, le canapé, le petit coin qui pouvait mieux faire ressortir sa toilette. Malheureusement Irvina et sa mère tenaient déjà les meilleurs places. L'une, comme madame Résol, venait de tirer le gant de sa main gauche, pour ne pas cacher plus longtemps celle de ses mains qu'on admirait le plus ; l'autre, comme mademoiselle Gervais, se débarrassait de son chapeau pour laisser voir deux oreilles charmantes; la baronne Folapaille riait presque continuellement, pour ne pas laisser un seul moment enfoui le trésor de ses dents blanches; mademoiselle Boivin étendait ses deux jolis petits pieds, qui avaient longtemps captivé un homme de lettre; madame Tranchelard enfin, dont la personne offrait peu d'agrément du reste, recourait à une petite moue mignonne, dont son mari lui avait dit cent fois qu'elle n'avait pas sa pareille dans vingt départements, et qui consistait à serrer ses lèvres de manière à former un *o* minuscule.

Il y eut ensuite une grande dépense de compliments de part et d'autre. M. Résol, avec le pas régulier d'un entrechat, passait de l'une à l'autre de ces dames, et faisait briller tous ses motifs. La vertueuse fille du douanier était surtout l'objet de ses attentions, aussi bien que le terme de tous les regards. En vain madame Madré avait-elle eu la malicieuse attention de la placer dans un fauteuil de velours blanc jaune qui, en déteignant sur sa parure, en diminuait singulièrement l'éclat; cette brillante toilette éclipsait encore tout le reste. Irvina, découpée, en quelque sorte, sur un sofa bleu noir, vis à vis de la glace et presque sous le lustre qui l'inondait de ses flots de lumière, luttait inutilement de grâce, de bon goût et de fraîcheur: la victoire restait à la fille du douanier. Ce fait avoué et reconnu à l'aide de ces signes imperceptibles qui n'échappent point à une femme, donna bientôt à la jeune fille ce petit air maussade qui ne réussissait qu'auprès de son père, et à madame Madré cette manie de compliments aigre-doux qui laissaient si bien percer son dépit. On parla de beaucoup de choses, dans lesquelles la maîtresse de la maison trouvait toujours moyen d'insérer une question à la belle Havraise, soit sur les mœurs américaines, soit sur le mal de mer, soit sur les façons des jeunes officiers du Nouveau-Monde. Madame Tranchelard assaisonnait le tout de quelques bons jurons, auxquels mademoiselle Boivin entrelaçait des cuirs. Une dame venue en *omnibus*, et dont le nom était Audela, planait seule au-dessus de cette atmosphère commune; elle était femme de lettres et romantique. Sa mise était négligée, mais de *ce beau désordre qui est un effet de l'art.* Elle n'entendait presque rien de ce qu'on disait ; bien que son œil rusé eût en trois tours saisi toutes les toilettes de ses rivales. Son attitude rêveuse et l'excentricité de ses gestes attestaient la puissance merveilleuse de son imagination ; visiblement, une créature aussi heureusement douée ne pouvait prendre pied ici-bas, où tout est prose, et quelle prose ! Son mari, qui souffrait de sa position, avait soin d'interjecter quelques allusions littéraires qui réveillaient soudain la muse; mais bientôt, la nature l'emportant, la dame reprenait son vol dans les régions éthérées. Cette intéressante littératrice était connue par une ode, publiée dans un journal de théâtre.

Cependant Antony, en bon maître de maison, entretenait la conversation de son mieux. Il avait surtout pris à part M. Gervais, pour qui il se sentait une sympathie particulière. M. Dupavé vint se joindre à eux, et dès lors l'entretien, qui n'avait roulé que sur des questions de loyer et d'argent, prit un caractère politique. On parla beaucoup de l'habileté de Louis-Philippe, de la sagesse de M. Guizot, et de l'art avec lequel ces deux hommes asseyaient la dynastie orléaniste sur le trône de France. Le chef d'escadron en disponibilité fit chorus. Un monsieur, venu en coucou, se permit seulement une observation sur les dangers que les sociétés secrètes pouvaient préparer à la royauté cadette. Là-dessus, il y eut un rire général d'incrédulité. Madré profita de l'occasion pour offrir une prise à tous les membres de la compagnie, et formuler son opinion sur le sujet.

— Les sociétés secrètes, dit-il avec beaucoup d'aplomb, ne sont nullement à craindre. Elles ont pu avoir leur valeur jadis : aujourd'hui, elles sont usées ; je doute même qu'il en existe encore. Le danger réel de l'État, savez-vous où il est ? dans le jésuitisme : là et pas ailleurs.

Je sais de bonne part qu'il relève la tête. L'autre jour, morbleu ! — je vous parle de trois mois tout au plus, — un jésuite est venu me trouver ici, chez moi, et m'a demandé une aumône. Imaginez-vous comme je l'ai accueilli! Oui, le jésuitisme, que nous croyions mort, vit encore. Et c'est lui qui nous tuera, si nous pouvons être tués. N'est-ce pas aussi votre manière de voir, M. Tranchelard.

— Exactement, M. Madré ; je n'ai jamais varié sur ce point. Les jésuites au-dessus, les ignorantins au-dessous, et les curés au milieu : voilà le mal, voilà le péril, voilà la plaie.

— Et pourtant dit M. Résol, nos littérateurs leur font une rude guerre. Avez-vous lu le feuilleton de...?

— C'est admirable de vérité et de logique, dit M. Dupavé en relevant ses bésicles vertes, après avoir passé un petit morceau de taffetas vert sous la lunette gauche.

— Et puis, quelle littérature ! dit la baronne Foinpaille.

— Quelle verve ! ajouta mademoiselle Gervais ; quel feu! quelle poésie !

— Maman, qu'est-ce que c'est que cela ? dit Irvina à demi-voix à sa mère.

— Une œuvre de conscience, ma fille, répondit madame Madré, un livre d'une grande portée, un...

— Comment, madame Madré, vous ne l'avez pas fait lire à votre demoiselle ? interrompit la dame du Havre ; je ne vois rien de plus propre à former les idées et les mœurs d'une jeune personne...

— C'est à cause de cet assassinat, répondit l'hôtesse assez haut pour que les voisines entendissent ; vous comprenez que ce n'est toujours pas bon à mettre sous les yeux d'une jeune fille, ça pourrait lui donner le cauchemar.

La fille du douanier fit machinalement un signe d'assentiment.

— Et toi, mon amour, tu ne dis rien ?

Cette apostrophe était de M. Audela à sa romantique moitié. Celle-ci ferma les yeux à demi, soupira et dit :

— Qu'en dirais-je, mon bien-aimé ? Je ne me ferais pas comprendre ?

— Oh ! cela c'est vrai, reprit M. Audela; quand une fois cette chère amie se met à exprimer son avis, c'est quelque chose de si dédié, de si délicat, que... psitt !

M. Audela fit le geste d'un oiseau qui s'envole.

— Et ces évêques ? reprit d'une voix de stentor le chef d'escadron qui se croyait sans doute à la tête de ses hussards ; on dit que leur insolence va croissant.

— Croissant ! Elle dépasse les bornes, répondit Madré ; je voudrais être deux jours au pouvoir pour leur donner sur les doigts.— Femme, as-tu exprimé tes ordres ?

Madame Madré sonna, et bientôt parurent thé, glaces, sorbets, friandises de toutes sortes, dans des vases de vermeil d'argent, de cristal. La compagnie se mit à l'œuvre, et tout disparut, tout fondit sous ces robustes appétits. Madame Audela, elle, n'accepta qu'un verre de liqueur de la main de son bien-aimé. Mademoiselle Boivin mangea comme un ogre et but comme un dragon.

Sur ces entrefaites, Pierre entra. Il sortait du club, et sa figure animée faisait soupçonner qu'il n'avait point été indifférent au sujet qui s'y était traité. Depuis quelque temps, son oncle s'apercevait du changement de son caractère. A sa gaieté ronde et franche avaient succédé un front rêveur et des manières brusques. Cependant Antony était loin de soupçonner l'étendue de la métamorphose qui s'opérait en lui. Les choses en étaient à ce point, que Pierre n'avait que de la haine pour cette même bourgeoisie à laquelle il allait tout à l'heure appartenir. Son premier mouvement, en entrant dans la salle, fut de jeter un coup d'œil dédaigneux et presque irrité sur cet amas de bourgeois et de bourgeoises ; on eût pu traduire ce regard par ces paroles : Fi de ces oppresseurs du peuple !

C'est là le thème de ces prétendus amis de l'humanité,

de ces fervents protecteurs du prolétaire : la bourgeoisie dévore le peuple !

Aussi, on retourne contre cette pauvre bourgeoisie les arguments qu'elle fit valoir en 1789, contre l'aristocratie. Curieuse leçon, ou plutôt admirable attention de la Providence, qui fait ainsi retomber sur chacun le poids de ses iniquités.

Antony présenta son neveu aux personnes de la société qui ne le connaissaient pas encore, et le gronda paternellement de n'être point rentré à l'heure.

— Ne m'en voulez pas, mon oncle, reprit adroitement le neveu, j'avais quelque chose d'important à faire, et puis j'ignorais que vous dussiez recevoir une si honorable société.

Ici Pierre fit ses courbettes avec une grâce et une souplesse qui rendaient méconnaissable le paysan de Sombrey. Visiblement, il était en progrès. Il n'eût pas été impossible peut-être de retrouver la copie des manières nobles et gracieuses du jeune de Semblange. Si Pierre prenait aux clubs leur ardeur sauvage et leur langage fébrile, il empruntait leurs bonnes façons aux aristocrates. La dextérité avec laquelle il s'en tira dans cette mémorable occasion lui valut la bonne humeur de son oncle. La conversation reprit bientôt plus active, plus bruyante, et après bien des contradictions, bien des objections courtoises et des observations amiables, tout le monde se rangea à l'avis de Madré, à savoir : 1° que le péril n'était point aussi grand que certains pessimistes voulaient le représenter ; 2° que le jésuitisme était seul à redouter dans les circonstances présentes ; 3° que le trône de Louis-Philippe était inébranlable.

Ensuite mademoiselle Irvina se mit au piano. Après quelques petites bouderies, quelques résistances mignonnes, encouragée par madame Résol, elle improvisa une valse qu'elle répétait depuis deux mois, et une ouverture à l'étude depuis un an. On applaudit. Madame Tranchelard jura que c'était parfait ; mademoiselle Boivin déclara, en achevant un petit verre de rhum, que c'était délicieux. Tout le monde fut de leur avis. M. Gervais battait la mesure avec sa canne, et Madré prit tant de prises de suite, que M. Dupavé ne pouvait se figurer où elles passaient.

Madame Madré proposa ensuite la danse. Madame Madré avait toujours passé pour une belle danseuse. Sa fille promettait de marcher sur ses traces. Madame Résol tint le piano, et l'on dansa. Il n'y eut pas jusqu'à M. et madame Tranchelard qui ne se missent de la partie, et c'était curieux de voir le parquet ployer sous le poids des deux charcutiers en retraite. Pierre s'en tira à la perfection ; Antony lui-même essaya d'une polka, et le brave M. Gervais, qui avait constamment chiffré du bout de sa canne, dut céder aux vives instances de mademoiselle Boivin et danser une contredanse avec elle. La soirée dura jusqu'à deux heures du matin.

La pauvre femme était assise sur la borne de la rue Elle entendait ces bruits joyeux. Mais le sentiment qui l'occupait n'était pas la jalousie ; elle n'avait qu'un désir, voir son fils. Elle cherchait à distinguer son ombre, sa voix, à se convaincre qu'il était là. Une anxiété poignante s'était emparée d'elle : elle craignait de l'avoir déjà compromis. L'ayant vu rentrer bien tard, elle tremblait que la menace qu'on lui avait faite ne fût déjà réalisée. — Hélas ! se disait-elle, c'est assez d'en avoir huit dans la misère : que celui-là du moins soit heureux ! — Mais elle crut reconnaître, que son fils prenait part à cette joie, qu'il était encore l'enfant de cette famille, et elle s'éloigna le cœur joyeux.

Il n'y a beau jour qui ne finisse. Madré, satisfait de lui-même, reconduisit son monde jusqu'à la porte, avec une joie visible et de puissants éclats de rire. On le vit serrer vivement la main de M. Gervais, et lui dire : Ma foi ! M. Gervais, malgré les jésuites, en voilà encore un de pris !

XXX

CONSEILS.

« Je vous rends grâce, frère, pour votre assiduité à l'œuvre. J'éprouve une sorte de joie sauvage à voir que je ne suis pas trompé. Mon bail expire .. je ne sais quand ; une révolution m'ouvrira la porte. Ma philosophie consiste à ne pas calculer avec les chances de la vie. Il y a une sensation délicieuse à rouler, comme une paille, sur le torrent du temps. La monotonie seule fatigue les hommes de ma trempe. Savez-vous ce qui fait qu'avant peu je me verrai réduit à compter les jours ? C'est qu'au bagne comme ailleurs, les jours se ressemblent trop. Je ne me plains pas du pain dur, de la couche plus dure, du fouet très dur que je subis. Seulement, si cela variait !

« Je crois voir plus clair que vous, et je vous dis que l'événement est proche. L'œil juge mal de trop près. Il eut raison, le philosophe qui disait : L'expérience est un feu qu'on ne voit pas de loin ; il n'éclaire que ceux qu'il brûle. Je vous affirme que la bourgeoisie est aveugle et qu'elle dort sur un volcan : je vous affirme que la royauté est sourde et que son heure a sonné. Les échos souterrains viennent jusqu'à moi. Je serai là, jeune homme, je serai là pour vous donner l'exemple et vous apprendre à vous battre et à mourir. Recommandez aux chefs de section une grande activité. Pierre n'est encore qu'un décurion, dites-vous : c'est trop peu. Lancez-le en plein milieu : faites-lui faire un pas si avant qu'il ne puisse jamais reculer. Il a un défaut qui devient pour nous la plus grande des vertus, l'orgueil: J'ai besoin de lui : que je le retrouve ; qu'il frappe un coup... et que je meure !

« Vengeance ! Adieu !

« LE PIONNIER. »

LE MÊME AU MÊME.

« Bien, mon frère, insistez ! Demandez peu encore, une réforme quelconque ; agitez, troublez l'eau, discréditez le pouvoir, déconsidérez l'autorité. La royauté est un fruit pourri qui n'attend qu'un dernier coup de vent pour tomber : mais qu'elle tombe par le mépris. Ce qui est abattu par la violence peut se relever encore ; ce qui tombe par le mépris est perdu sans ressource. Quant à cette bourgeoisie, vous avez tort de la craindre ; c'est un corps inerte, amolli par les jouissances matérielles, et qui n'offrira guère de résistance. Elle verra d'un œil indifférent tomber son roi bourgeois ; elle éconduira elle-même sa charte bourgeoise, ses chambres bourgeoises, ses institutions bourgeoises. Elle n'a plus de foi, et ce mot dit tout : plus de foi religieuse, plus de foi politique, et qu'est-ce qu'un corps sans foi ? un faisceau brisé. Depuis trente ans, l'aveugle applaudit aux doctrines qui doivent la tuer. Elle, qui n'a ni le prestige de la noblesse, ni l'antiquité de l'origine, ni la dignité des manières, elle ne pouvait s'appuyer que sur une seule base, la propriété. Eh bien ! la propriété — et elle ne l'a pas vu — ne repose que sur la foi religieuse. Otez le précepte TU NE VOLERAS PAS, où est la raison de la propriété ? Qu'est-ce qui garantit au bourgeois ce qu'il possède ? Le fait, et rien de plus. Or, nulle part le fait ne constitue un droit. Le fait, c'est la force. Eh bien ! une force se détruit par une force contraire.

« Courage, ô mes amis, courage : la victoire nous appartient, l'avenir est à nous...

« Je vous remercie, Ambert, des soins que vous donnez à celui que je vous ai recommandé. La haine, dites-vous, fait chaque jour des progrès dans mon âme : c'est bien! cette haine-là, c'est l'amour de l'humanité. Qui hait le membre pourri, aime le corps entier. Tâchez surtout de lui inspirer une profonde aversion pour l'homme qui le nourrit. N'oubliez pas que ce transfuge odieux a cherché à nous trahir; que c'est à lui que nous devons les tracasseries incessantes dont nous avons été l'objet. Son nom doit être écrit dans nos registres en lettres de sang. Quant à moi, qui lui dois la misère, la prison, la perte d'une femme aimée, l'opprobre et le sceau de l'infamie, il sait quelle dette j'ai à liquider avec lui... Le jour des comptes approche...

« Adieu!

« Le Pionnier. »

XXXI

VISITES DOMICILIAIRES.

Les prévisions de l'inconnu se réalisaient : une amertume secrète remplissait l'âme de Rousseau. Initié aux secrets de la société dont il faisait partie, il en épousait avec chaleur les préjugés et les haines. En lui se reproduisait ce phénomène si commun de nos jours, d'un ouvrier habile et laborieux se laissant entraîner par des théories trompeuses, et sacrifiant son avenir, son bien-être, à la prétention orgueilleuse de réformer le genre humain. Pierre a pris la vie à rebours et la société en haine; il lui semble qu'il ne peut plus vivre, tant qu'un de ses frères sera dans la peine et que l'égalité la plus parfaite ne régnera pas parmi les hommes. Il caresse avec amour ce vieux rêve qui berce les malheureux depuis le commencement du monde, ces dévorantes chimères que chaque siècle renvoie au siècle, comme un leurre séduisant, destiné à faire tout à la fois l'espoir et le tourment de l'humanité. L'Évangile qu'il a aimé, auquel il croit encore, mais qu'il ne pratique plus, lui paraît comme une lettre morte, comme un code magnifique qui attend son application. Illusion étrange, mais commune en ces siècles d'audace ! Pierre, docile aux instructions de ses maîtres, étaie de monstrueux systèmes sur ce livre sublime, dont il ignore ou ne connaît plus la portée ; il essaie de mêler un nom divin, une doctrine céleste, aux plus coupables égarements de l'esprit humain : la loi qui fait consister le bonheur à vaincre les passions, il l'appelle à l'appui de l'exécrable théorie qui fait voir la félicité dans la satisfaction des plus honteux penchants du cœur de l'homme.

Oh ! qu'on descend vite dans cette voie funeste ! qu'il y a près de l'orgueil à ces déceptions !

C'est Ambert le cambreur qui est chargé de *convertir* le néophyte, et il s'acquitte de cette mission à merveille. Son génie souple et énergique possède un genre d'ascendant que ne donneraient pas des talents plus distingués. Il prend les choses avec tant de rondeur ! il met tant d'abandon dans son dévouement ! tant de désintéressement dans ses actes ! Il ne raisonne pas, il agit : Ambert visite *ses frères,* écoute leurs plaintes, touche leurs plaies: le peu qu'il possède, il le donne sans calcul, et cette façon de procéder paraît à Rousseau le type de l'homme de bien.

Aussi l'imite-t-il de son mieux. Son salaire vient d'être encore augmenté; il gagne maintenant six francs par jour, et le soir il ne lui reste rien du prix de sa journée ; c'était pourtant là, si l'on s'en souvient, le terme de ses vœux : six francs par jour ! il ne s'était rien promis de mieux quand il quittait sa chère Thérèse. Mais que sont devenus ses serments ?

Pierre est aussi propagandiste. Il exerce son influence sur l'atelier de son oncle Il recrute, il enrôle des *travailleurs* pour la cause qu'il a juré de servir ; sa parole souffle un feu secret dans ces esprits grossiers, que chaque jour le hasard lui amène : il fait pour d'autres ce qu'on a fait pour lui. Bientôt son ascendant sur eux est sans bornes, d'autant plus qu'il n'abuse point de l'autorité qui lui est confiée, et, qu'au fond, de précieuses qualités le relèvent aux yeux de ses subordonnés. Pendant longtemps, sa conduite échappe à l'œil de Madré ; à la fin, de nombreux rapports éveillent l'attention de l'oncle sur la conduite du neveu, et le gros bourgeois, ci-devant membre des clubs, mais aujourd'hui conservateur *quand même*, en conçoit un chagrin et un dépit des plus vifs. Maintes explications ont lieu entre lui et Pierre ; bien des paroles amères sont échangées ; mais le neveu, avec cet art de mentir dont il a fait l'apprentissage, vient encore à bout, sinon de rassurer tout à fait, au moins d'endormir le bon oncle dans sa sécurité. Seulement, l'âme de Pierre en garde une aigreur toujours plus grande, et je ne sais quel satanique transport lui fait déjà rêver une heure où il pourra se venger.

Comment un changement si prompt, si complet, a-t-il pu s'opérer dans ce jeune homme si droit et si religieux naguère. Le mot de l'énigme est facile : Pierre a le cœur gâté ; il a bu à la coupe empoisonnée du vice. L'exemple d'Ambert a enfin triomphé de ses résistances. Dès lors, sa tête s'est troublée ; il a douté de son Dieu ; il a pris en dégoût la loi sainte qui fit le bonheur de sa jeunesse, et il se trouve réduit à appeler de ses vœux l'ère tant promise où la félicité consistera dans l'assouvissement des passions.

Le changement du neveu à l'endroit de la religion était ce qui avait d'abord frappé l'oncle Antony, et le stupide bourgeois lui répétait souvent : — Sais-tu, neveu, ce qui me fait plaisir en toi ? c'est que tu n'es plus jésuite !...

Un soir, en se rendant au club, Pierre vit, à la lueur du réverbère, une espèce de spectre appliqué contre la muraille. Quelle fut sa surprise, et en même temps sa joie, en reconnaissant le Saint-Suaire.

— C'est vous, mon vieux, dit-il en courant lui serrer la main ; que faites-vous là ? J'ai pensé à vous bien des fois ; je n'espérais plus vous revoir. Que venez-vous faire à Paris ?

Le grand désossé baisa tendrement la main de Rousseau, et fit entendre ces sons inarticulés par lesquels il exprimait indifféremment tous les sentiments qui agitaient son âme. Puis il tira de sa poche une pipe, et se mit en devoir de la remplir.

— Quelle vue ! quel souvenir ! dit Pierre, qui avait changé de couleur à l'aspect de cette pipe ; Saint-Suaire, je me reporte au jour où vous prêtiez cette pipe à M. Duvert en prison... vous en souvenez-vous ? Ce Duvert !.. vous en souvenez-vous, Saint-Suaire ?

Le squelette ouvrit ses lèvres, et laissa voir encore ses quatre dents jaunes, comme au jour dont parlait Rousseau. Ce nouvel incident rafraîchit tellement la mémoire de Pierre, qu'il se crut réellement dans la prison, et un souvenir amenant un autre souvenir, il se mit à rêver.

— Il me disait, cet original, que le monde est posé de travers, qu'une moitié du genre humain est esclave de l'autre, que le volcan se prépare, que l'avenir est à nous... Quel être étrange ! Je voudrais le revoir ! Savez-vous où il est, Saint-Suaire ?

Le Saint-Suaire rit d'un rire niais, montra le côté du midi, et fit trois pas en traînant une jambe.

— Je comprends ; aux galères ! Pourquoi, Saint-Suaire ? savez-vous pourquoi ? Est-ce parce qu'il était pauvre ?

Le squelette fit un signe affirmatif, en tirant une bouffée.

— C'est cela, il me l'a dit : la pauvreté est la mère des vices, et le plus grand des opprobres. Je n'ai jamais oublié l'impression que fit sur moi la première conversation de cet homme. Je crois qu'il était prophète. Je ne songeais guère alors qu'un jour je serais de son avis. Mais lui le savait bien! Il y a vraiment des hommes qui ont l'instinct de l'avenir.

Pierre, en levant les yeux, vit le squelette agiter ses deux grands bras, et se sentit en même temps frapper sur l'épaule. C'était Ambert, qui secoua rapidement la main du Saint-Suaire, comme à une vieille connaissance. Le désossé posa mystérieusement sa main sur l'espèce de haillon qui passait pour son gilet, et tous trois s'acheminèrent vers le club.

— Tu pourrais peut-être lever le voile qui pèse pour moi sur cet homme, dit Pierre à son ami.

— Ouvrier de l'humanité, frère. C'est un Espagnol qui se battit comme un lion dans les guerres de Napoléon. Fait prisonnier, il subit de la part de nos soldats des traitements atroces, en particulier l'amputation de deux doigts de pied et de la langue. Plus tard il reparut dans la guerre de l'indépendance, et fut proscrit après l'invasion de 1823. Un jour, il reconnut dans une de nos villes l'homme qui lui avait coupé la langue; transporté de fureur, il le perça de son couteau, et pour ce fait fut condamné aux galères à perpétuité. Depuis il a obtenu sa grâce, et voyage pour nous.

— Je l'ai vu en compagnie d'un nommé Duvert, dont il semblait l'instrument docile... Connais-tu ce Duvert?...

— Non. Ce nom ne figure pas sur nos listes, que je sache.

Ils arrivèrent. L'apparition du Saint-Suaire fut un événement. Il retourna alors à droite et à gauche ses yeux blancs, ce qui remua encore les souvenirs de Pierre, et il tira de la doublure de ses haillons plusieurs lettres qu'il remit au président du club. Ces nouvelles étaient importantes; des remerciements furent votés à l'auteur de ces lettres et au brave Catalan, son messager.

Ce soir-là, on fit une motion pour la visite des sections. LE PIONNIER recommandait de serrer les rangs, car l'heure était proche. Des bravos unanimes accueillirent les prédictions du chef, et Ambert fut chargé d'inspecter son quartier; il demanda que Rousseau lui fût adjoint. Dès le lendemain, ils commencèrent leur tournée.

Si le spectacle de la misère est navrant partout, il l'est surtout dans les grandes villes. C'est là que l'indigence revêt des formes hideuses et multiples. En demandant à être accompagné de son ami, l'intention d'Ambert était d'exciter de plus en plus sa haine contre l'ordre social.

Le premier galetas qu'ils visitèrent ne contenait qu'un seul habitant. C'était un vieillard de près de quatre-vingts ans. Sa barbe était longue, sale, épaisse. Il n'avait pour vêtement qu'un pantalon attaché à l'aide d'une ficelle; point de bas, point de souliers, point de chemise; une figure hâve, une bouche baveuse, un œil creux et terne; aucun meuble dans son taudis, de la paille pourrie pour couche. Une petite lucarne projetait seule sa lumière dans cet affreux réduit, et cette pénombre blafarde inspirait une sorte de terreur. Le vieillard était assis immobile sur sa couche.

— *Marat*, dit Ambert, avez-vous besoin de quelque chose?

Le vieillard fit un signe négatif.

— Vous mentez : je gagerais que vous n'avez encore rien mangé aujourd'hui. Est-ce la vérité ?

— Oui. Ils m'ont rejeté ; ils m'ont ôté mon pain.

— Mais pourquoi êtes-vous si fier? Pourquoi refusez-vous les secours de la *société?*

— Un vieux républicain ne saurait mendier. Ils m'ont rebuté, ils m'ont considéré comme un tas de fumier qui n'est bon qu'à être foulé aux pieds. Cette main a serré celle de Robespierre, celle de Marat, celle de tous nos pères dans la foi. Allez, jeune homme, elle n'est pas faite pour demander l'aumône.

Une fierté visible ralluma l'œil du vieux terroriste.

— Vous pouviez obtenir une place à l'hôpital.

— Ils me l'ont refusée à cause de mes opinions. Est-ce que je devais renoncer à ma foi républicaine, pour avoir un bouillon et un grabat? Non : il vaut mieux mourir de faim et rester fidèle.

— Tenez, ami, voilà qui vous vient d'un frère.

— Merci, jeune homme. Cela me servira à acheter un peu de pain : je commençais à avoir faim. J'avais toujours espéré revoir notre chère république. Mais je vois bien qu'il faudra mourir sans avoir cette consolation.

— Espérez, ami, espérez toujours, LE PIONNIER nous dit que l'heure est proche.

Un sourire de joie passa sur les lèvres du compagnon de Marat.

— Cet homme, dit Ambert en descendant, fut un excellent ouvrier serrurier. On lui donne le surnom de Marat, parce qu'il a connu et servi ce célèbre républicain. Jamais dévié de ses premières opinions. Abandonné, rebuté, poursuivi comme conspirateur, condamné trois ou quatre fois à la prison, et même, je crois, aux galères, il était devenu pour tous comme un objet d'horreur. Et lui, fier à son tour, dédaigna de descendre à la plainte. Boudeur sublime, il a voulu vivre et mourir dans sa première foi politique, enveloppé de son stoïcisme comme d'un suaire. Tout vieux qu'il est, il nous donnerait encore un coup de main au besoin. Je viens de temps en temps le visiter; sans moi il serait mort vingt fois, sans que personne le sût. Douceurs de l'ordre social!

Ils montèrent dans une maison voisine, au cinquième étage. On respirait à peine dans cette chambre obscure, basse, fétide. Une famille entière y était entassée, oncle, tante, neveu, enfants, père, mère. Trois ou quatre personnes y grelottaient de la fièvre ; d'autres juraient, d'autres chantaient. Ambert parcourut un instant ce dédale de mourants, de vivants, de meubles et de grabats. Pierre n'avait pu entrer, tant la puanteur qui s'en exhalait l'avait vivement saisi. Ambert jeta là quelques paroles et quelques pièces de monnaie. Mais tout ce que Rousseau put recueillir, ce furent des jurements et des blasphèmes d'hommes et de femmes.

— Tout cela, dit Ambert en sortant, est un monceau d'honnêtes gens. Tant qu'ils travaillèrent, ils vécurent assez bien, trop bien peut-être. Mais le principal soutien, le père ou l'oncle, je crois, étant tombé malade, le diable et son train vinrent planter là leur domicile. Je tâche de leur monter la tête, ou plutôt de la tenir en fermentation, car elle y est de reste. Ils sont vingt là-dedans qui ont eu le malheur de ne pas naître rentiers, ou de tomber malades étant travailleurs. Douceurs de l'ordre social !

Ils arrivèrent à un entresol — nous nous servons de ce mot, faute d'un autre plus juste, pour indiquer un logis bâtard, étouffé, sans air, sans lumière, qui n'était ni un rez-de-chaussée ni un premier. La pièce fort vaste, n'ayant qu'une unique ouverture sur une cour sombre, formée de murs excessivement élevés, appartenait, ainsi que plusieurs autres de même nature, à un *logeur*. Là étaient entassés une trentaine de lits, dans chacun desquels couchaient deux ou trois individus. Il serait difficile de peindre le désordre, le bruit qui y régnaient. Au moment où Pierre et son ami entrèrent, cinquante ou soixante personnes fourmillaient dans cet affreux repaire, qu'une veilleuse éclairait. La nuit venait de les rappeler au gîte. C'étaient des vagabonds, des escrocs, des danseurs de corde, des galériens en rupture de ban, des chiffonniers, des mendiants contumaces, des crieurs de journaux, tout cet immonde ramassis qui forme le bas fond d'une grande ville. Les uns chantaient, les autres se disputaient, quelques-uns étaient ivres : une odeur infecte de tabac, d'eau-de-vie, imprégnait l'air. Ambert se promena à travers ce labyrinthe, comme un homme qui en tient le fil. Aux uns il serrait la main, aux autres il glissait un mot à l'oreille ; parfois, quand sa présence était reconnue, sept ou huit individus se rapprochaient de lui, et il leur tenait des discours brefs, mais amers, mais pleins d'invectives contre l'ordre social. Des cris sauvages lui répondaient.

— Ce serait tout un roman, dit-il après son inspection, que l'histoire de cette ruche. Je ne parle pas même des aventures de chacun en particulier, mais seulement de l'organisation de cette république, de la manière dont elle se compose, se dissout, se renouvelle, et des lois qui la régissent. Il y a là autant de parias que d'habitants. Les uns sont au-dessus, les autres à côté, le plus grand nombre au-dessous de la société. Ils ne connaissent les lois que par la cour d'assises, la religion que par le blasphème, et les civilisés que par leurs poches. J'ai un peu étudié cette race nomade, ce ban, cet arrière-ban du crime : j'y ai trouvé une quantité de natures primitivement honnêtes... Ce sont des campagnards arrivés ici dans la candeur de leur foi chrétienne, et que de mauvaises compagnies ont égarés; des ouvriers probes et habiles, que la débauche a perdus; des bacheliers, des demi-lettrés, que l'ivrognerie a abrutis. Il y avait de quoi faire un paradis, on en a fait un enfer. Et qui? tu le devines : l'ordre social. C'est lui qui, après avoir creusé ces appétits par l'instruction fausse qu'il donne, les a laissés inassouvis; c'est lui qui a fait briller à leurs yeux ignorants le prisme trompeur; la plupart de ces ouvriers ne demandaient que du travail, il n'a pas pris soin de leur en fournir; des talents, des vertus sont restés étouffés.

« Je ne saurais te dire combien Paris renferme de ces repaires d'immondices.

« Eh bien! mon ami, c'est là que nous recrutons nos *travailleurs*. Ce sont comme autant de petits volcans, où il suffit de jeter l'étincelle. On s'étonne quelquefois, aux jours d'agitation, de la quantité de figures patibulaires qui semblent surgir comme par enchantement. Elles sortent de là. Laisse venir le jour de la tempête, et je te ferai voir comment un coup de sifflet fait lever les morts. »

La visite qui suivit ne s'adressait qu'à une seule famille. Ce qui frappa avant tout Rousseau, ce ne fut pas l'extrême dénuement — ses yeux étaient habitués à ce spectacle — mais l'abattement moral qui se peignait sur les figures. A la place de cette gaieté vraie ou factice, de ces physionomies animées par la colère, la sauvagerie, la haine ou toute autre sensation violente, Pierre ne vit que des faces terreuses, consternées, plus semblables à des spectres qu'à des figures de vivants. Pas un bruit ne se faisait entendre. En avançant avec précaution dans l'obscurité, on heurtait d'abord un corps quelconque, étendu sur des guenilles et recouvert d'autres guenilles : c'était une femme relevant de maladie. Au fond, sur un escabeau, une autre femme vieille, toute vieille, privée de la vue et à peu près de l'ouïe, étendait ses mains, comme pour palper ou saisir un objet imaginaire. Une grande fille idiote était assise à ses côtés : elle portait encore pendu à sa ceinture un écriteau déteint par la pluie : *Sourde et muette.* Elle était blottie contre les jupes de sa grand'mère. Une demi-douzaine d'autres êtres ronflaient çà et là, ou tenaient leurs yeux ouverts, dans l'attitude d'une avidité inquiète. Un homme seul, le père sans doute, remuait dans cet espèce de charnier. Il avait la tournure d'un chiffonnier, et sa hotte pendue à un clou venait à l'appui de la supposition.

— On infecte chez vous, Ramonet, dit Ambert en entrant ; vous n'ouvrez jamais votre fenêtre.

Le chiffonnier fit danser sa tête en l'air comme pour dire : Ai-je une fenêtre ?

— Ce trou, enfin, cette ouverture que je vois là : elle vous donnerait au moins quelques mètres d'air pur, et il faut cela pour vivre. Vous m'avez une mine diablement triste aujourd'hui, frère ; qu'est-ce qu'il y a donc de plus qu'à l'ordinaire ?

Le chiffonnier recommença son mouvement de tête, et sa femme soupira.

— Il est impossible d'y tenir, dit Ambert en se bouchant

le nez ; je ne peux deviner d'où vient cette puanteur, à moins que...

Avisant un coffre fait de planches mal jointes, il enleva le couvercle : c'était un cadavre !

— Eh bien ! eh bien !

— C'est le sien, c'est son dernier, dit alors le chiffonnier, en montrant sa femme ; nous n'avons pas eu le moyen de l'enterrer. Je l'ai emporté deux fois dans ma hotte pour le jeter dans l'égoût — non, dans la Seine, il eût été mieux — et je l'ai rapporté, de peur de la police. Ces sergents de ville ont toujours l'œil ouvert. C'est le sien ! c'est son dernier ! Il y a huit jours que j'attends pour avoir de quoi l'enterrer. Mais elle est malade : et il vaut encore mieux donner aux vivants qu'aux morts (1)...

— Mais, n'y a-t-il plus de place à l'hôpital pour votre femme ? plus de fonds au bureau de bienfaisance ? point de crèches, de salles d'asile pour vos enfants ?

Ramonet fit danser sa tête trois fois, dans l'intention de dire : Est-ce que j'ai des protections, moi, pour obtenir de telles faveurs ?

— Tenez, frère, au nom de la *société*, faites vite enterrer ce cadavre, soulagez votre femme, et jurez haine à un ordre de choses qui condamne un honnête homme à un sort si malheureux.

Ramonet crispa ses deux poings avec un air de fureur qu'on ne saurait décrire, puis regarda la pièce d'argent avec curiosité.

— Ce chiffonnier fut jadis un honnête négociant, reprit Ambert en descendant un escalier à qui il manquait une marche sur deux ; je ne sais quelle diable d'affaire vint barrer ses opérations ; les créanciers s'emparèrent de son fonds, la justice y mit la main, et il ne lui resta plus rien que sa femme et ses enfants, et deux yeux pour pleurer. Il prit alors le crochet du chiffonnier. Par cela seul, son

(1) Historique.

opinion est toute faite; avec de pareils hommes les longs discours ne sont pas nécessaires; au premier cri d'émeute il bondira de joie, et malheur à qui tombera sous sa main. Ordre social!

Les deux amis avaient visité toute une vaste maison peuplée de gens d'espèces fort différentes. Il ne leur restait plus qu'un ménage au cinquième, sous les combles, et Rousseau, en se retournant, crut se souvenir qu'il avait déjà visité ce quartier. Un gueulard percé, une balustrade démembrée, achevèrent de lever ses doutes.

— Je ne me trompe pas, dit-il à Ambert, c'est ici la demeure de Palanquin. J'y ai vu une femme folle et une douzaine d'enfants en guenille. Tu pourras y verser le fond de ta bourse.

Ambert frappa : pas de réponse.

— Holà ho! les jeunes gens? cria une revendeuse du troisième, qu'est-ce que vous demandez donc?

— N'y a-t-il personne par ici?

— Pas une âme. L'huissier vient de rapproprier cela. On vend les meubles.

— Le produit sera riche, dit Pierre à son camarade.

Ils descendirent, et sans s'en douter se trouvèrent juste sur la place où l'on faisait les criées. Un huissier mettait à l'enchère quelques chaises boiteuses, quelques pots cassés, un bahut disjoint et des haillons. Il y avait quatre ou cinq acheteurs, et à vingt pas de là, une femme regardait faire. Les yeux de Rousseau s'étant portés de ce côté, il reconnut la Palanquin.

— Voilà probablement les meubles en question, dit-il à Ambert, car je vois là la femme qui habitait cette mansarde.

La femme, à son tour, l'avait reconnu. Ses entrailles se remuèrent : un voile passa sur ses yeux, et elle s'assit pour respirer.

— Lui dirai-je? pensa-t-elle dès qu'elle put penser; ce serait le moment favorable; il est bon, il est sensible; il aurait pitié de moi, ou plutôt de ces malheureux enfants, ses frères après tout. Irai-je à lui? Irai-je?

Elle se leva, puis elle se rassit. Ses jambes n'auraient pu la porter jusque-là. Mais Rousseau et son ami s'approchaient d'elle; sa figure se troubla, ses entrailles s'agitèrent plus fort; pourtant elle se dit : Un peu de courage! plutôt mourir que de le rendre malheureux!...

— N'est-ce point à vous ces meubles, femme Palanquin? dit Pierre: c'est vous, c'est bien vous que j'ai vue à la mansarde du numéro...

— Moi-même, Monsieur, dit-elle avec un calme apparent.

— Eh bien! qu'êtes-vous donc devenue? Nous sortons de chez vous.

— Nous n'avons plus de chez nous, Monsieur.

— C'est vrai, la mansarde est vide.

— Douceurs de l'ordre social! dit Ambert.

— Et pourquoi vide?

— Parce que nous ne pouvons pas payer le loyer du mois. Le propriétaire nous a mis à la porte.

— Et où irez-vous? que deviendrez-vous?

— Nous avions, en sortant, de quoi payer un *logeur* pour quelques nuits : celle-ci sera la dernière.

— Et après?

— Après... nous irons mourir de froid dans un coin.

— Douceurs de l'ordre social! répéta Ambert; les uns meurent de faim, les autres d'indigestion.

— Je vous gardais le fond de ma bourse, pauvre femme, dit Pierre en lui donnant tout ce qu'il possédait, environ huit ou dix pièces de cinq francs : je n'ai rien donné ailleurs, car, je ne sais pourquoi, votre sort me touche, depuis le jour où je vous vis à l'église, depuis le jour où je fus témoin de votre misère... Et puis, vous avez un accent si semblable à celui de mon pays, que cela me fait illusion... Pauvre femme, je voudrais avoir davantage, ce serait à vous...

Un tremblement universel s'était emparé de la Palanquin : il n'y avait pas de regard dans ses yeux, point de parole dans sa bouche; le délire ébranlait sa cervelle; elle tendait ses deux mains, elle ouvrit et ferma ses lèvres, elle sourit, elle soupira, elle poussa des exclamations; tous signes que les jeunes gens attribuèrent naturellement à la joie, mais qui partaient de l'émotion la plus profonde qui ait jamais remué l'être d'une femme.

— Et vous me direz votre numéro, ma bonne, reprit Pierre que ce délire de joie touchait aussi, et j'irai vous voir... vous voir !

Oh ! à ces mots la pauvre créature retrouva des larmes : elles jaillirent de ses yeux, comme si on les eût découpées avec un instrument. Elle tendit ses mains, elle les joignit, puis elle se jeta aux pieds de son fils, lui saisit les jambes et y colla sa figure. Elle n'osait faire plus.

— Vous nous sauvez la vie, dit-elle ; enfant... du Ciel, que le Ciel vous bénisse ! Vous ne pouvez manquer d'être heureux.

— Je le suis de moins en moins, ma bonne ; il y a trop d'infortunés à côté de moi. Rien ne me manque, il est vrai ; mais je souffre de voir les autres souffrir.

Les regards de Pierre avaient démêlé dans la foule des passants un petit homme en culottes, qu'il crut reconnaître et qui le reconnut aussi. Il se dégagea des mains de cette femme, dont la joie lui faisait mal. A la canne à pomme d'argent, à la culotte de soie noire, aux souliers à boucles, impossible de méconnaître M. Gervais (Pierre-Dominique), se promenant de long en large, avec cette mine insouciante du flâneur, qui n'a d'autre intention que celle de n'être plus chez lui.

— Irai-je? se répétait la femme, pour qui dix écus de cinq francs n'étaient rien en comparaison des autres pensées qui l'oppressaient : son bon cœur est si visible ! il est si tendre ! si généreux ! Nous partagerions son bien-être, ou il partagerait notre misère ! Irai-je? Je lui dirais tout :

je lui nommerais notre village, ses amis, ses connaissances, ses meubles... il ne pourrait douter de ma parole ! L'accent du pays ! je l'ai donc encore, il l'a reconnu ! Mais non.., il faudrait lui avouer ma faute, le faire rougir de sa naissance, le rendre malheureux... oh non ! ce serait trop cruel, je n'irai pas...

— Bonjour, bonjour, M. Rousseau, dit le petit propriétaire, en tendant à Pierre une de ses mains glacées, et en piquant de l'autre le pavé avec sa canne ; il y a un siècle que je n'ai eu l'honheur de vous voir, morbleu ! Comment ça va ? Et le cher oncle, et la tante, et la petite espiègle ? Savez-vous bien que vous vous en êtes tiré comme un roi, l'autre jour ? A part un de mes amis qui dansait chez Barras, je ne sais si j'ai vu un danseur de votre force.

— Fort honnête, M. Gervais. Et vous, comment va la petite santé ?

— Moi ? comme cela : les vieux ans m'accablent. Et puis. toutes sortes de tracasseries. Ah ! M. Rousseau, pour l'amour de Dieu, ne devenez jamais propriétaire. C'est le sort le plus malheureux qui se puisse imaginer.

— Il vaut mieux cent fois être prolétaire, dit Ambert ironiquement.

— Oui, oui, Monsieur, cent fois mieux, reprit M. Gervais, en serrant énergiquement le bras de celui qui venait de parler, et en frappant quatre ou cinq fois la terre de sa canne ; vous n'imaginerez jamais, à moins d'y avoir passé, les maux d'un propriétaire. Pour trente-six mauvais locataires que le Ciel m'a envoyés dans sa colère, je ne puis vous dire tout ce que j'endure le long de l'année. J'ai assez à faire de monter et de descendre les escaliers, de menacer, de signifier, de saisir, de paraître au tribunal, de faire vendre... Enfin, Monsieur, ma pauvre vieille tête n'y tient plus.

— C'est à votre requête, M. Gervais, que l'on vend ces meubles ? dit Pierre.

— Oui, Monsieur, et ce jour est un des plus beaux de ma vie. Ce locataire était comme le chancre de ma maison. Jamais de loyer à la fin du mois. Et l'exemple commençait déjà à gagner ; le quatrième hésitait, le troisième menaçait, et le mal serait sans doute descendu jusqu'au rez-de-chaussée. Enfin, il me semble que je suis soulagé d'un poids énorme. Venez ici, que je vous conte une histoire.

Le petit propriétaire tira Rousseau à l'écart. Pendant ce temps-là, Ambert avait rejoint Palanquin, qui contemplait à distance, les bras croisés, la vente de ses meubles.

— Palanquin, seras-tu prêt au jour où nous nous lèverons pour écraser ces pestes de l'espèce humaine ?

La figure morne du peintre en éventails revêtit une expression farouche.

— Palanquin, LE PIONNIER dit que le moment approche. Est-il vrai que tu te disposes à quitter Paris, et que nous ne te verrons pas à l'heure du danger ?

— Oui. La mesure est comble. Mais puisque vous me le dites, je ne bougerai pas. Comptez sur moi.

Ils se serrèrent énergiquement la main. Ambert lui dit encore quelques mots tout bas. Pendant ce temps-là, Pierre, qui n'écoutait que d'une oreille les contes de M. Gervais, avait vu la pauvre femme se lever, se rasseoir deux ou trois fois, puis s'appuyer la tête sur une main, puis tomber à la renverse. Quand il courut à elle, les forces lui étaient revenues, et elle avait disparu dans la foule.

XXXII

INSPIRATION.

Thérèse, blessée au cœur des soupçons qu'on avait osé concevoir sur son cher Pierre, avait longtemps boudé la vieille Marguerite. Elle se consolait alors en lisant et relisant cent fois, le jour et la nuit, les lettres qu'elle recevait de Paris. Car, bien qu'esclave d'une passion criminelle, Pierre avait jugé bon d'entretenir les illusions de son ancienne amie; il se faisait un jeu de tromper cette naïve fille de village, de lui faire des protestations continuelles, et de lui arracher, à force de flatteries, quelqu'une de ces réponses si péniblement élaborées, où ses amis et lui trouvaient matière à d'interminables plaisanteries. La pauvre fille ne se doutait guère du résultat de ses peines; enhardie par les louanges de son fiancé, elle avait presque fini par croire qu'elle n'était pas aussi sotte qu'elle se l'était d'abord figuré, et souvent elle relisait, avec un petit grain de vanité, les lignes où elle exprimait avec tout l'art dont elle était capable la vivacité de ses affections pour l'infidèle qui la trahissait.

Pourtant l'amour est susceptible, et bien que la fable ait jugé à propos de lui mettre un bandeau sur les yeux, il est doué parfois d'une étrange perspicacité. Sans qu'elle sût comment, Thérèse avait deviné, ou plutôt senti le changement qui s'opérait dans son ami vis-à-vis d'elle; quoiqu'elle fît, elle ne retrouvait plus dans les dernières lettres le ton de sincérité qui distinguait les premières. Elle éprouvait la sensation qu'on éprouve à passer peu à peu d'une atmosphère chaude à une température glacée. Non qu'il n'y eût de l'art encore dans les lettres de Pierre ; nourri, au contraire, de lectures brûlantes, il en avait subi l'influence et faisait passer dans ses phrases un peu de cette rhétorique enflée qui dissimule l'inanité des pensées sous le bruit des grands mots. Mais Thérèse le sentait bien, ce n'était plus le cœur qui parlait ; un tact délicat la faisait sourire d'incrédulité à toutes les promesses menteuses qu'il cherchait à échafauder : malgré elle, malgré les efforts de sa volonté, elle se disait ; Pierre m'aime moins, Pierre ne m'aimera bientôt plus.

La correspondance avait cessé ; depuis trois grands mois, on n'avait pas reçu de nouvelles de Paris. La pauvre fille sentit alors le besoin de se rapprocher de Marguerite, de Claude Renoux, qui, — elle s'en doutait alors — avaient peut-être mieux jugé qu'elle. Elle les trouva aussi bien disposés que jamais à son égard, mais non moins inquiets qu'elle-même sur l'objet de leur commune affection. Marguerite surtout avait usé le reste de ses yeux à pleurer au pied de son crucifix. Claude vivait de son travail, servait Dieu, s'inquiétait peu de l'avenir, et goûtait la paix que procure une pauvreté résignée. Mais la douleur constante de sa *mère* éveillait en lui une tristesse sympathique ; tous les jours il se confirmait dans la justesse de ses prévisions, et se félicitait d'avoir préféré à un bien-être trompeur une existence laborieuse mais tranquille. C'était en vain qu'il cherchait à distraire la bonne tante de ses préoccupations pénibles : sans cesse elle répétait : Que répondrai-je au bon Dieu, quand il m'en demandera compte ?

Thérèse revint à eux ; elle avait besoin de mêler ses inquiétudes et ses larmes aux leurs, elle avait besoin d'épier les moindres nouvelles qui viendraient de Paris, et de se consoler des chagrins cuisants qu'elle ressentait. Cela lui importait d'autant plus, qu'elle était brouillée avec son père et avec toute sa famille, pour avoir refusé le parti si avantageux qui lui était offert. Jean Mélilot, le plus pacifique des hommes, s'était laissé aller jusqu'à maudire sa fille. Depuis ce temps-là, il était tombé gravement malade, ce qui augmentait les remords et les tourments de Thérèse. Toujours l'infortunée entendait gronder à ses oreilles la colère paternelle; cent fois la piété filiale lui avait suggéré la pensée de se soumettre à la volonté de son père ; mais il était trop tard, Chérisy ne voulait plus d'elle, et en eût-il voulu le lien qui attachait Thérèse à Pierre était encore trop fort pour qu'elle se décidât à le rompre, à quelque prix que ce fût.

Qu'on ne s'imagine pas pourtant que Thérèse eût entièrement rompu avec ses espérances ; elle se berçait encore de rêves, elle attendait, elle croyait, elle espérait contre tout espoir. — Peut-être, se répétait-elle souvent, veut-il nous surprendre. Il compte sur moi, je suis bien sûre qu'il me croit fidèle, mais il veut me mettre à l'épreuve. Il me disait, le cœur serré, au moment de partir : Thérèse, ce n'est pas de moi, c'est de vous que je me défie. Qui sait? Il travaille peut-être en silence pour amasser de la fortune, et reviendra au moment où l'on s'y attendra le moins. Et telle était la puissance de ses rêves, que quelquefois elle regardait du côté du couchant, si elle ne verrait rien venir. Puis, bientôt abattue, découragée, elle retombait dans des pensées opposées, et s'abandonnait à une sorte de désespoir.

Un soir, elle revenait de la moisson, accablée de fatigue et préoccupée de ses idées habituelles. Le hasard voulut qu'en ce moment elle se trouvât précisément à l'endroit où Pierre lui avait fait ses serments et ses derniers adieux. La croix était toujours là, témoin muet de leurs mutuelles promesses. Les circonstances de la séparation lui revinrent, si nettes, si précises, qu'elle sentit défaillir ses forces. Elle s'assit, elle appuya sa tête sur le piédestal de la croix, et elle donna libre cours à ses pensées et à ses larmes. Le souvenir de l'indignation de son père se joignant à la pensée de l'infidélité de son fiancé, ce double poids sembla écraser

13.

sa faiblesse. Elle demanda de mourir, Il ne lui était plus possible de vivre, trahie de l'un, rejetée des autres. Il lui vint alors subitement une idée qu'elle crut inspirée d'en haut.

XXXIII

LE PAUPÉRISME ET LA BOURGEOISIE.

Toute chose humaine a deux faces, tout système a son revers.

En parcourant avec Ambert l'échelle des misères parisiennes, Rousseau n'avait vu que la côte terrestre de l'indigence, cette teinte hideuse de la pauvreté que n'éclaire plus le reflet du ciel. Et vraiment il y a quelque chose de repoussant, d'irritant même, dans ce spectacle, pour l'homme qui a perdu la boussole de la foi.

Ce problème du paupérisme, cancer des sociétés modernes, éternel désespoir de l'économiste, cauchemar de l'Europe, il n'est possible de le sonder, et le guérir, de le comprendre même, qu'avec la lumière d'en haut. Comme tous les problèmes de la destinée humaine, il a besoin, pour être illuminé, d'un rayon du soleil de l'éternelle justice.

Tout mal, surtout s'il est incurable, atteste un vice d'organisation. Le paupérisme n'est que la suite d'un autre vice, l'égoïsme.

L'égoïsme en haut, le paupérisme en bas, voilà les deux plaies de notre monde civilisé. L'une suppose l'autre, l'une s'élargit par l'autre, l'une ne se guérira qu'avec l'autre

Le hasard voulut que, peu de jours après sa visite de quartier en compagnie d'Ambert, Pierre rencontrât son ami Louis de Semblange. Il ne l'avait pas vu depuis plusieurs mois ; il fut frappé, comme le premier jour, de cette tenue à la fois digne et gracieuse, de cette physionomie avenante et réservée. Ils se serrèrent la main avec effusion.

— Je fais une étude, dit le jeune homme à Pierre, et je vous serais reconnaissant de vouloir bien me prêter le secours de vos lumières.

— C'est une plaisanterie.

— Non, vraiment. Je suis chargé d'un travail sur la classe indigente, et je sens le cadre s'élargir sans cesse sous ma plume. La matière est immense. Chaque jour me découvre un nouveau point de vue. Je serais bien aise de profiter de vos observations. Je vais visiter les pauvres : voulez-vous venir avec moi ?

Soit envie de s'éclairer, soit besoin de disputer, Pierre y consentit. Ils reprirent donc ensemble la visite des ménages indigents. Mais le point de vue avait changé ; au lieu des paroles irritantes et des désirs de vengeance qu'Ambert avait semés, c'étaient des paroles de paix, de pardon et d'espérance que laissait tomber Louis de Semblange ; Pierre remarqua aussi que la charité a l'œil plus pénétrant que la philanthropie, qu'elle devine mieux les besoins même matériels, qu'elle va surtout plus avant à la source du mal, en poursuivant les douleurs et les privations dans leurs causes ordinaires, l'imprévoyance et la débauche.

Le tableau qui s'était déroulé naguère sous les yeux de Rousseau n'avait rien ôté de sa nouveauté à celui qu'il contemplait aujourd'hui. Il entrevit des misères qu'il ne soupçonnait même pas. Semblange l'avait conduit dans une grande partie du 12e arrondissement, à la montagne Sainte-Geneviève, dans le voisinage des Gobelins, dans ces dédales de rues tortueuses, humides, étranglées, dont la boue fait le sol, où le jour pénètre à peine et le soleil jamais, où une voiture ne saurait s'engager, où « jamais un homme en « frac ne passe sans faire événément, et sans attirer sur les « portes des groupes d'enfants nus et de femmes en hail- « lons. Des deux côtés d'un ruisseau infect, s'élèvent des « maisons de cinq étages, dont plusieurs réunissent jusqu'à « cinquante familles. Des chambres basses, humides, nau- « séabondes, sont louées à raison de 1 fr. 50 c. par semaine « quand elles sont pourvues d'une cheminée, et de 1 fr. 25 c. « quand elles en manquent. Aucun papier, souvent pas un « meuble, ne cache la nudité de ces tristes réduits. Dans « une maison de la rue des Lyonnais, ils virent dix mé- « nages qui n'avaient plus de bois de lit. Au fond d'une « sorte de cave, habitait une famille sans autre couche « qu'un peu de paille sur un sol décarrelé, sans autre meuble « qu'une corde qui traversait la pièce ; ces pauvres gens y « suspendaient leur pain dans un lambeau de linge pour « le mettre à l'abri des rats. Dans la chambre voisine, une « femme avait perdu trois enfants, morts de phthisie, et en « montrait avec désespoir trois autres réservés à la même « fin. Les étages supérieurs n'offraient pas un aspect plus « consolant ; sous les combles, un grenier mansardé sans « fenêtres, percé seulement de deux ouvertures fermées « chacune par un carreau, abritait un pauvre tailleur, sa « femme et huit enfants ; chaque soir, ils gagnaient, en ram- « pant, la paille qui leur servait de gîte, au fond de la pièce « et sous la pente du toit.

« Nous ne parlons pas des mieux partagés, de ceux qui « avaient deux lits pour six personnes, où s'entassaient « pêle-mêle bien portants et malades. Nous ne dirons rien « du délabrement des habits, qui est tel que dans la même « maison, vingt enfants ne pouvaient fréquenter les écoles « faute de vêtements. Et de la nourriture de ces infortunés, « que dirons-nous ? Plusieurs vivent des restes que leur « distribuent, à travers les grilles du Luxembourg, les « cuisiniers de la troupe casernée dans le château : une « vieille femme s'était nourrie huit jours des morceaux de

« pain qu'elle ramassait dans les immondices et qu'elle dé-
« trempait dans de l'eau froide (1). » On ne finirait pas si on voulait analyser ces effroyables misères.

Mais par là-dessus, toujours ou presque toujours, comme Semblange le fit remarquer à son compagnon, quelque signe de foi religieuse, une croix, une image de saint, un rameau bénit. Cette population des faubourgs, qu'on a coutume de représenter comme dénuée de toute croyance, est au fond composée de gens de province, qui ont apporté là leur foi chrétienne et qui en ont toujours gardé quelque reste. Rousseau voyait avec étonnement, à la parole de son ami, ces figures sauvages s'adoucir, ces lèvres flétries s'épanouir, et même, parfois, des larmes couler sur ces joues creusées par le désespoir et la faim. « De temps en temps encore,
« dans des greniers infects, sur le même palier que la pa-
« resse et le vice, ils virent les plus aimables vertus
« domestiques, avec la délicatesse et l'intelligence qu'on
« ne rencontre pas toujours sous des lambris dorés : là, par
« exemple, un pauvre tonnelier septuagénaire, fatiguant
« ses vieux bras pour nourrir un enfant qu'un fils mort
« dans la force de l'âge lui avait laissé ; ici, un jeune sourd-
« muet de douze ans, dont l'instruction avait été poussée à
« à ce point qu'il commençait à lire et à prier Dieu ; plus
« loin, dans une humble chambre, mais d'un arrangement
« irréprochable, une bonne femme d'Auvergne, dans le cos-
« tume de son pays, travaillant avec ses quatre jeunes
« filles, propres, modestes, et ne levant les yeux de leur
« ouvrage que pour répondre poliment aux questions qu'on
« leur adressait. Le père n'était qu'un aide maçon : mais
« le travail, l'ordre, l'économie, entretenaient une sorte
« d'aisance dans ce ménage, heureux au sein de tant de
« misères. Il est vrai que la foi que ces braves gens avaient
« gardée de leurs montagnes, éclairait leur vie, comme le

(1) Nous empruntons textuellement ces détails au récit d'un témoin oculaire et digne de foi, cité par un journal religieux.

« rayon de soleil qui glissait à travers leur fenêtre et qui « éclairait les saintes images collées sur les murs (1). »

Pierre se sentit presque malade après cette longue et pénible revue. Ils avaient habituellement gardé le silence entre eux, peut-être pour ne pas augmenter, en se communiquant leurs pensées, le poids de douleur qui les accablait. Également sensibles, ils ne pouvaient sans émotion assister à cette sorte de défilé des misères humaines, d'autant plus frappant qu'il contrastait avec un luxe effréné et se produisait au sein de la capitale du monde civilisé.

Le huitième jour, comme ils étaient rentrés chez Louis de Semblange, leur entretien fut grave ainsi que l'objet de leurs pensées. Pierre, rempli des théories de ses maîtres, ne put cacher le sentiments qu'il éprouvait.

— Spectacle lugubre, dit-il le premier, aspect navrant pour quiconque porte un cœur d'homme dans sa poitrine ! Et songer que c'est là le sort de la plupart des ouvriers de nos grandes villes ! Songer que ces infortunés se comptent par millions au sein de notre belle France ! Songer qu'ils sont de notre chair et de notre sang !!! O mon ami, vous me demandiez mon opinion sur ce sujet : qu'elle soit formulée en un mot, en un seul : Anathème ! Anathème au siècle qui voit et souffre de telles misères ! Anathème à l'ordre social qui les engendre !

— Dieu seul, Rousseau, a droit de lancer l'anathème ! L'homme peut accepter la malédiction : jamais la donner. Bien des fois, dans mes heures de réflexion et dans mes nuits sans sommeil, j'ai cru entendre Dieu lui-même formuler comme vous ces redoutables arrêts. Puissent-ils ne jamais s'accomplir !

— Puissent-ils s'accomplir bientôt ! Je comprends d'aujourd'hui seulement la juste indignation de ces hommes qu'on croit assez stigmatiser en les qualifiant de révolution-

(1) *Idem.*

naires, et qui ne sont au fond que les amis de l'humanité. Oui, il est temps de réformer ces abus. De tels maux appellent de grands remèdes.

— Et ces remèdes, mon ami, ne viendront pas de la main de l'homme. Bien aveugle qui nie ces cancers, ces profonds ulcères attachés aux flancs de la société, mais bien plus aveugle qui n'en voit pas les causes. Mille fois aveugle surtout celui qui attend leur guérison de la sagesse humaine. C'est la main de Dieu que ces douleurs réclament, et non celle de l'homme. Je m'étonnerais qu'un esprit aussi droit que le vôtre ne comprît pas une vérité si palpable.

— J'attends cette révolution dernière qui ne sera plus un misérable jeu d'intrigues, la substitution d'une race idiote à une race usée, mais la refonte totale des institutions humaines, le redressement vrai des griefs, et l'équilibre réel des maux et des biens de l'humanité.

Louis de Semblange ne pût s'empêcher de sourire du ton de confiance avec lequel Rousseau appuyait sur ces derniers mots.

— Vains rêves, mon ami, si vous croyez jamais à leur entier accomplissement; folie surtout, si vous l'attendez de vos hurleurs de libéralisme, de vos aboyeurs de clubs. De tels hommes peuvent bouleverser la société, mais non la réformer. Dieu est trop jaloux et trop sage pour livrer son œuvre à l'empirisme de quelques écervelés en guerre ouverte contre lui. Le mal que nous déplorons est le fait de tout le monde! il a une cause profonde; il exige avant tout de grands châtiments, et ces châtiments viendront. Cette civilisation dont on était si fier, s'effraie aujourd'hui de ses fruits : elle recule, elle tremble... Laissons d'abord passer la justice de Dieu.

— Voilà votre point de vue et voici le mien : La terre se secoue pour renverser tous les despotismes et niveler toutes les conditions. La nature, pour la première fois, va voir ses vues maternelles remplies; l'homme sera enfin l'égal de l'homme.

— Je sais qu'une secte audacieuse, ardente, poursuit la réalisation de cette utopie. Peut-être bientôt les événements favoriseront-ils ses vues ; je pressens comme vous un vaste mouvement européen qui pénétrera jusqu'aux entrailles de la société.

— Et d'abord secouons les rois. Il y a assez de temps que leur despotisme pèse sur l'humanité. Balayons ces pouvoirs prétendus : le sceptre aujourd'hui, c'est l'instrument de travail.

— Les rois ! il n'y a plus depuis longtemps : car appellerez-vous royautés ces fantômes d'autorité héréditaire, que les peuples méprisent, et qui ne voient plus fumer d'autre ensens que les louanges de quelques courtisans ? Les rois ! ils sont morts, vous dis-je, et par leur faute, Ce ne sont pas les ministres, ni les armées, ni l'argent qui leur ont manqué, ce ne fut pas même le dévouement des peuples ; ils ont péri pour avoir méconnu cette loi éternelle, suprême, absolue, qui règle l'univers; ils ont péri pour s'être crus élevés au-dessus des hommes ; pour avoir secoué le joug du Seigneur; pour avoir outragé l'église du Christ; pour avoir substitué leurs caprices aux volontés du Maître. Gardez-vous d'imputer, comme tant d'aveugles, la ruine des trônes à quelques causes secondaires, à des embarras de finances, à des maladresses d'administration ; la source du mal est là.

— Secouons l'aristocratie, de quelque prestige qu'elle s'enveloppe. Choquante inégalité entre les hommes, elle blesse cette sainte loi de la fraternité, qui doit désormais former la base des sociétés.

— L'aristocratie n'existe non plus qu'en souvenir. Elle est tombée avant la royauté, sa tête, ou plutôt par la royauté; 93, comme le bâton du vieux Tarquin, a abattu toutes les hautes têtes de pavots, mais déjà la sève s'en était retirée. Et pourtant, ce fut une grande institution que la féodalité ; nécessaire aux siècles qui la virent, elle forma le noyau de la société ; et tant qu'elle puisa sa vie dans le principe chrétien, elle eut un caractère de mâle beauté que rien n'égalera jamais. Mais, comme toute chose humaine, elle portait en elle-même le germe de sa destruction: elle périt par ses excès.

— Quoi de plus juste qu'une telle punition ? Ne la déplorez pas : elle fut encore trop faible.

— Je le reconnais avec vous. Mais la justice divine ne s'arrêtera pas en chemin : elle poursuit son œuvre. Il est une autre classe, entée sur les premières, ou plutôt née de leurs cendres, qui a malheureusement hérité de leurs vices, et qui participera à leurs châtiments : c'est la bourgeoisie.

— Secouons donc aussi la bourgeoisie. Race égoïste et oppressive, elle a dédaigné le pauvre, elle lui a refusé place au banquet. Que son tour vienne !

— Prenez garde de n'écouter encore ici que les déclamations et les préjugés. Il ne faut pas rétrécir à un maigre point de vue des questions vastes et profondes. Par-dessus les réclamations intéressées du prolétaire, s'élève une voix plus haute, plus digne, qui reproche à la bourgeoisie d'avoir forfait aussi à la loi éternelle : à cette loi invariable, absolue, dont les peuples, pas plus que les rois, ne peuvent s'écarter, sous peine d'effroyables châtiments.

« La société, telle que les révolutions nous l'ont faite, se compose de trois éléments bien distincts : le bourgeois, l'agriculteur, le prolétaire.

« Sous le nom de bourgeois, nous comprenons tout ce qui ne vit pas du travail de ses mains. L'agriculteur est l'homme adonné à la culture de la terre. Le prolétaire est l'homme qui n'a rien en propre et vit du salaire ou de l'aumône.

« Cette dernière classe est peu nombreuse jusqu'à présent ; mais elle tend à le devenir, parce qu'elle se recrute sans cesse dans la misère publique. De plus, elle supplée au nombre par l'énergie et l'audace : elle est, sinon la cause, au moins l'instrument de toutes les révolutions.

« L'agriculteur forme un intermédiaire entre les deux étages de la société. c'est le noyau, la partie la plus solide, et sans contredit la meilleure du peuple français. Généralement religieux, économe, laborieux, l'homme des champs n'a malheureusement pas d'initiative. Il vit pour lui, s'occupe peu d'affaires publiques, et s'accommode de tout, pourvu qu'on le laisse suivre en paix son cercle de travaux annuels. C'est donc à la bourgeoisie qu'appartient la direction des affaires : c'est elle qui forme l'état, le gouvernement, c'est à elle qu'il faut imputer les fautes publiques, et sur elle qu'en doit retomber la punition.

« Qui peut, à moins de fermer les yeux, se dissimuler les vices qui la déshonorent?

« Et d'abord, elle débuta dans la carrière politique par la proscription et le vol. Saisie d'un vertige subit d'ambition, elle renversa tout ce qui la dépassait. Ce fut elle qui, sous le nom de tiers-état, osa dire : La France, c'est moi. Armée du prétexte de l'égalité, elle renversa tout ce que la naissance, le mérite, la richesse, les institutions, avaient placé au-dessus d'elle. Son ambition aveugle ne regarda point aux moyens. Ce fut elle qui confisqua à son profit les immenses propriétés de la noblesse, et osa porter une main sacrilège sur les biens dont la pitié des fidèles avait doté le sanctuaire ; elle inventa une monnaie pour déguiser son usurpation sous la forme d'un contrat ; elle dressa l'échafaud pour mieux faire taire ses victimes; inaugurant ainsi sa carrière politique par la violation de la première loi des sociétés, la justice.

« De quel droit se plaindra-t-elle, quand le prolétaire se lèvera pour lui dire:. Toi qui prêchas l'égalité pour détruire, souffre que l'égalité te fasse descendre... toi qui t'engraissas des dépouilles d'autrui, souffre d'être dépouillée à ton tour...

« Et encore, si la bourgeoisie eût racheté par des vertus cette tache politique originelle. Mais elle est descendue plus bas même que la noblesse, sa devancière, dans l'oubli des lois de Dieu. Si le grand d'autrefois menait souvent un vie licencieuse, au moins à la fin de sa carrière rouvrait-il les yeux à la lumière, et souvent une conversion éclatante réparait de longs désordres. Et puis toujours respirait en lui une dignité, un sentiment d'honneur qui atténuait la laideur du vice. En peut-on dire autant de la bourgeoisie moderne ?

« Depuis que la direction de la société lui est échue, quelle est sa conduite ? Une soif immense de jouissances matérielles est le fond de son être. Amasser et jouir, la voilà tout entière : faire ses affaires, se procurer du plaisir, pour elle il n'est rien au delà. Cette loi supérieure, divine, éternelle, ce grand Juge des vivants et des morts, cette glorieuse Église du Christ, cette fin surnaturelle vers laquelle chaque flot du temps nous pousse, la bourgeoisie y songe-t-elle ?

« Je ne parle ici que de la masse, et ne mentionne point les exceptions. Mais prenez la bourgeoisie des villes et des campagnes ; la bourgeoisie qui administre, qui lit, qui écrit, qui exerce les fonctions publiques, qui siége au gouvernement, qui trône aux académies, qui peuple les théâtres et les cafés, qui fume et danse, qui rédige ou lit les journaux, qui manie le bistouri ou le pinceau ; le rentier, l'artiste, le retraité, le poëte, le lion, le dandy, l'oisif, le négociant, tout cet amas d'êtres de toute nature, de tout tempérament et de tout acabit qui résume ce mot générique *bourgeoisie*, et dites-moi si vous ne les reconnaissez pas plus ou moins dans le tableau que je vais tracer ?

« Qui est-ce qui prend en pitié ce qui fit l'objet de l'administration et du culte de nos pères ? La bourgeoisie.

« Qui est-ce qui s'absente de nos temples, rit de nos cérémonies, dédaigne nos sacrements ? La bourgeoisie.

« Qui est-ce qui déclame contre l'envahissement sacerdotal, inventa et répète les mots de *parti prêtre*, de *parti épiscopal*, de *jésuite*, etc... ? La bourgeoisie.

« Qui crie le plus fort contre les ordres religieux ? La bourgeoisie.

« Qui soutient de ses votes, de son approbation, de ses écus, un monopole outrageant pour la liberté et dangereux pour la foi ? La bourgeoisie.

« Qui nourrit de ses applaudissements et de ses deniers ce journalisme tour à tour impie et obscène, dont la tâche semble être, depuis quelques années, de ne plus rien laisser debout de ce qui fut jadis vénéré ? La bourgeoisie.

« Qui entrave le ministère du prêtre, surtout dans les bourgades et dans les campagnes, détruit son influence, le rend odieux ou ridicule ? La bourgeoisie.

« Qui vit enfin tout entier dans l'ordre matériel, ne voit de progrès que dans le perfectionnement des arts, inventa pour sa commodité l'élastique religion de l'honnête homme, pratique la fraude, embellit l'usure ? La bourgeoisie, toujours la bourgeoisie.

« Ce n'est pas le laboureur qui rit de Dieu et de l'éternité, qui insulte l'Église et ses ministres, qui se moque de nos cérémonies et de notre culte.

« Ce n'est pas même le prolétaire, ni l'ouvrier malheureux. Ils ont tous — nous l'avons vu, Rousseau — quelque signe religieux appendu à leurs murailles nues. Ils peuvent oublier Dieu ; ils ne l'outragent pas.

« Que si quelques pensées, quelques paroles impies, descendent parfois dans ces deux classes, elles viennent de plus haut. Ce sont les bribes du bourgeois. J'ai vu un village entier se transformer sous l'influence d'un de ces misérables : il avait trouvé une localité pleine de foi, respectueuse envers son curé, fidèle à la pratique de ses devoirs ; il en fit un cadavre. Et six ans avaient suffi pour cela.

« Et vous voudriez que la colère du Ciel ne descende pas ? »

— Elle descendra, elle descendra, répondit Pierre,

devant qui la haine évoquait à ce moment l'ombre de son oncle ; et pour cette fois, l'œuvre ne restera pas incomplète. Écoutez ce que nous disait dernièrement un de nos orateurs : « S'il y a quelque chose qui soit capable de jeter le découragement dans l'âme du patriote sincère, c'est de voir, après chaque révolution, le peuple se retirer de l'arène en laissant son œuvre inachevée, et se laisser paisiblement forger un autre joug peut-être plus dur que le premier. »

— Cette observation est juste au point de vue qui nous occupe. Ainsi la statistique démontre que le nombre des pauvres et l'étendue de leur misère a crû d'une manière effrayante, depuis que la bourgeoisie a dévoré le riche héritage de la noblesse et du clergé. Le paupérisme naquit, le jour où le goût du luxe envahit la classe moyenne ; où l'on vit la bourgeoisie afficher dans ses habits, dans son logement, à sa table, une élégance, une délicatesse inconnues certainement des grands seigneurs du moyen âge. Pour qui veut en jouir, pour qui tend sans cesse à dépasser sa condition, il n'y a jamais de superflu. La part du pauvre ne saurait se faire chez celui que domine un luxe extravagant. Le pauvre est de trop dans nos sociétés modernes ; son aspect fatigue, et il s'en aperçoit bien. Jadis il pouvait se présenter sans crainte à la porte du château ; le fier seigneur ne dédaignait pas de converser avec lui ; sa place était marquée au foyer, et sa portion faite à la table ; les extrêmes aiment à se rencontrer. Le couvent répandait ses revenus en aumônes ; l'indigent y venait comme chez lui : il y avait son gîte et sa table. Aussi voyait-il sans envie ces prés, ces champs, ces forêts, dont il savait bien qu'il recueillerait les fruits sans avoir eu la peine de les cultiver ; il les envisageait presque comme son propre domaine.

« Aujourd'hui, sa condition a étrangement changé. Il est de trop au milieu de nos voluptueux bourgeois, que la vue des haillons incommode, que le cri de la douleur importune. Que n'a-t-on pas fait pour abolir la mendicité Que de projets, que de pages écrites! Est-ce que vous croyez, Pierre, qu'une compassion sincère inspirait ces mesures? Non : on voulait se débarrasser de la présence du pauvre, car les guenilles sont toujours tristes à voir, et les cris de la faim douloureux à entendre. Quand le pauvre est refoulé quelque part, quand sa misère est enfouie dans une cave ou blottie sous un toit, on se croit quitte avec lui et avec sa conscience : on a fait son devoir, on peut jouir en paix.

« Égoïsme honteux et coupable, qui a sa source dans l'oubli de cette importante vérité, que la richesse est plus qu'un don de la Providence ou un fruit de l'industrie ou du hasard : c'est un devoir, c'est une fonction.

« Mais — et c'est ici que la justice de Dieu se montre — le problème est là, toujours menaçant, terrible, chargé de tempêtes. Ils voulaient jouir en paix, et Dieu les trouble. La plaie reste attachée à leur flanc. C'est en vain qu'ils se mettent en quête d'un moyen de le guérir : ils ne le trouveront pas. Ils font des livres, des projets; ils assemblent des comités; ils alignent des chiffres : rien n'y fait! L'énigme, au lieu de se résoudre, s'agrandit.

— Je suis ravi de vous entendre, interrompit Rousseau, nos maîtres ne nous parlent pas avec plus de force et de vérité.

— Et voyez, reprit l'étudiant, comme la bourgeoisie est prise en ses propres filets. Elle a ri de Dieu, l'ingrate : elle a traité de chimères les lois saintes qui contrariaient ses goûts; elle a relégué au rang des superstitions ces dogmes antiques, qui furent longtemps le point d'appui de toutes les sociétés européennes. Les siècles pitoyables à ses yeux sont ceux qui eurent le tort de ne donner que de grandes vertus au monde, la lumière à toutes les intelligences, la paix à tous les cœurs! Étudiez la littérature qu'elle compose et qu'elle lit : la religion y est constamment outragée. De là, qu'est-il advenu ?

« C'est que ce mépris de Dieu, cette incrédulité pratique, s'est aussi infiltrée chez le prolétaire. Lui, le déshérité du monde, mais qui a ses passions, ses convoitises, sa liberté, a désappris Dieu et sa loi. L'espérance qui le soutenait dans sa misère lui a donc fait défaut. En voyant le bourgeois s'enfermer exclusivement dans le cercle de cette vie, il a dû croire qu'il n'y a rien au delà. Mais, s'il n'y a point d'autre monde, il a dû naturellement se demander quelle fatalité le condamne à végéter ici-bas à côté de l'opulence ? Qu'ont fait ces satisfaits pour mériter un sort si doux, tandis qu'il n'a, lui, qu'une destinée si âpre ?

Qui, peut-il dire, nous a fait des lots si inégaux ? Quel droit vous a constitués riches et heureux ? Suis-je d'une autre trempe que vous ? Pourquoi aux uns l'abondance, et aux autres la faim ? Non, non, cette injustice criante doit cesser. Vous m'avez ôté l'espoir d'un autre monde, faites-moi place dans celui-ci.

« A cela, Rousseau, qu'est-ce que la bourgeoisie peut répondre ? »

— Rien, rien, et je m'en réjouis. C'est ainsi que l'inexorable logique doit tirer les conséquences des principes, et arracher des concessions qu'on voudrait en vain refuser.

— Dites plutôt, c'est ainsi que la justice divine réalise son éternel axiome : Chacun est puni par où il a péché. Et elle aura beau faire, cette bourgeoisie ingrate envers le ciel, elle n'aura pas la paix. Toujours l'orageux problème sera suspendu sur sa tête. Le prolétaire ne se taira que quand il aura obtenu ce qu'il désire, ou que ses réclamations auront été étouffées dans des flots de sang.

— Laissez, jeune homme, laissez se lever le jour promis. Ceux dont l'œil voit au loin annoncent qu'il est proche.

— Je le crois ; visiblement, la mesure se comble. Ainsi il restait à la bourgeoisie un seul moyen de conjurer l'orage : c'était de retremper la classe inférieure dans le sentiment religieux, c'était de laisser se répandre, de favoriser à tout prix, l'influence de ces ordres populaires qui apprennent à craindre Dieu. Peut-être était-il encore temps. Peut-être une génération nouvelle aurait-elle renié les audacieuses entreprises d'un prolétariat impie. Mais non : l'aveugle bourgeoisie se rue de plus belle contre les *jésuites* et *leurs affiliés ;* une recrudescence anti-sacerdotale la saisit, elle affermit et étend chaque jour un monopole irréligieux. Quand on en est là, il n'y a plus de ressource : il faut se résigner à attendre la tempête.

— Oh ! qu'elle vienne ! je la salue de tous mes vœux. Il me semble déjà entendre gronder son tonnerre.

— Et que vous donnera-t-elle? des ruines, du sang.

— Il faut toujours renverser avant de rebâtir. On demandait aussi, il y a soixante ans, ce qui sortirait du chaos, du sublime chaos que la révolution avait fait. Il en est sorti des institutions incomplètes, mais grandes ; il en est sorti, au moins en germe, une ère nouvelle qui devra recevoir son plein développement, et changer la face de la terre.

— Espérances que je voudrais pouvoir partager. Malheureusement tout me dit qu'elles ne se réaliseront pas.

— Vous doutez du génie de l'homme !

— Mais eux doutent du pouvoir de Dieu : comment qualifier leur crime? Ils entreprennent de refaire l'œuvre du Christ. Ils vantent, il est vrai, la doctrine évangélique, mais c'est pour mieux l'annihiler, car ils lui ôtent sa base, l'espérance d'un monde meilleur. Non, Rousseau, ces hommes ne peuvent rien pour soulager les maux de l'humanité. Au lieu de guérir la plaie, ils l'élargiront. Ils ne voient point la cause du mal, comment en sauraient-ils le remède? Il faut avoir le courage de le leur dire : le malaise de la société a sa source unique dans l'abandon de la loi divine, de cette loi positive, révélée et extérieure, dont le texte est dans l'Évangile et dont l'application est confiée à une société infaillible, l'Église. Hors de là, il n'y a que ruine pour tous.

Pierre secoua la tête, et sourit avec dédain.

— Moyen usé, reprit-il ; la religion a fait son temps. Un autre mobile doit remplacer ce ressort vieilli, rouillé sur son axe.

— Changez l'homme alors, car tant qu'il aura les mêmes besoins, les mêmes passions, les mêmes faiblesses, il ne sera pas possible de lui trouver une autre règle, d'autres espérances, une autre morale que celle de l'Évangile. Que faut-il donc pour guérir la plaie qui ronge notre société moderne ? La résignation en bas; en haut, la charité. Cela même est le fond de l'Évangile. Pauvres, résignez-vous ; riches, donnez : avec cela, que nous manquerait-il ?

— La pauvreté est un vice qu'il faut faire disparaître de ce monde. Ne me parlez pas d'un ordre de choses où l'on voit les enfants d'une même famille dotés si inégalement. Communauté complète des biens et des maux, voilà ma théorie.

— C'est-à-dire votre chimère. La pauvreté est vieille comme le monde, elle ne finira qu'avec lui. Vous pouvez la transformer, mais non l'abolir. Elle entre dans les desseins de Dieu sur l'homme pécheur ; bien aveugle qui ne le voit pas! Mais je ne reconnais plus la pauvreté évangélique dans cette plaie hideuse dont nous venons de soulever l'appareil.

— Eh bien! guérissons-la, cette plaie. Faisons à tous une part égale dans les dons de la nature. La pauvreté, dites-vous, est vieille comme le monde! Raison de plus pour l'extirper.

— Vous y perdrez votre temps et votre peine.

— Laissez-moi du moins mes espérances. Je vois les royautés abolies, les aristocraties nivelées, les rangs effacés; je vois, et dans un avenir prochain, le genre humain transformé en une seule famille; je vois tous les hommes en possession des biens de la terre, la discorde bannie du milieu d'eux ; je vois le travail devenu un délassement; je vois le sol se couronner de moissons et de fruits pour l'usage de tous ; le nom même de propriété a disparu, la terre entière est un grand banquet où chacun s'asseoit à son gré.

— Il y a longtemps, mon ami, que ces folies courent le monde.

— Longtemps ? Vous voulez plaisanter.

— Oh ! oui, longtemps. Ceux qui s'écartent de la voie droite de la révélation sont condamnés à tourner dans un cercle continuel d'erreurs. Le moindre mal qu'on puisse dire de vos maîtres, c'est qu'ils sont de misérables copistes. Oui, il y a longtemps que ces problèmes agitent les têtes, et que des extravagants en ont rêvé la solution. Déjà dès les premiers siècles de l'Église, les Gnostiques proclamaient la communauté des biens et des terres. Les Manichéens et les Albigeois continuèrent longtemps leurs utopiques traditions. Les Beggards et les Fratricelles prêchaient également l'abolition de la propriété, pendant qu'une femme, nommée Guillelmine, établissait au milieu de Milan le culte de *la femme libre*. Elle se donnait, comme une incarnation du Saint-Esprit, destinée à achever l'œuvre du Christ et à faire passer dans les mains des femmes le sceptre rajeuni de la papauté. Fourier et Saint-Simon n'ont rien dit de mieux que ce qui s'enseignait et se pratiquait alors. Il y a longtemps que frère Dulcin, exagérant le principe de la pauvreté évangélique, niait le droit de propriété et voulait que l'homme vécût, comme l'oiseau, de la Providence et du hasard. Il criait anathème à quiconque possédait un pouce de terre, un meuble en propre, un toit même pour s'abriter : mais, par compensation, ses idées en morale n'étaient pas sévères. Et plus près de nous, il y a trois cents ans, un des disciples de Luther, Muncer, disait aux paysans armés, en leur montrant les riches prairies et les vertes forêts de l'Allemagne : Vous avez droit à ces biens; *la propriété, c'est le vol.*

« Dites-moi donc, qu'y a-t-il de nouveau sous le soleil ? »

— Cela prouverait tout au plus que toujours on a senti le besoin de réparer l'injustice du hasard et des institutions humaines.

— Cela prouve qu'en effet qu'il y a toujours eu des mécontents, et que le malaise est inné au genre humain, comme à tout corps malade. Mais cela prouve aussi que toujours l'instinct des masses a repoussé comme dangereux et plus dangereux même que le mal, ces moyens violents qu'on nous offre comme des remèdes. Ce n'est pas ici le lieu de vous prouver que la propriété est la base essentielle de la famille, et la famille le fondement nécessaire de la société. Ce sujet nous mènerait loin, et nous ne voulions d'ailleurs nous occuper que d'un point de la question, le paupérisme. Permettez-moi de relever encore ici une erreur fort commune chez ceux qui traitent ce sujet. On suppose généralement que le mal est dans la distribution inégale de la propriété, tandis qu'il n'est en réalité que dans la répartition trop inégale des fruits de la propriété, ce qui est bien différent.

« Donnez donc à la classe bourgeoise ou propriétaire, le sentiment vrai, réel, de la charité chrétienne, et vous verrez bientôt disparaître ces inégalités qui vous choquent. Avant de réformer les classes pauvres, moralisez les classes riches, et le reste viendra de lui-même. Ne vous signalais-je pas, tout à l'heure, deux vices inhérents à notre société : l'égoïsme en haut, le paupérisme en bas? Supprimez le premier, et le second ne sera plus qu'un souvenir. Pour tout dire en un mot, rétablissez l'empire de la religion, et le riche sera généreux et le pauvre résigné. Mais tant que vous chercherez le remède dans les calculs de la sagesse humaine, ô philosophes humanitaires, je vous le prédis, vous ne ferez qu'élargir la plaie, et produire dans la société de longs et affreux déchirements. »

— Comme il vous plaira, mais nous en aurons le cœur net ; le sort en est jeté, le communisme aura son tour.

— Il n'est pas impossible qu'il fasse un essai. Tout, il

faut bien le dire, semble nous précipiter vers cette crise finale, où les premiers principes de la société seront mis en péril. A certaines époques funestes, toutes les têtes sont prises de vertige. La bourgeoisie ne paraît pas voir l'abîme où elle descend. Dieu lui doit un châtiment, et l'heure n'en est peut-être pas éloignée. Ma conviction est qu'elle n'offrira que peu de résistance aux tentatives communistes, parce que c'est un corps sans âme ; parce qu'elle n'a plus de foi, plus de virilité, plus d'énergie ; parce que les jouissances matérielles amollissent, et que l'amour de la vie est tellement puissant chez ces hommes, qu'ils céderont tout, pourvu qu'on leur laisse l'existence. Mais la difficulté n'est pas là : les obstacles sont ailleurs.

— Et où donc ?

— Dans la classe agricole. C'est là que la résistance s'organisera, vigoureuse, indomptable. Cette immense population, si calme, si impassible tant qu'il ne s'agit que d'un changement de ministère ou de dynastie, saura bien retrouver sa vigueur le jour où l'on voudra mettre la main sur ses champs et sur ses vignes. Et si le communiste persiste, eh bien ! Rousseau, je vous le prédis, ce jour-là verra des choses horribles. La France entière verra une Vendée.

— Exagération de votre part. C'est l'homme des champs, au contraire, qui offrira le moins de résistance. Ignorant, il se laisse mener. D'ailleurs, nous n'entendons pas procéder par la violence, ni subitement. Nous lancerons dans le monde des idées hardies ; elles feront d'abord pousser les hauts cris, puis peu à peu on s'y habituera, et quand le moment sera venu, un coup de main exécuté avec ensemble aura raison des dernières résistances. C'est ainsi que parlent nos maîtres. Ils n'ont besoin, affirment-ils, que de quelques années de malaise, de crise commerciale, pour grossir leurs rangs, en détachant, par la misère, une foule de citoyens d'un ordre de choses auquel ils tiennent moins par conviction et par intérêt. J'ai entendu prouver, par des calculs approfondis, qu'un grand nombre de petits fermiers, de petits marchands, de petits propriétaires, n'attendent pour passer dans nos rangs que de voir augmenter la détresse où ils sont. Agiter ! agiter ! voilà notre grand moyen ; semer la division entre le pauvre et le riche ; désigner le bourgeois à la haine du prolétaire, et le prolétaire à la frayeur du bourgeois; brouiller, compromettre, tuer l'avenir... Avec cela toutes les révolutions sont possibles.

— Oui, surtout quand on travaille sur un fond gâté, sur une société sans principes. Vous ne pourriez rien si la colère de Dieu ne vous lâchait la bride, mais il se peut qu'elle vous donne pour un jour l'empire du mal. Jour néfaste, jour maudit, que je prie le ciel d'abréger !

— Jour heureux, jour mille fois béni, où l'Évangile sera enfin réalisé, où tous les hommes seront frères, où le soleil, dans toute l'étendue de sa course, n'éclairera plus que des banquets de famille et des chœurs d'amis.

— Je connais la force des illusions et ne m'en étonne pas. Cœur généreux, tête ardente, vous êtes plus qu'un autre exposé à partager des déceptions qu'il sera trop tard de déplorer quand elles auront couvert la France de deuil. Je ne saurais assigner le point jusqu'où nous descendrons; Dieu seul connaît et mesure la puissance de l'esprit du mal. Mais le triomphe de vos principes serait à mes yeux le dernier terme des folies de l'humanité, et, à coup sûr, son tombeau.

— Pourquoi donc? Quelle fureur vous fait jeter l'anathème à des doctrines toutes fraternelles, dont vous n'avez pas encore vu l'expérience?

— Je suis calme, Rousseau, et j'ai étudié avec sang-froid les doctrines que vous défendez. Je vous dirai même que, séduit au premier abord par cet air de charité qu'elles revêtent, j'ai désiré les trouver vraies. J'ai donc lu tout ce qui a été écrit sur cette matière; j'ai, non pas feuilleté, mais approfondi les livres nombreux que les deux camps ont lancés dans la mêlée. Le résultat final de mes études a été cette conviction : le communisme serait l'abâtardissement progressif et le tombeau du genre humain.

XXXIV

ELLE. LUI.

Rien, dit-on, n'est impossible à celui qui aime. C'est ainsi sans doute qu'il faut expliquer l'étonnante résolution que venaient de prendre la veuve Bonjour et Thérèse Mélilot.

Voilà six mois qu'elles n'avaient reçu des nouvelles directes de Pierre Rousseau. Thérèse avait bien ouï dire, que Pierre se portait bien, qu'il gagnait beaucoup d'argent, et que, une fois sa fortune faite, il songeait à revenir épouser celle qui l'attendait.

Voilà ce qu'on lui a dit, mais peut-elle y croire ? Ce silence obstiné ne s'accommode guère à une telle nouvelle. Quand on aime vraiment et qu'on sait qu'on est aimé, on ne demeure pas six mois sans écrire !

De son côté, Marguerite Bonjour n'y tenait plus d'impatience. Elle se sentait vieillir ; sa vue était presque éteinte ; elle ne marchait déjà plus qu'à tâtons ; et plus elle voyait le terme approcher, plus elle entendait une voix lui crier : Qu'as-tu fait de celui qui t'était confié ? Rends-le moi ! Rends-le moi !

— Mère, avait dit Thérèse la première, il me vient une idée : Si vous alliez le chercher ?

— Le chercher ? Eh ! chère amie, je n'y vois plus clair !

— On vous conduirait.

Cette proposition étrange fut comme un éclair pour la bonne vieille. Tout le jour elle voulut n'y pas penser; mais la nuit, cette parole lui revint : Si j'allais le chercher!

Cependant les deux chères créatures ne s'en disaient plus mot; mais elles n'y songeaient pas moins, chacune de son côté.

— J'y ai pensé, Thérèse, dit un jour Marguerite, et je crois que vous avez raison.

— De quoi, parlez-vous, mère?

— De partir.

— Je m'y disposais.

— Nous nous en irons, nous prierons le long du chemin, nous mendierons, s'il le faut; car, je n'ai rien, Thérèse, et vous?

— Rien non plus, bonne mère. Mon père est fâché contre moi et me refuse presque le nécessaire. Je suis en butte à la haine de toute ma famille. Je veux aller trouver Pierre et lui dire : Voyez si je vous ai tenu parole : voilà ce que m'ont valu mes serments!

— Je veux, moi, aller me jeter à son cou et lui dire : As-tu gardé ta foi? As-tu trahi ton Dieu?

Et là-dessus, elles se mirent toutes les deux à pleurer.

— Mais... je n'y vois goutte, chère Thérèse; je vais me heurter à toutes les pierres du chemin.

— Mère, je vous conduirai. Il vaut encore mieux employer le reste de vos yeux à faire ce voyage, que de les user en pleurs inutiles.

— Oui, ma fille, mais nous serons bien pauvres.

— Qu'importe?

— Ce n'est pas pour moi que je crains, mais pour vous. Je suis habituée à la misère depuis mon berceau; mais vous?

— Ah! mère, dit Thérèse en l'embrassant tendrement, ne vous inquiétez donc pas. J'ai cinq francs d'épargnes, ma chaine d'or, une bague, une croix..., j'emporterai mes habits, pour les vendre. Et puis, s'il faut mendier, me voici : je prendrai mon courage à deux mains ; vous serez contente de moi. Partons, et arrivons à tout prix...

Elles s'embrassèrent de nouveau, et fixèrent le jour de leur départ. Thérèse comptait les heures ; l'état de contrainte où elle vivait au milieu de sa famille n'était plus supportable ; son père, aigri encore par la maladie, ne cessait de décharger sur elle sa mauvaise humeur. Ah ! qu'il tardait à la jeune fille de prendre la route de Paris !

Le jour fixé vint enfin. Personne n'avait été mis dans le secret que Claude, à qui le projet parut étrange, et surtout inutile. Il fit ses représentations : il objecta la longueur et les difficultés du voyage ; il fit surtout observer que si Pierre était resté sage, cette démarche était sans but ; que si, au contraire, il avait donné dans le travers, une telle démarche ne le ramènerait pas. Rien n'y fit ; ni l'une ni l'autre ne voulurent prêter l'oreille à ces sages observations, et au jour dit elles partirent.

En attendant, celui qui est l'objet de ces vives affections a descendu rapidement l'échelle du vice et de l'infortune. Les mauvais germes ont porté leurs fruits. Pierre Rousseau, échauffé par de coupables lectures, égaré par les folles théories des clubs, est devenu tout à la fois ouvrier hâbleur et révolutionnaire outré. Son orgueil, développé outre mesure par quelques succès oratoires, a soif de nouveautés hardies ; il prend l'audace pour le génie. Une proposition le charme d'autant plus qu'elle rompt mieux en visière avec les idées reçues ; il marche à la réforme du monde, à la conquête de l'avenir. Lui, l'ignorant ouvrier, le fondeur en cuivre, n'aspire à rien moins qu'à bouleverser l'œuvre des siècles, à substituer sa sagesse divine.

L'orgueil a ravagé cette tête en délire.

Depuis un mois Pierre n'était plus chez son oncle. Ses absences prolongées, sa négligence au travail, ses manières insolentes, avaient depuis longtemps choqué le gros bourgeois.

Pierre tombe tout à coup du sein de l'aisance au sein de la misère. Il se promène d'atelier en atelier, et se fait chasser de tous par son inconduite. Un moment, la nouveauté de la situation, l'imprévu de la vie, le soutient; il trouve une sorte de satisfaction sauvage à errer ainsi, jouet des événements et des flots; son imagination, montée par des lectures romanesques, voudrait s'attacher au piquant qui caractérise sa position. Vaine ressource! l'affreuse réalité vient insensiblement effeuiller ses rêves; le roman disparaît; la pauvreté, la faim hideuse se dresse; et quand la fumée du vin ou le délire de l'orgie ont laissé place à la réflexion, le malheureux mesure d'un trait l'étendue du mal auquel il est en proie.

Un jour il songea à Sombrey. Il venait de retrouver au fond de sa poche une lettre déjà vieille de date, mais toute fraîche d'actualité. C'était la dernière qu'il eût reçue de Renoux, et pour la première fois peut-être il la lisait, ou du moins il la comprenait. Ces passages, entre autres, le frappèrent:

« La richesse de l'homme est dans la modération de ses désirs. Je suis riche au milieu de ma pauvreté, parce que je ne désire rien de plus que ce que j'ai... Pierre, je doute qu'au sein de ta fortune tu sois aussi content que moi.

«... L'ouvrier sage trouve toujours de l'ouvrage, à la campagne surtout. Grâce au ciel, je n'ai pas manqué de besogne. Le salaire est bien faible, il est vrai; mais il suffit à mettre au-dessus du besoin...

«... Si parfois je suis tenté de découragement, c'est en voyant que je ne puis pas faire pour notre bonne mère tout ce que je voudrais. Ah! si les effets répondaient à mes vœux! Mais le bon Dieu veut pour moi cette humiliation, que je ne puisse pas pour elle le bien que je désire... Ainsi soit! puisque c'est le bon plaisir du Maître.

«... Pierre, tu nous oublies! Depuis longtemps tu ne nous écris plus. Notre tante s'inquiète de toi, plus qu'on ne peut dire; n'auras-tu pas pitié de ses vieux ans? Elle demande souvent, dans l'amertume de son cœur : Qu'ai-je donc fait pour qu'il me traite de la sorte?

«... Elle est vieille, elle est pauvre, elle est presque aveugle; mais elle oublie tant de maux pour songer à toi. C'est de toi qu'elle rêve, le jour et la nuit : ses yeux se sont changés en deux fontaines de larmes, et je suis bien sûr que c'est ce qui achève de lui perdre la vue. Oh! par pitié, écris-nous pour la consoler!

«... Je te dirai tout, nous n'avons que le strict nécessaire. Depuis qu'elle ne peut plus filer, nos ressources ont diminué. Pour mon propre compte, je m'en console : je suis heureux, je te l'ai dit : mais pour elle! Voici l'hiver; il lui faudrait un habit chaud, un peu de viande, un peu de bon vin, et je ne sais si je viendrai à bout de lui procurer tout cela. Je ferai mon possible pourtant : est-ce que tu ne pourrais pas m'aider! Si peu que tu nous enverrais, ce serait assez.

«... Et Thérèse! Elle perd la tête de ton long silence. Elle s'est brouillée avec son père, avec sa famille, avec ses connaissances, à cause de toi. Elle t'a juré fidélité, dit-elle, et elle aimerait mieux mourir que de manquer à sa parole. Mais toi, as-tu oublié la tienne? Barbare, écriras-tu enfin?... »

Pierre relut ces choses, et il lui sembla qu'il ne les avait jamais lues. Un moment, il se trouva transporté à Sombrey, au lieu, à l'heure où il le quittait pour toujours. Il se souvint de la tante Marguerite, du curé et de ses prédictions, de sa chaumière, de Thérèse, de mille autres choses. Il se souvint de la petite croix d'or qui devait servir de gage à son affection, et plus tard de témoin et de juge, s'il était infidèle.

La lettre se terminait par ce *post-scriptum* :

« Pauvre ou riche, reviens-nous, cher ami; notre chaumière est encore assez grande pour te contenir; Sombrey peut encore nous fournir à tous deux de l'ouvrage. Laisse-là les *travailleurs;* comme tu les appelles; redeviens avec nous simple ouvrier. Ce jour serait pour nous, pour la tante Marguerite en particulier, le plus beau de nos jours. Reviens ! reviens ! »

Il hésita s'il reprendrait le chemin de son village. Une bonne pensée — la dernière qu'il eut — lui faisait envisager ce parti comme le meilleur. Il crut voir, il crut entendre Thérèse; et la touchante image de sa fiancée en pleurs, qui avait tout sacrifié pour lui, parla si éloquemment à son cœur qu'il en fut troublé. Il se leva; il jeta par la fenêtre de son obscure mansarde un regard vers le ciel; il semblait attendre de là une inspiration; les pensées pieuses, les saints souvenirs, surgirent de toutes parts dans son âme désolée. Il réfléchit longtemps, il pleura, il fit quelques pas pour sortir; puis les entraves, les lourdes entraves le retinrent; ses membres semblaient être de plomb. La honte de reparaître au pays aussi pauvre qu'il en était sorti, la crainte de voir sa conduite révélée un jour, les engagements qu'il a contractés avec ses amis politiques, tout tendait à combattre une dernière velléité du bien.

Il s'arrêta, il frémit; puis il réfléchit encore et hésita de nouveau. Plusieurs jours se passèrent dans cette lutte; mais insensiblement les premières impressions s'effacèrent; les conseils d'Ambert en particulier remontèrent son courage abattu; un discours au club raffermit son orgueil, il se plongea de nouveau et plus avant dans la débauche, dans l'imprévoyante insouciance de la vie. Quelques secours en argent lui vinrent de la part des *frères et amis;* l'espoir d'une prochaine révolution fit passer sous ses yeux la perspective d'un meilleur avenir; enfin un dernier incident acheva de fixer ses irrésolutions.

Une nuit qu'il rêvait — c'était le 22 Février 1848 — on vint frapper à la porte de son misérable taudis, le cinquième qu'il occupait depuis son expulsion de chez son oncle. Il ralluma un reste de chandelle, ouvrit et vit entrer le Saint-Suaire. Une joie sauvage éclaircissait la sombre physionomie du Catalan, qui grogna et rugit, en offrant à son ami sa main de marbre.

— C'est toi, c'est toi, mon vieux, mon ami, s'écria Pierre, en serrant cordialement ces doigts de cadavre; quel heureux hasard te ramène toujours sur les traces d'un infortuné? Ah! c'est aujourd'hui que mes malheurs égalent, surpassent les tiens. Catalan, tope là! un ami à un ami!

Le squelette sourit, et étreignit avec une sorte de frénésie la main de Rousseau.

— Et Duvert, nous en donneras-tu des nouvelles aujourd'hui? Que je voudrais le revoir, ce sublime prophète! j'ai pu constater moi-même l'exactitude de ses prédictions, ses vues me paraissent d'une étonnante justesse...

Le proscrit espagnol roula ses yeux circonspects autour de lui, et fit sortir d'un coin de ses guenilles une lettre longue et plate. Pierre la lut avec avidité. Sans doute le contenu en était bien extraordinaire, car le rude ouvrier pâlit, trembla; de temps en temps il relevait les yeux pour lire dans ceux du Saint-Suaire, s'il n'était pas la dupe de quelque mystification d'enfer : mais le décharné agitait rapidement sa tête, souriait en signe d'assentiment, et Rousseau, blême, oppressé, après avoir achevé sa lecture, alla retomber sur son lit, écrasé sous le poids des choses qu'il venait d'apprendre.

XXXV

UNE AVENTURE ET SES SUITES.

Deux jours après, survenait l'aventure de Février. Une tempête sortait d'un grain de sable; une révolution d'un banquet. Il est vrai que depuis longtemps l'orage grondait. Les gens à courte vue s'étonnèrent de cette débâcle subite qui emportait trône, roi, charte, chambres; les chrétiens virent sans surprise cette nouvelle application de la loi éternelle qui condamne à périr tout ce qui veut construire en dehors de Dieu et de son Église. Pour la première fois, un roi et sa dynastie tombèrent sans exciter un regret.

En 89, il avait fallu trois ans et un échafaud pour avoir raison de la royauté martyre.

En 1830, il avait fallu trois jours et une garde d'honneur pour embarquer la royauté proscrite.

En 1848, il fallut trois heures pour ensevelir la royauté morte.

Progression étrange !

Rien ne fut curieux, dans cet événement, comme le rôle de la bourgeoisie parisienne. On ne peut s'empêcher de rire de ces honnêtes bonnets à poil, qui, croyant n'être gros que d'une petite réforme, accouchèrent d'une énorme révolution, et de ces ouvriers impatientés qui croyaient ne casser que des réverbères, et brisèrent la plus vieille monarchie du monde.

O hasard, seule divinité des gens sans Dieu, que tes jeux sont parfois singuliers !

Mais le plus curieux personnage de ces personnages curieux, c'était sans contredit Antony Madré. Depuis trois mois, il avait viré de bord avec son journal. Il se fâchait tout rouge contre des ministres qu'il admirait jadis, contre un roi qu'il adorait naguère; il s'étonnait qu'on refusât au peuple le droit si légitime d'association; il répétait les phrases libérales de 1826; il avait retrouvé son vieux bagage de la Restauration, et, malgré son commerce florissant et ses intérêts bien entendus, il faisait cause commune avec les hérauts du libéralisme.

Il était curieux de le voir ce jour-là, emprisonner ses formes obèses dans un uniforme de garde national, et se rendre, d'un air bravache, au banquet. L'ordre portait : *en uniforme et sans armes*, puis il y eut contre-ordre et ensuite désordre. Le gros bourgeois était dans son bel accès de 1830. Ayant rencontré M. Gervais, il lui donna une forte poignée de main et combattit chaleureusement ses préjugés ; car le petit propriétaire augurait mal de cette houle naissante ; il voyait plus loin que le futile prétexte mis en avant: il devinait là-dessous quelque chose d'hostile aux écus et de peu rassurant pour les loyers. Madré dégaina toute sa logique, tira, l'un après l'autre, les boutons de M. Gervais, et le régala de ces phrases célèbres, depuis si longtemps cristallisées dans les colonnes du journalisme, et qu'il semblait avoir, lui, coulées en cuivre. Mais à son pas ferme, au rayonnement de sa figure, on voyait qu'il marchait à la conquête d'une liberté.

Le résultat on le connait. S'il y eut quelque chose d'allongé, de mystifié parmi les faces bourgeoises, ce fut celle du fondeur de cuivre, quand, se trouvant de planton sur le quai des Tuileries, il vit le roi et la royauté partir dans un coucou.

Le roi ! la royauté ! la dynastie éternelle ! la charte éternelle ! l'ordre de choses éternel, ses œuvres à lui, tout s'en allait, tout partait, sans plus de cérémonies. Madré eut peur, non pas pour la royauté qui lui tenait peu au cœur, mais pour son avenir propre, pour son commerce, pour son cuivre.

Rousseau avait répondu des premiers à l'appel. Au premier cri de l'émeute, il bondit comme un lion du fond de son antre. On le vit partout : aux Tuileries, sur les quais, à l'hôtel des Capucines. Il rallia les membres épars de sa section ; le premier il hasarda le cri : *A bas la royauté ! Vive la république !* Il tua un garde municipal ou deux, se mit à la tête de la bande des trois ou quatre cents qui alla au Palais-Bourbon demander la république, au nom du peuple français qui ne savait pas un mot de ce qui se passait. Il courut, il vola, il se multiplia, et contribua, pour un quart au moins, à l'étonnante catastrophe de Février 1848.

Il avait droit à une bonne part des dépouilles. Le Saint-Suaire, qui avait combattu près de lui, Ambert, son professeur en révolution, tous ses amis des clubs, lui faisaient comprendre que c'était peu de renverser une fortune, royale ou autre, si l'on n'en ramassait les débris. Mais Rousseau était fier. Il crut que les honneurs et les bons lots devaient venir trouver ceux qui les avaient mérités. Novice! Une foule de solliciteurs s'abattit sur la curée; il vit les commissariats, les sous-commissariats, les gouvernements de châteaux, les missions ordinaires et extraordinaires, les sièges de tribunaux, les suppléances, les justices de paix, les bureaux, les directions, les secrétariats, les grades militaires, tous les emplois tomber à droite et à gauche comme une pluie torrentielle. Mais il n'y eut rien pour lui!

Pas un seul petit morceau
De mouche ou de vermisseau....

Et pourtant, parmi ces affamés, il y avait bien des fainéants, bien des suspects; Pierre crut même y reconnaître des philippistes de l'avant-veille. Il se fâcha à la fin. Il se présenta à je ne sais plus quel *provisoire*, parla haut de la fausse route où l'on engageait la révolution, mentionna ses états de service, et demanda une place. On lui offrit celle de portier dans une prison. Il se repentit alors amèrement de ne pas s'être fait nommer membre du gouvernement provisoire, pendant qu'il était le maître au Palais-Bourbon, et qu'un savetier et deux crocheteurs voulaient absolument le porter sur la liste. Il s'en repentit, il n'était plus temps. Il se vit réduit à mendier une place aux ateliers nationaux et à se faire communiste. O ingratitude des révolutions!

Il sut se dédommager, autant que possible, en pérorant aux clubs, en tapissant les murs de proclamations, en travaillant à un journal qui n'eut qu'un numéro, et en figurant honorablement dans les journées de Mars, d'Avril et de Mai. Le communisme n'eut pas d'apôtre plus zélé que lui au sein des ateliers. Mais sa rancune grossissait chaque jour ; une soif de barricades le dévorait ; il parlait fort de peuple dupé, de promesses escamotées, de trahison, de vengeance, etc... Cependant de beaux exemples s'offrirent à côté de lui. L'ancien chef de sa section, révolutionnaire fougueux, était devenu calme comme un agneau, depuis qu'il était nanti d'une place en Cour d'appel ; Ambert lui-même, le communiste de la veille, chantait l'ordre et la propriété dans une préfecture, où le Provisoire l'avait casé. Et ainsi d'une foule d'autres. Rousseau s'étonnait de la distance où se trouvaient jetés de lui ses frères politiques. Il avait tort de s'étonner ainsi. L'intérêt étant l'unique mobile de la conduite et de l'opinion des hommes, toute la question se réduit à savoir si vous possédez ou ne possédez pas. Entendez-vous un homme vanter le communisme ; prononcez hardiment, si c'est un négociant, qu'il est au plus bas de ses affaires ; si c'est un propriétaire, qu'il doit plus qu'il n'a ; si c'est un fonctionnaire, qu'il s'attend à être destitué ; si c'est un ouvrier, qu'il est paresseux ou débauché, etc... Voyez-vous, au contraire, un bourgeois s'exclamer en faveur de *l'ordre* ; affirmez nettement qu'il a des champs ou des écus à sauver. Voilà le baromètre des convictions. C'est ainsi que les mouvements politiques s'expliquent. Et en effet, si demain un accident quelconque dépouille ce propriétaire, tenez pour sûr qu'il passera dans les rangs des communistes.

XXXVI.

LE SPECTRE.

Un nuage lourd et sombre pesait ce soir-là sur Paris. Sa couleur indécise, son immobilité, les timides éclairs qui le sillonnaient, offraient une image assez exacte de l'état de la capitale au commencement de juin 1848. La tempête d'en haut semblait un calque de la tempête d'en bas.

Personne de ceux qui ont vu Paris à cette époque, n'oubliera sa physionomie sombre, inquiète, effarée. Le bourgeois tremblait, l'ouvrier s'agitait; et ce mélange de deux mouvements opposés, formait quelque chose de sinistre, d'indéfini, qui rappelait le mouvement des vagues à l'approche de l'orage.

A la chute du jour, Madré traversait les Champs-Élysées d'un pas rapide; son front plissé indiquait les graves préoccupations de son esprit. Depuis trois mois son commerce se mourait; le nombre de ses ouvriers était réduit de deux cents à dix; ses fonds ne rentraient pas; chaque jour on lui annonçait une nouvelle banqueroute, et, à l'heure qu'il est, il venait encore de constater une suspension de paiement de la part d'un de ses principaux débiteurs. Matière à réflexions amères pour ce bourgeois, chez qui le préjugé politique n'était pas tellement épaissi, qu'il ne lui laissât voir d'où partait cet ébranlement terrible qui compromettait les maisons les plus solides. Que de fois, depuis la catastrophe, il avait songé au rôle idiot qu'ils jouaient là, lui et ses semblables! Assister, l'arme au bras, à la destruction de la royauté ! Applaudir à la ruine de l'avenir ! Démolir sa propre existence !

Triple imbécile !

C'était quelque chose de ce genre-là que ruminait Antony Madré, quand un commencement de pluie l'obligea à s'arrêter sous un arbre. Il faisait encore assez clair pour distinguer les objets à quinze pas. Antony, immobile, les bras croisés, regardait, sans les voir, les passants qui bravaient l'approche de l'orage, quand ses yeux s'arrêtèrent sur une figure terne, impassible, mais trouée de deux yeux perçants cachés sous d'épais sourcils gris. Cette figure, Madré se rappela l'avoir vue, mais où, et quand, il ne le sut pas d'abord, sa préoccupation étant ailleurs. Un énorme éclair, qui inonda tout à coup l'étranger de sa lumière, dissipa les doutes d'Antony, et il paraît que cette reconnaissance ne lui fut pas agréable, car il détourna brusquement la tête, et se disposait à s'éloigner malgré la pluie, quand le spectre l'en empêcha, en venant se placer devant lui.

C'était un homme a peu près de l'âge de Madré, basané, maigre, flétri ; ses vêtement délabrés annonçaient le plus bas étage de la dégradation et de la misère ; sa barbe longue, son teint cuivré, ses joues caves et ses cheveux hérissés aggravaient encore l'aspect de sa pauvreté, tandis que le scintillement de ses yeux, indiquait quelque passion violente au fond de son âme.

— Me reconnaissez-vous ? dit-il d'une voix calme et presque douce.

— Oui, répondit Madré, en jetant les yeux d'un autre côté.

— J'ai vieilli, n'est-il pas vrai, Monsieur Antony ? Je suis bien différent de ce que j'ai été.

— C'est vrai, moi aussi je me casse. Et puis après ? Peut-on espérer être toujours jeune ?

— Non. Seulement l'un vieillit de faim et de désespoir, et l'autre d'abus des plaisirs : ce qui n'est pas la même chose.

— Qu'importe il faut toujours arriver au terme.

— Cette philosophie est bonne. Vous paraissez ne pas tenir à la qualité du chemin.

— Non, vraiment ! répondit Antony avec insouciance ; on fait d'ailleurs à tous la route si dure, qu'il n'y a pas à regarder à un cahot de plus ou de moins.

— M. Madré, puis-je vous parler? dit le mendiant d'une voix qui prenait de la force et de la dureté.

— Je ne m'y oppose pas.

— Vous me connaissez ?

— Je te connais parfaitement. Ne sois pas long, car j'ai hâte de m'en aller.

— Je ne serai pas long. J'ai faim.

Le mendiant, en disant ce mot arrêta ses yeux perçants sur Madré, et parut attendre la réponse.

— Il y en a bien d'autres que toi qui ont faim. Est-ce là le ton que tu prends pour mendier ?

— Pas avec tout le monde, avec vous seulement. Je n'ai pas un morceau de pain chez moi. J'ai faim.

Le ton de voix de l'inconnu s'élevait toujours, et prenait les dimensions de la menace.

— Ce ne peut être que ta faute. Travaille.., J'ai travaillé, moi, et si j'ai aujourd'hui un morceau de pain, je sais ce qu'il me coûte. Travaille !

— Où ? Sur quoi ? Chez qui ? Je vous ai fait demander une place dans votre atelier, vous me l'avez refusée. Prouvez-moi que j'ai été paresseux, et je me tais.

Madré ne répondit rien.

— J'ai une femme et huit enfants qui me demandent à manger, et je n'ai pas un morceau de pain à leur donner.

— Tu en aurais si tu avais été plus sage ; n'oublie pas que le cabaret a englouti plus d'une fois le produit de ton travail.

— C'est vrai : mais j'étais jeune alors, dit le mendiant en baissant la tête : je n'avais ni femme ni enfants. Et depuis ?...

— Si le sort t'a été dur, est-ce ma faute, à moi ?

— Est-ce la mienne ?

— Que me veux-tu, alors ?

— Vous demander pourquoi les lots sont si différents, et pourquoi votre cœur est si dur ?

— Questions insolentes, qui ne valent pas une réponse. Retire-toi.

— Je m'attendais à ce mot de votre part. Vous oubliez, M. Madré, ce que vous me devez, ce que j'ai droit d'attendre de vous.

— Toi ?

— Je vous réitère ma question, daignez y répondre. Pourquoi nagez-vous dans le luxe, tandis que je meurs de misère ?

— Qu'en sais-je, moi, et qu'as-tu besoin de le savoir ? Je suis ma route, suis la tienne. Il est vrai que jusqu'à présent j'ai joui de l'aisance, et que tu as connu les privations ; mais, pour ma part, je n'ai point abusé, et toi ton devoir était de suivre le sentier de l'homme honnête et laborieux, sans t'en écarter jamais, et de t'en remettre ensuite aux bontés de la Providence...

— La Providence ? reprit le mendiant avec un sourire railleur ; ce mot-là jure dans votre bouche. Je vous connais; vous jetez au pauvre ces mots empruntés à une langue qui n'est plus la vôtre ; au fond, vous n'y croyez pas. Engraissé dans la mollesse, vous vous riez de Dieu et de ses lois ; vous n'avez pas le moindre souci de l'amitié ou de la haine de ce Dieu dont vous doutez. M. Madré, quittez ce langage avec moi, je ne saurais en être dupe.

Le bourgeois fit mine de se retourner, comme si quelque bruit eût frappé ses oreilles, mais au fond pour échapper à la vérité du reproche.

— Au demeurant, reprit l'interlocuteur en guenilles, ce n'est pas une prière que je vous adresse, mais une sommation : il est prudent que vous y fassiez droit.

— Ce n'est pas d'aujourd'hui que je connais ton audace,

dit Madré qui se contenait à peine ; tu pouvais cependant m'épargner cette nouvelle insolence. Encore une fois, retire-toi !

— Non pas avant d'avoir réglé mes comptes avec vous.

— Tes quoi ?

— Baissez le ton, bourgeois, baissez le ton, dit le mendiant en appuyant une main de fer sur l'épaule d'Antony : cette morgue est d'hier, elle serait déplacée aujourd'hui. J'ai pu trembler longtemps sous votre parole hautaine ; maintenant, c'est à vous de m'écouter et d'avoir peur. J'ai faim, pesez bien ce mot : j'ai faim !

— N'as-tu pas la ressource des ateliers nationaux ? dit Madré qui cachait avec peine sa terreur naissante.

— Je l'ai, et elle ne me suffit pas. Qu'est-ce qu'un salaire aussi mince pour nourir dix bouches affamées ? Et puis, pourquoi travaillerais-je, tandis que vous ne faites rien.

— Parce que Dieu l'a ainsi voulu, et que tous nous devons nous soumettre à sa volonté sainte.

— Mauvais plaisant ! répliqua le *travailleur* avec un sourire amer ; épargnez-vous ces insolents blasphèmes. Ce Dieu qui voit le fond de votre cœur, sait bien quel sens son nom a dans votre bouche. Vous vous croyez trop grand pour plier sous son joug ; mais vous seriez bien aise de vous en décharger sur la tête du prolétaire. Il fut un temps où l'oisif avait quelque droit de parler de Dieu au pauvre travailleur, c'était quand la même foi les animait tous deux, quand la charité les rapprochait, quand la même religion les rangeait sous ses lois. Aujourd'hui, tout est bien changé; vous n'avez plus d'autre Dieu que l'or ; eh bien ! nous non plus, et nous en voulons notre part.

Le mendiant jeta un regard indifférent sur ses pieds poudreux, sur ses vêtements souillés, et attacha ensuite sur Madré des yeux où l'humilité de sa condition se démentait singulièrement.

— J'ai donné quelquefois, dit Antony, à l'homme

qui m'exposait humblement ses malheurs; mais il n'est pas dans mes habitudes de me laisser extorquer l'aumône par la menace. Le pauvre me touche, le voleur me répugne.

— Ces mots sont durs, je les accepte. Songez, M. Madré, dit le mendiant en se dressant de toute la hauteur de sa taille, que ce n'est pas une menace que je vous fais, mais un droit que je vous rappelle, ce qui est bien différent.

— Un droit ? un droit? qu'appelles-tu un droit?

— Écoutez. Ma destinée aurait pu être meilleure, je l'avoue. Ma première éducation n'était pas celle d'un prolétaire ; une heure, l'ambition m'aveugla ; une heure, l'espérance brilla à mes yeux. J'ai pu me laisser séduire par le plaisir, entraîner par la fougue de la nature : mais c'est un compte à régler entre moi et celui qui tient là-haut nos destinées; ce n'est point à vous à me jeter le reproche à la face. Madré, je valais mieux que vous ; mes vices ne dépassaient point les vôtres, et vos qualités, j'ose le dire, n'égalèrent jamais les miennes. Parlez : qui de nous a le plus abusé du plaisir ? Mais votre fortune, votre position, couvraient d'un voile honnête vos incartades ; car, sous l'habit de bourgeois, les vices deviennent des vertus, tandis que sous les haillons les vertus deviennent des vices. Vous plaît-il que je fasse ici votre confession et la mienne?

— Tais-toi! tais-toi ! langue de vipère ! s'écria Madré ; quel déplorable hasard t'a donc amené aujourd'hui sur mes pas?

— Un instant ! répartit le mendiant en arrêtant de son vigoureux poignet Antony qui se disposait à partir ; un mot encore et je finis. Les circonstances nous rapprochèrent; l'amitié nous lia. Je fus à même de vous rendre service, et je le fis. Mes souvenirs ne me disent pas que j'aie jamais reçu de vous autre chose que des éloges intéressés et de ces marques de banale affection qu'on n'épargne à personne ; votre mémoire doit mieux vous servir sur mon compte. Vous étiez pauvre, étranger, perdu dans Paris :

c'est moi qui vous ai accueilli, qui vous ai tendu la main ; je vous ai trouvé une position : votre fortune, votre bonheur, vous me les devez tout entiers. Mais, c'est assez là-dessus : je dis ceci sans amertume comme sans regret ; à Dieu ne plaise que je me repente jamais du peu de bien que j'ai fait !

« Vous aviez une sœur avec vous : je l'aimai, je désirai l'épouser. Elle y eût consenti, vous vous y opposâtes, et, un instant, mon cœur blessé se détourna de vous... Et puis, deux ans après, vous me la donnâtes, mais elle était déshonorée ! Elle avait paru comme voleuse, en cours d'assises.

« Elle était déshonorée ! répéta le mendiant avec une voix lente et caverneuse, vous vous êtes joué de ma bonne foi ! J'étais votre ami, votre bienfaiteur ; vous m'avez refusé cette jeune fille tant qu'elle fut pure et innocente ; puis, vous me l'avez donné quand elle fut devenue l'opprobre de votre nom. Ai-je dit la vérité ? »

— C'est possible ! dit Madré avec un air d'insouciance affectée ; tu l'acceptas, tu étais libre, et moi je n'étais point solidaire des sottises de cette femme.

— Vous en étiez plus que solidaire, car vous en étiez cause. Elle le dit, elle le prouve ; c'est un point à régler entre elle et vous. J'achève ; quand mon orgueil blessé voulut se plaindre, quand je vins vous demander raison de ma bonne foi trompée, je me retins pourtant, je l'avais aimée, je l'aimais encore, j'avais compassion de son repentir, de ses larmes, de son désespoir, je lui rendis sinon mon estime, au moins ma tendresse, et je tâchai de puiser dans la pitié un courage qui ne pouvait s'emprunter à des sentiments meilleurs... Mais alors qu'avez-vous répondu à mes plaintes ? Qu'avez-vous fait pour apaiser mon orgueil irrité ?

— Je ne sais ce que tu veux me dire.

— Alors, souffrez que je vous le rappelle. « Garde-la, me dites-vous, et souviens-toi qu'elle t'aima. N'achève pas son malheur en l'abandonnant. Du reste, compte sur moi. Si un jour tu as besoin de mes services, n'oublie pas que la moitié de ma fortune est à toi. » LA MOITIÉ DE MA FORTUNE, voilà vos propres expressions. Je me tus. Le travail suffisait alors à nos besoins ; vos services ne m'étaient pas nécessaires, et puis, elle était bonne et douce, après tout, cette infortunée. Tant que nous le pûmes, nous nous passâmes de vous ; nous demandions au travail, à la concorde, le peu de bonheur permis au prolétaire, vos dédains mêmes nous étaient supportables ; nous dévorions en silence les affronts qu'il plaisait à votre orgueil de nous infliger ; il nous semblait presque que ma pauvreté à moi, et que sa faute à elle, nous avaient jetés bien au-dessous du bourgeois que nous n'osions plus nommer notre frère.

« Puis la maladie vint, puis la famille s'augmenta, puis mille accidents nous accablèrent à la fois ; le travail devenant rare, je ne pus arracher qu'avec peine le pain qui devait apaiser les cris de mes enfants. De plus, un dur propriétaire nous menaçait de l'expulsion, faute d'être exactement payé. Je me souvins de vous alors ; je me rappelai que vous m'aviez promis la MOITIÉ de votre fortune ; je vous demandai l'aumône... Comment m'avez-vous accueilli ? »

Le mendiant prononça ces derniers mots d'un ton poignant, et s'arrêta longtemps après.

— Aujourd'hui, reprit-il, je suis sans pain, sans vêtements, sans asile. Chaque jour je traîne de taudis en taudis le fardeau d'une femme et de huit enfants, mendiant pour eux l'abri d'une nuit. Me voici devant vous pour la dernière fois. Je fais un appel suprême à votre justice, voulez-vous ou ne voulez-vous pas tenir vos promesses?

Madré avait écouté, les yeux baissés, les mains dans ses poches. Il n'en avait pas perdu un mot, car le mendiant avait une de ces voix nettes, timbrées, qui burinent pour ainsi dire, chaque syllabe. Cependant il parut qu'Antony avait été victime d'une distraction, car, quand son interlocuteur eut cessé de parler, il tenait sa main nonchalamment étendue, pour s'assurer s'il pleuvait encore. Peut-être eût-il essayé de faire croire qu'il ne s'apercevait plus de la présence du spectre, quand celui-ci le saisit fortement par les deux bras, le regarda en face et lui dit :

— Ma présence t'est à charge : finissons. Aussi bien entre toi et moi, les ménagements sont désormais inutiles. Il n'est plus besoin de contenir le mépris que je te garde. Pose toi-même la question de vie ou de mort : m'as-tu entendu?

Madré recula, saisi d'une vertueuse indignation ; puis, regardant son adversaire par-dessus l'épaule, il répondit :

— Retire-toi, brigand, et cesse de souiller un honnête homme de ton odieux contact. Retire-toi ! c'est ma seule réponse.

Le mendiant s'écria :

— A demain donc, bourgeois ! demain nous nous reverrons. Le programme se réalisera alors, et cette fois, je l'espère, le peuple ne sera plus dupe. Regarde cette banderole — il désignait un drapeau tricolore battu par le vent — et lis la devise qu'il porte, devise sublime en elle-même, mais qui jusqu'à présent n'a été qu'un cruel mensonge. *Égalité !* raillerie amère, quand le pauvre est refoulé dans la fange. *Égalité !* entre le prolétaire sans asile, sans vêtement, sans pain, sans argent, sans crédit, et le bourgeois saturé, engraissé, choyé, repu de délices !... *Égalité !* entre le travailleur qui arrache un modique salaire à la sueur de son front, et l'oisif qui gagne des écus en dormant. Non, non, ironie sanglante, qui aura demain son terme. Ou la sublime devise n'est qu'un mensonge odieux qu'il faut effacer, ou elle doit être une vérité complète. Demain, l'énigme se résoudra. Demain, la plèbe se lèvera, et elle osera se mesurer avec toi. Il ne s'agit plus pour elle de balayer un trône et des pantins chamarrés d'écarlate ; quand elle ne fit que cela, tu daignas l'applaudir ; mais de se poser ton égale, de te regarder au front et de te dire : Moderne Goliath, je m'appelle David !

« Bonsoir, au revoir. »

Et le spectre aux pieds nus se mit tranquillement en marche. Antony, immobile, pétrifié, le suivit longtemps des yeux, doutant si c'était bien un homme ou une vision funeste qui venait de passer devant lui.

XXXVII

LES OUVRIERS.

Suivons les deux pauvres femmes qui ont pris le chemin de Paris. Marguerite avait trop présumé de ses forces. Le troisième jour, accablée de fatigue et de soucis, elle tomba malade; Thérèse dut la soigner, consumer en remèdes, en honoraires de médecin, les faibles ressources sur lesquelles elle comptait pour le voyage, et quand la bonne vieille put se tenir sur ses jambes, il fallut la ramener à petites journées et rentrer à Sombrey.

Une nouvelle douleur y attendait Thérèse Mélilot: son père était mort l'avant-veille, en maudissant celle sur qui il avait fondé longtemps l'espoir de sa vieillesse. Chacune des expressions de ce père mourant fut rendue fidèlement à Thérèse, qui les écouta tête baissée, sans soupirer, sans pleurer. Mais ce silence était celui de la consternation ; les mots funestes s'étaient gravés en traits de feu dans cette âme malade ; l'image de son père s'était placée devant elle, sinistre, menaçante; quoi qu'elle fît, elle n'en pouvait détourner ses yeux ; le jour elle l'entendait, la nuit elle le voyait ; sa figure décomposée avait perdu tous ses attraits ; personne ne reconnaissait plus la belle et douce enfant de

Jean Mélilot; les habitants de Sombrey disaient qu'elle était folle.

Un soir, après avoir longtemps prié au pied de cette croix qui lui rappelait de si touchants souvenirs, après avoir contemplé d'un œil sec et enflammé l'image de celui qu'on avait invoqué pour témoin, elle baissa la tête et réfléchit. Puis, l'anathème paternel tonnant plus fort à ses oreilles, elle se leva subitement, jeta un dernier regard du côté de Sombrey, et se remit en route pour Paris.

La fournaise avait encore une fois pris feu; le cratère populaire s'était de nouveau entr'ouvert.

On ne s'attend pas à ce que nous retracions ici ces funèbres journées de Juin, qui faillirent entraver la marche du siècle. Attirons seulement l'attention du lecteur sur un point étroit de ce champ de carnage.

Dans l'espace compris entre deux barricades, un homme à mine calme et sévère semble exercer une influence illimitée sur les ouvriers qui vont et viennent. Son brassard rouge le désigne comme chef. A ses côtés, un jeune homme, muni aussi du signe distinctif et ci-devant brigadier dans les ateliers nationaux, agit avec un empressement calme et mesuré, mais toujours sous les ordres du chef, dont il semble étudier les mouvements avec une attention toute filiale.

A l'une de ces barricades, on voit figurer, en sentinelle plutôt qu'en soldat, une sorte de squelette, dont les deux yeux mobiles errent en bas, en avant, à côté, en arrière, avec la rapidité et la sûreté du regard de l'aigle. Ses lèvres de parchemin s'entr'ouvent, frémissent, mais ne rendent aucun son perceptible. Parfois ses deux grands bras se lèvent, s'agitent comme des signaux télégraphiques ; les *travailleurs* le regardent en silence, et suivent ses indication, car ils savent que cet œil exercé a le pouvoir de percer les murailles et de deviner le péril. On a reconnu le Saint-Suaire.

A l'autre barricade, un homme court, noir, trapu, déploie un zèle non moins grand. C'est lui qui a élevé comme par enchantement ce monticule, élargi à sa base, terminé en pyramide, et qui peut braver les efforts du canon. Un sauvage désordre anime ses traits. Il est ivre ; mais l'ivresse a doublé son énergie, sans altérer sa raison ; il parle, il commande, il excite les *travailleurs* ses frères : on a pour lui le respect que l'expérience et une vieille réputation exigent. Il est connu sous le sobriquet de Bonboyau.

Non loin de lui, se trouve groupé un certain nombre de nos anciennes connaissances ; un vieillard dont le buste osseux est mal couvert d'une blouse déchirée, et dont la main octogénaire porte un lourd fusil sans trembler : c'est le vieux *Marat*. Il murmure avec joie quelques mots des chansons populaires de la première révolution ; d'anciens souvenirs raniment ses membres cassés par la vieillesse. Il n'attend plus que l'accomplissement du *grand œuvre* pour s'endormir du dernier sommeil. Là sont aussi ces proscrits de l'ordre social, que nous visitions en compagnie de Rousseau et d'Ambert, ces forçats de la civilisation, que l'eau-de-vie et de folles espérances ont remplis d'une allégresse digne d'une meilleure cause. Le courage, le mépris de la mort, étincelle sur leurs figures exaltées.

Un groupe de trois personnes se fait remarquer au milieu de ce corps d'insurgés : c'est le chef dont nous avons parlé plus haut, son jeune lieutenant, et cet autre *travailleur* aux pieds nus, que nous mettions en scène dans le chapitre précédent. Ils délibèrent entre eux. Leurs paroles sont brèves, leurs gestes sont rares, leur calme prodigieux. Qui pourrait croire que ces trois hommes jouent leur destinée, et peut-être celle de la France ? Mais une pensée commune les absorbe à ce moment ; chacun d'eux lève tour à tour les yeux du côté du squelette, qui, monté sur une des barricades, domine au loin l'horizon de bataille, et semble posé là en télégraphe. En attendant l'ennemi — car la fusillade approche — ces trois personnages conversent aussi paisiblement que s'ils eussent été au coin du foyer. C'est le chef qui parle, son jeune ami l'écoute avec un intérêt marqué, et le mendiant, les bras croisés, les yeux à terre, les mâchoires serrées, écoute, boit, pour ainsi dire, ces paroles amères, qui glissent jusqu'au fond de ses os. Il est question d'une circonstance mystérieuse qui se rattache au domicile d'un *serrurier, rue d'Enfer ;* ce chef à mine austère fut jadis sage et bon ; né aux champs, il vint perdre dans les villes ses mœurs et sa foi ; ses passions l'entraînèrent à de graves désordres ; républicain fougueux, il a payé par de longues années de prison l'exaltation de ses principes politiques, et aujourd'hui enfin, tiré du bagne par les derniers événements, il vient de jouer un rôle important dans les clubs, dans les ateliers nationaux, et va mourir, comme il a vécu, en PIONNIER de ce qu'il appelle un nouveau monde. La fusillade se fait vivement entendre, le canon gronde ; l'aile de la mort s'étend sur la grande cité, et les trois interlocuteurs n'en semblent pas émus.

Tout à coup le grand squelette s'agite en haut de la barricade, puis roule en bas, frappé d'un coup mortel ; mais son signal a été compris. Le PIONNIER donne ses ordres avec rapidité et sang-froid ; les *travailleurs*, Bonboyau en tête, sont au poste ; l'action s'engage contre un bataillon de garde nationale, et quand la mêlée est assez chaude, nos trois hommes disparaissent.

Nous les retrouvons, une heure après, en dehors de la première barricade, couchés à terre et baignés dans leur sang. Au milieu d'eux est un quatrième cadavre, qu'ils semblent encore cerner, comme s'ils craignaient qu'il ne leur échappât. C'est Madré, le fondeur de cuivre, capitaine de la garde nationale. Ce jour-là, malgré les pleurs de sa femme et les cris de sa fille, il a voulu se lever pour défendre, non des principes — il n'en avait pas — non la religion menacée — le bourgeois n'en a souci — mais sa boutique, son cuivre, son existence compromise. Et il faisait bravement son devoir, quand trois hommes, s'élançant d'une maison voisine, se précipitent sur lui, ne cherchent que lui, ne frappent que lui, et tombent bientôt troués eux-mêmes de cent balles. Cependant, avant de mourir, le PIONNIER saisit la main de son lieutenant, et lui dit :

— Pierre, nous sommes vengés, mais j'ai pitié de toi...

Le jeune homme murmura :

— Mon maître, je me console de mourir avec vous...

Un sanglot étouffa la parole dans sa bouche: ils firent encore quelques efforts pour se rapprocher, mais le froid de la mort les saisit, et leurs mains restèrent crispées l'une dans l'autre.

Le jeune homme s'endormit les yeux fixés vers le ciel, et l'on trouva dans son autre main un petit crucifix d'or qu'il serrait sur son cœur. Au moment suprême, la grâce est rentrée dans son âme, et Dieu, touchée de son repentir, lui a fait miséricorde.

*

L'émeute était à peine domptée, quand Thérèse Mélilot arriva à Paris. Un pressentiment funeste semblait l'avertir de tout ce qui s'y passait. Elle vit avec effroi le sol labouré, les maisons crevassées, les pavés teints de sang. Haletante, égarée, elle erra de rue en rue, se rattacha à toutes ses connaissances, scruta, pressa de questions, et parvint enfin à découvrir la vérité. Mais, hélas! son cœur et sa tête étaient trop faibles pour supporter ce coup; elle continua pourtant à courir, à interpeller tous les passants, jusqu'à ce que deux sergents de ville l'arrêtassent.....

Thérèse Mélilot était folle!...

*

Quand Marguerite Bonjour apprit le sort de son neveu, il n'y avait plus que peu à faire pour briser le faible et dernier lien qui l'attachait à la vie. Son imprudente tentative avait déjà usé ses forces, elle languissait sur son lit de douleurs, toujours obsédée de l'image de cet enfant bien-aimé, dont elle redoutait si fort d'avoir à rendre compte au ciel. La funeste nouvelle porta le dernier coup à sa frêle existence; Marguerite tomba dans un affaissement progressif, et les consolations de la religion, les exhortations du prêtre, avaient peine à la soutenir contre les terreurs de sa conscience. Toujours elle entendait une voix lui répéter : *Je te l'avais confié : qu'en as-tu fait? qu'en as-tu fait?* Au moment où elle expirait, on la vit serrer encore le crucifix de ses mains défaillantes, et ses lèvres glacées répétaient tout bas : *Mon doux Jésus, pitié pour lui! pitié pour moi!*

*

Claude Renoux continue son métier de manœuvre, et goûte la paix au sein de la pauvreté. Modeste *travailleur*, il a, dans son naïf bon sens, saisi la vraie philosophie de la vie. Il ignore si un jour il sera arraché à la gêne qui pèse sur lui dès le berceau; mais ce qu'il sait, c'est que les courtes tribulations de cette vie ne méritent pas d'être mises en comparaison avec le poids immense de gloire qu'elles préparent dans l'éternité. Jamais il ne lui est venu en pensée de regretter la brillante position qu'il aurait pu se créer à Paris. « L'or et l'argent nous laissent à la mort, répète-t-il souvent : la foi et la paix d'une bonne conscience nous suivent au delà du tombeau. » Cette vie est donc pour lui un lieu de passage, une vallée d'expiation; il y prend son lot de souffrance et d'épreuve, sans en demander raison à Dieu.

*

Prolétaires malheureux, c'est en vain que l'on cherche à vous séduire; le bonheur constant, universel, ici-bas, est une pure chimère; le riche lui-même a sa part de douleur, qui souvent n'est pas moindre que la vôtre; car personne ne peut secouer le poids de son origine. Vos guides mentent quand ils vous promettent une félicité sans nuage; ils voudraient vous faire renier votre parenté, ils ne le peuvent pas : vous êtes tous FILS D'ADAM. Mais du moins gardez, pour compenser vos souffrances, l'espérance des biens qui doivent suivre, regardez quelquefois par la tombe, cette porte entr'ouverte entre le temps et l'éternité, et souvenez-vous qu'aucune langue humaine ne peut redire la grandeur des récompenses réservées aux pauvres, aux malheureux, aux faibles, qui seront restés fidèles. Ouvriers, prolétaires, vous êtes tous FRÈRES DE JÉSUS-CHRIST!

XXXVIII

SUR LA BARRICADE.

Le dernier coup de canon était tiré; le calme régnait dans Paris, ce calme sinistre, ce calme des tombeaux, plus triste peut-être que le bruit même des batailles; car dans le tumulte du combat, chacun oublie le danger qu'il court ou qu'il fait courir, mais après la mêlée il faut compter les blessures et relever les cadavres.

Un jeune homme était monté sur une barricade. Son regard attristé découvrait çà et là quelques corps morts, et partout des traces de sang et de désolation. Religieux et sensible, il ne put se défendre d'une émotion profonde, en contemplant ces scènes de désastre, et encore, n'étaient-elles à ses yeux que le prélude de crises plus douloureuses qui doivent bientôt suivre, si la main de Dieu ne détourne le courant fatal qui nous entraîne. Louis de Semblange pleura sur le sort de tant d'infortunés. L'image de la France, de l'Europe, transformée ainsi en une sanglante arène, lui passa devant les yeux et il frémit, et il dit : Mon Dieu ! mon Dieu ! pitié pour la France.

FIN.

TABLE DES MATIÈRES.

FIN DE LA TABLE.

2020. — ABBEVILLE. — TYP. ET STÉR. GUSTAVE RETAUX.

BLÉRIOT FRÈRES, LIBRAIRES-ÉDITEURS
55, QUAI DES GRANDS-AUGUSTINS, PARIS.

CATALOGUE

Des principales Publications de la Librairie BLÉRIOT frères.

VEILLÉES DES CHAUMIÈRES

Collection des années parues; chaque année se vend séparément, brochée........................ 5 »
reliée........................ 6 25

MOIGNO (l'abbé)

Les Splendeurs de la Foi. 4 beaux vol. in-8...... 32 »
Résumé complet des Splendeurs de la Foi. 1 fort vol. in-8........................ 8 »
Le Retour à la Foi par ses Splendeurs. 1 vol. in-12. 3 »
Les Droits de tous. 1 vol. in-12................ 1 50
Le Pêcheur d'hommes. 1 vol. in-12.............. 2 »
Le Latin pour tous. 1 vol. in-12................ 1 50
La Poésie pour tous. 1 vol. in-12............... 2 »
La Mémoire de tous. Manuel de Mnémotechnie. 1 vol. in-12........................ 3 »

LAMOTHE (A. de)

Les Camisards, *suivis des* Cadets de la Croix. 3 vol. in-12, illustrés........................ 6 »
Les Faucheurs de la Mort. 2 vol. in-12.......... 4 »
Idem. 1 vol. gr. in-8, superbes illustrations....... 4 50

Les Martyrs de la Sibérie. 4 vol. in-12, illustrés... 8 »
Marpha. 2 vol. in-12........................... 4 »
Histoire d'une Pipe. 2 vol. in-12, illustrés........ 4 »
Les Soirées de Constantinople. 1 vol. in-12........ 2 50
Histoire populaire de la Prusse. 1 vol. in-12....... 1 50
Les Mystères de Machecoul. 1 vol. in-12........... 2 »
Le Gaillard d'arrière de la Galathée. 1 vol. in-12... 2 »
Légendes de tous Pays. Les Animaux. 1 vol. in-12, illustré de 100 gravures........................... 3 »
Mémoires d'un déporté à la Guyane française. 1 vol. in-18 .... » 60
L'Orpheline de Jaumont. 1 vol. in-12............. 3 »
Le Taureau des Vosges. 1 vol. in-12.............. 2 50
Aventures d'un Alsacien prisonnier en Allemagne. 1 vol. in-12....................................... 2 »
Journal de l'Orpheline de Jaumont. 1 vol. in-12... 1 50
L'Auberge de la Mort. 1 vol. in-12 .... 2 50
La Reine des Brumes et l'Emeraude des Mers. 1 vol. in-12....................................... 3 »
Les Métiers infâmes. 1 vol. in-12................. 3 »
Le Roi de la Nuit. 2 vol. in-12.................. 5 »
Les Compagnons du Désespoir. 3 vol. in-12....... 6 »
Pia la San Pietrina. 2 vol. in-12................ 5 »
Les Fils du Martyr. 1 vol. in-12.................. 2 50
Les Deux Romes. 1 vol. in-12.................... 3 »
Le Proscrit de Camargue. 1 vol. in-12............ 3 »
La Fille du Bandit. 1 vol. gr. in-8 de 800 pages, illustré de 500 gravures................................ 10 »
Le Secret du Pôle. 1 vol. in-12.................. 3 »
Le Cap aux Ours. 1 vol. in-12................... 3 »
Le Fou du Vésuve. 1 vol. in-12.................. 3 »
Les Secrets de l'Océan.
1re partie : Le Capitaine Ferragus. 1 vol. in-12. 3 »
2e — Fleur des Eaux. 1 vol. in-12....... 3 »
A travers l'Orient : de Marseille à Jérusalem. 1 vol. in-12....................................... 3 »
Fœdora la Nihiliste. 1 vol. in-12.................. 3 »
Nadiège, roman sur le Nihilisme. 1 vol. in-12..... 3 »
Le Puits sanglant. 1 vol. in-12................... 3 »

LOYSEAU (Jean)

Bas les Masques. 1 vol. in-12..................... 2
Rose Jourdain. 2 vol. in-12.......................

Les bons Apôtres. 1 vol. in-12 .... 2 »
Les Noces d'or de Jupiter. 1 vol. in-12........... 1 »

ANROSAY (Paul d')

Les Montrépan. 1 vol. in-12...................... 3 »

CROLLALANZA (G. de)

Les Compagnons de la Chausse. 1 vol. in-12....... 3 »

GUERRIER DE HAUPT (Mlle Marie)

Un Châtelain au XIXe siècle. 1 vol. in-12.......... 2 »

J. PROTCHE DE VIVILLE

(MATHIEU WITCHE)

L'Ecole des Espions. 1 vol. in-12................ 3 »
Une Conspiration Nihiliste. 1 vol. in-12.......... 3 »
Les Prisonniers de Guerre. 1 vol. in-12........... 3 »

FLEURIOT (Mlle Zénaïde)

Aigle et Colombe. 1 vol. in-12.................. 3 »
Histoires pour tous. 1 vol. in-12................ 2 »
Les Mauvais jours. 1 vol. in-12.................. 2 »

FÉVAL (Paul)

Contes de Bretagne. 1 vol. in-12................. 3 »

MAISTRE (Xavier de)

Le Lépreux de la Cité d'Aoste. — La jeune Sibérienne. — Les Prisonniers du Caucase. 1 vol. in-18....... » 75

MANZONI (Alexandre)

Les Fiancés, édition MAX DESNOYERS. 1 vol. in-12.. 2 »

MARCEL (Etienne)

Triomphes de Femmes (Les Anges du Foyer). 1 vol. in-12 .... 3 »
Jeanne d'Aurelles. 1 vol. in-12.................. 2 »
Les Jours sanglants. 1 vol. in-12................ 2 »
L'Héritage de madame Hervette. 1 vol. in-12...... 2 »

MARCHAL (Charles)

Les Philosophes convertis. 1 vol. in-12........... 3 »

MARÉCHAL (Mlle Marie)

Béatrix. 1 vol. in-12.......................... 3 »
Une Institutrice à Berlin. 1 vol. in-12........... 3 »
La Fin d'un Roman (*Suite de l'*Institutrice à Berlin). 1 vol. in-12.......................... 3 »
Le Journal d'une âme en peine. 1 vol. in-12...... 3 »
Le Mariage de Nancy. 1 vol. in-12.............. 2 50
La Famille Tolozan. 1 vol. in-12................. 3 »
Les Aventures de Jean-Paul Riquet. 1 vol. in-12... 3 »
Le Parrain d'Antoinette. 1 vol. in-12............ 3 »
La Pupille d'Hilarion. 1 vol. in-12.............. 3 »
La Cousine de Lionel. 1 vol. in-12............... 3 »
Sabine de Rivas. 1 vol. in-12................... 3 »
Mademoiselle de Charmeilles. 1 vol. in-12........ 3 »
Marcelle Dayre. 1 vol. in-12.................... 3 »

POSTEL (l'abbé)

L'Ange consolateur dans les peines de la vie. 1 vol. in-18.......................... 1 »

QUINTON

Maîtresse et servante. 1 vol. in-12............... 3 »

RÉGEL (Maurice de)

Hugues de Rathsamhausen. 1 vol. in-12........... 3 »

NAVERY (Raoul de)

Les Idoles. 1 vol. in-12........................ 3 »
Les Drames de la Misère. 2 vol. in-12............ 6 »
Patira. 1 vol. in-12............................ 3 »
Le Trésor de l'Abbaye (*suite de* Patira). 1 vol. in-12. 3 »
Jean Canada (*suite du* Trésor de l'Abbaye). 1 vol. in-12. 3 »
Le Pardon du Moine. 1 vol. in-12................ 3 »
Zacharie le Maître d'Ecole. 1 vol. in-12.......... 2 »
Les Chevaliers de l'Ecritoire. 1 vol. in-12........ 3 »
Les Parias de Paris. 2 vol. in-12................ 6 »
Les Héritiers de Judas. 1 vol. in-12.............. 3 »

Le Juif Ephraïm. 1 vol. in-12	3 »
Parasol et Cie. 1 vol. in-12	3 »
La Route de l'Abîme. 1 vol. in-12	3 »
Le Cloître Rouge. 1 vol. in-12	3 »
La Maison du Sabbat. 1 vol. in-12	2 »
La Foi jurée. 1 vol. in-12	3 »
La Cendrillon du Village. 1 vol. in-12	2 »
Divorcés. 1 vol. in-12	2 »
La Fille au Coupeur de Paille. 1 vol. in-12	2 »
Le Capitaine aux Mains rouges. 1 vol. in-12	2 »
L'Odyssée d'Antoine. 1 vol. in-12	2 »
Comédies, Drames et Proverbes. Musique de M. Henri Cohen. 1 vol. in-12	2 »

La Musique se vend séparément.

Marthe et Marie-Madeleine (*partition*). — A Brebis tondue Dieu mesure le vent (*partition*). — La Fille du Roi d'Yvetot (*partition*).	
Chaque partition	1 50
Le Marquis de Pontcallec. 1 vol. in-12	3 »
La Conscience. 1 vol. in-12	2 »
L'Aboyeuse. 1 vol. in-12	2 »
La Péruvienne. 1 vol. in-12	3 »
L'Accusé. 1 vol. in-12	3 »
La Fille sauvage. 1 vol. in-12	3 »
Les Robinsons de Paris. 1 vol. in-12	3 »
Le Gouffre. 1 vol. in-12	3 »
Poëmes populaires. 1 vol. in-12	2 »
Le Château des Abymes. 1 vol. in-12	3 »
L'Enfant maudit. 1 vol. in-12	2 »
Madame de Robur. 1 vol. in-12	2 »
Les Petits. 1 vol. in-12	2 »
La Demoiselle du Paveur. 1 vol. in-12	2 »
Le Procès de la Reine. 1 vol. in-12	2 »
Les Victimes. 1 vol. in-12	3 »
Le Martyre d'un père. 1 vol. in-12	3 »

MARIE-ANNE CATHERINE

(Marie-Emma Lachaud)

Pierre de Bel-Air ou le Page du Roi. 1 vol. in-12	2 »

MARIN DE LIVONNIÈRE

Otto Gartner. 1 vol. in-12....................... 2 »
La Dynastie des Fouchard. 1 vol. in-12.......... 2 »

MARTINEAU DES CHESNEZ (Mme la baronne)

La Marquise de Satin vert et sa femme de chambre Rosette. 1 vol. in-12................................. 2 50
Les Allumettes de l'oncle Grandésir. 1 vol. in-12.. 2 »
Les Trouvailles de M. de Montverd. 1 vol. in-12... 2 50
La Grande Aulnaye. 1 vol. in-12................ 2 50

MARGERIE (Eugène de)

La légende d'Ali. 1 vol. in-12.................. 2 »
Petites Comédies. 1 vol. in-12.................. 3 »

MARICOURT (Cte de)

Le Combat des Treizes. 1 vol. in-12............. 3 »
Le Couteau du Bandit. 1 vol. in-12............... 3 »

LALAING (Ed. de)

L'Interne du Val-de-Grâce. 1 vol. in-12.......... 2 50

DARCHE (Jean)

Feminiana. 1 vol. in-12........................ 2 50

DAVID (l'abbé)

Petites études sur les livres saints. 1 vol. in-12 ... 2 »

DESLYS (Charles)

La Balle d'Iéna. 1 vol. in-12.................. 2 »
L'Ami du Village (Maître Guillaume). 1 vol. in-12. 2 »
Le Blessé de Gravelotte. 1 vol. in-12 .... 2 »

DUBOIS (Charles)

Madame Agnès. 1 vol. in-12...................... 2 »
Sophie. 1 vol. in-12............................ 3 »

ENAULT (Louis)

La Circassienne. 2 vol. in-12.................. 6 »

EXAUVILLEZ (B. d')

Histoire de l'abbé de Rancé, réformateur de la Trappe. 1 vol. in-12 .... 2 50

HANN-HANN (Ctesse Ida de)

Quatre portraits. 1 vol. in-18 .... 1 75

HELHEM (C.)

Madame de Marnay. 1 vol. in-12 .... 3 »

HERMEREL (Séraphie d')

Loisirs des Casseaux. 1 vol. in-18 .... 1 50

JOUSSE (Gustave)

Vive la France. 1 vol. in-12 .... 2 »

LABUTTE

Entretiens populaires sur l'histoire de France. 1 vol. in-12 .... 2 »

LACHÈSE (Mlle Marthe)

La Pupille de Salomon. 1 vol. in-12 .... 3 »
Le Mariage de Renée. 1 vol. in-12 .... 3 »

AUDEVAL (Hippolyte)

Le Drame des Champs-Élysées. 1 vol. in-12 ...... 2 »
La Dame guerrière. 1 vol. in-12 .... 2 »
La Grande ville. 1 vol. in-12 .... 3 »

BALLACEY (Henri)

L'Antre des Mystères. 1 vol. in-12 .... 2 »
Raphaëla (suite de l'Antre des Mystères). 1 vol. in-12. 2 50

BARTHÉLEMY (A. de)

Jacques de Morangeais. 1 vol in-12 .... 2 50
Pierre le Peillarot. 1 vol. in-12 .... 2 50
L'Affiquet de la Marquise. 1 vol. in-12 .... 2 50

BEUGNY-D'HAGERUE (G. de)

Lucy. 1 vol. in-12 .... 3 »
Touriste et Pèlerin. 1 vol. in-12.................. 1 60

CAUVIN (Jules)

Les Proscrits de 93. 1 vol. in-12.................. 3 »

CHEVÉ

Histoire complète de la Pologne. 2 vol. in-12..... 4 »

GODINEAU (abbé Fréd.)

Perles et Joyaux spirituels pour les jeunes personnes. 1 vol. in-16.................................... 2 »

GONDRY DU JARDINET

La Vierge de Walcourt. 1 vol. in-18.............. » 60

GOURAUD (Mlle Julie)

Esquisses morales. 1 vol. in-18.................. 1 75

ANCELOT

Éducation et Instruction. 1 vol. in-12............ 3 »

DE LATOUR (Cte)

Les Tolnay. 1 vol. in-18.......................... 1 75

LE BOURGEOIS (Mlle Marie)

La Goutte de Miel. 1 vol. in-12.................. 3 »

LE PRÉVOST (Maurice)

Les Misérables d'autrefois. 1 vol. in-12........... 2 »
Annuaire des Œuvres de Jeunesse et de Patronage. 1 vol. in-12.................................... 3 »

TISSOT (Marcel)

Le Manoir et le Monastère. 1 vol. in-12........... 3 »
Antoinette de Montjoye. 1 vol. in-12.............. 2 50
La princesse Jeanne-Gabrielle Esterhazy. 1 vol. in-12. 2 50
Le Capitaine philosophe. 1 vol. in-12............. 2 50

R A P P O R T 15

MIRE ISO N° 1
NF Z 43-007
AFNOR
Cedex 7 - 92080 PARIS-LA-DÉFENSE

379.89.70
graphicom

www.ingramcontent.com/pod-product-compliance
Ingram Content Group UK Ltd.
Pitfield, Milton Keynes, MK11 3LW, UK
UKHW012017240726
13965UKWH00002B/429

9 782013 457774